大变局下的
产业链供应链
韧性维护及提升

陈大明 马征远 杨 露
主编

上海产业安全监测与预警研究中心 商务部长三角产业安全监测工作站

上海人民出版社

编委会

学术指导委员会：

申卫华　曹　茵　颜海燕　丁秀峰

于建荣　熊　燕　缪有刚　江洪波

主　编：陈大明　马征远　杨　露

副主编：刘樱霞　曾文晔　王　琼

编　委：（按姓氏拼音为序）

李　沁　吕闪闪　毛开云　倪珏华

孙迟临　苏　琴　仝雷雷　周　赛

目 录

▶▶▶ 第三部分 产业链供应链韧性评估框架的构建及应用

前　言

全球产业链已成为世界经济的典型特征，是全球生产循环的最本质内容，全球化供应链是跨国制造企业在全球范围内优化资源配置的结果。从发展历程来看，全球供应链早期以欧美为制造中心，第二次世界大战后逐步发展成为以欧美德日为第一梯队、韩国、新加坡等为第二梯队的全球供应链体系。21 世纪以来，我国积极主动地融入全球价值链，成为“世界工厂”，中国在全球产业链分工的地位显著提升，取代日本成为了亚洲贸易中心，与美国、德国并列成为全球供应链体系的三个区域中心。

近年来，世界经济下行压力增大，国际经济治理改革深化，全球产业链供应链历经近 30 年的发展后，在世界百年未有之大变局下面临多重挑战，正面临新的调整。面对新一轮科技革命和产业变革、新发突发传染病持续蔓延等外部因素，国际生产和贸易体系面临深度调整，全球产业链在加快数字化、绿色化、融合化重构的同时，出现了本土化、区域化、短链化等新趋势新动向。尤其是新冠疫情加速全球百年未有之大变局的演进，更凸显了现代供应链脆弱的一面。疫情对全球产业链中的某些产业带来了“断链”冲击，动摇了单纯从成本角度考虑构建的集中度较高的全球化供应链体系，各国、各企业从安全、平稳、多元化等多个维度的重新审视其供应链。加之中美大国竞争升级等政治因素的影响，我国制造业以劳动力总量和成本为核心的传统比较优势逐步弱化，中国产业链外迁和国际竞争力减弱风险加大，产业链供应链韧性重要性进一步凸显。

产业链供应链是制造业的筋骨血脉，是稳住经济大盘的重要支撑。当前全球生产布局重构加速背景下，实现中国产业链升级，着力提升产业链供应链韧性，既是全球生产布局重构的被动需求，也是保障新发展格局得以高质量实现的主动应对。近年来党中央提出“构建国内国际双循环相互促进的新发展格局”的重大科学判断和重要战略选择。在新发展格局下，提升产业链供应链创新能力，增强稳定性和竞争力是重中之重。鉴于此，本书围绕我国产业链供应链的稳定性和竞争力提升，客观分析了主要制造大国产业链供应链安全所面临的安全态势，梳理了其政策沿革的主要历程及认知演变。同时，在全球产业链供应链重塑背景下，进一步对标汽车、半导体、生物医药等现代化产业体系中的关键支柱产业，尝试对区域产业链供应链韧性开展系统评估，以期在新的节点中把握产业经济运行的总体格局，为畅通区域经济运行脉络、推动全球经济复苏贡献力量。

▶▶▶ 第一部分　产业链供应链的概念及其全球化

第一章

产业链供应链内涵及其韧性

21 世纪以来，分工与协作构建了目前全球以及区域的产业发展现状，中国已成为世界经济发展中举足轻重的一方。在经济全球化的持续推进下，产业链供应链已经成为全球经济运行和发展的基本形态。早在 1958 年，经济学家赫希曼就在《经济发展战略》一书中提出了“产业链”一词。在探究宏观经济发展，产业安全发展以及微观市场主体存续等问题时，产业链供应链的概念及内涵的探讨具有理论和现实意义。

第一节　产业链概念及内涵

产业链是指基于产业内外的分工与协作，由供需关系发生链接而构成的上下游产业紧密衔接的增值复合网络系统。产业链是一个自下而上形成并自上而下整合的复合产业系统。从具体范畴看产业链中的产业一词是中观概念，向上可承接国家的整个宏观经济布局，向下可衔接包括各类企业实体。有关产业链内涵的相关阐释可参考表 1-1，从其渊源来看产业链是一个具有鲜明中国特色的词语，在近现代社会中多与中国特色的产业政策体系相关联，其内涵与核心主要包括以下几个要点：

（1）产业链是围绕最终产品生产的复合网络结构，是一种立体的空间组织形态；

（2）该网络结构包括主体要素和结构要素；

（3）主体要素即网络中的“节点”，主要包括企业等各类实体，也可以是国家/地区、产业等；

（4）结构要素即在主体要素之间形成链接的技术经济联系，是一种特定的逻辑联系，也是价值增值的过程。

表 1-1　产业链内涵的相关表述

年份	定　　义	来　　源
1996	**农产品产业链为**在集中资金、土地、劳动力等生产要素的基础上进行规模经营，以攻克农产品的加工、保鲜、贮运技术为动力，转动支柱农产品"产—加—运—销"或"产—运—销"的产业链，种养业、运输业、加工业、销售业围绕某一"拳头产品"，系列化批量生产链状转动	傅国华：《运转农产品产业链提高农业系统效益》，《中国农垦经济》，1996 年第 11 期
1998	产业链是以产前、产中、产后服务为轴线，在市场机制作用下，农业与其相关产业群形成稳定的相互依赖、相互促进的**有机利益共同体**	刘志杰：《推进农业产业化重在构建产业链》，《中国党政干部论坛》，1998 年第 10 期
2004	产业链是现实经济活动中若干相关产业部门基于经济活动内在的技术经济关联客观形成的环环相扣、首尾相接的**链条式关联关系形态**	龚勤林：《区域产业链研究》，四川大学，2004 年
2005	产业链是指在一种最终产品的生产加工过程中，从最初的自然资源到最终产品到达消费者手中所包含的各个环节所构成的整个的**生产链条**	郁义鸿：《产业链类型与产业链效率基准》，《中国工业经济》，2005 年第 11 期
2005	产业链是一种建立在价值链理论基础之上的相关企业集合的**新型空间组织形式**	任保平、洪银兴：《新型工业化中经济效益提高的途径：一种产业链视角的分析》，《西北大学学报（哲学社会科学版）》，2005 年第 1 期
2006	产业链是同一产业或不同产业的企业以产品为对象，以投入产出为纽带，以价值增值为导向，以满足用户需求为目标，依据特定的逻辑联系和时空布局形成的上下关联的、动态的**链式中间组织**	刘贵富：《产业链基本理论研究》，吉林大学博士学位论文，2006 年 12 月
2006	产业链描述的是厂商内部和厂商之间为生产最终交易的产品或服务所经历的**增加价值的活动过程**，它涵盖了商品或服务在创造过程中所经历的从原材料到最终消费品的所有阶段	芮明杰、刘明宇：《产业链整合理论述评》，《产业经济研究》，2006 年第 3 期
2006	产业链是基于产业上游到下游各相关环节的由供需链、企业链、空间链和价值链这四个维度有机组合形成的链条	吴金明、邵昶：《产业链形成机制研究——"4 + 4 + 4"模型》，《中国工业经济》，2006 年第 4 期

续表

年份	定　　义	来　　源
2009	产业链是由处于同一产业或不同产业之间的企业，通过技术、经济或社会法律关系链接，能够提高生产效率，并具有价值增值功能的**生产服务协作体系**	吴彦艳：《产业链的构建整合及升级研究》，天津大学博士学位论文，2009 年 5 月
2011	产业链是产业各个部门之间具有的一种技术经济关联关系，并依据一定的逻辑关系和空间分布关系而客观形成的一种**关联关系形态**	郑大庆、张赞、于俊府：《产业链整合理论探讨》，《科技进步与对策》，2011 年第 28 期
2012	产业链是产业与空间相互交织的一种分工与协调形式，它包括分工、协调和空间三个维度	杨锐：《产业链竞争力理论研究——基于产业链治理的视角》，复旦大学博士学位论文，2012 年 3 月
2018	产业链理论侧重于研究产业上、中、下游之间的紧密相连的经济活动，产生的价值累加	曲卉：《装备制造业价值链、产业链与核心竞争力研究》，西北大学，2018 年
2020	产业链是指在产业内部分工的基础上，由某一行业内众多相关联的企业基于一定供需关系，由最初原材料到最终消费品等一系列生产环节构成的**产业层次和链条系统**	张国防：《全球化与逆全球化博弈下中国制造业产业链优化研究》，中共中央党校，2020 年

“产业链”一词最早出现在德国经济学家阿尔伯特·赫希曼（1958）的《经济发展战略》一书中，最早是基于产业的前向关联和后向关联的论述。其思想起源于英国古典经济学家亚当·斯密（Adam Smith）有关分工的论述。早期的西方经济学家认为产业链主要是制造业企业内部的活动。随着资本主义生产的扩大，新古典经济学派代表人物马歇尔（Alfred Marshall）把分工扩展到企业与企业之间，强调企业间分工的重要作用，是现代产业链的理论来源。尽管产业链的思想源于西方古典经济理论，但长期以来西方学者并没有将产业链作为一个独立的研究主体进行系统研究，关于“产业链”的研究更多的集中于国内的学者之间，国外学者更多的聚焦于“供应链”和“价值链”的研究。

产业链是一个具有中国特色的概念，其国内研究主要分为以下三个阶段：第一阶段从 1985 年到 2000 年，为产业链和产业链理论缓慢发展阶段，对产业链的研究还比较浅显，总体上关于产业链研究成果偏少，没有明确的学术界定和理论阐述；第二阶段从 2001 年到 2010 年，为产业链和产业链理论快速发展阶段，鉴于产业链对经济发展的重要性日益凸显，产业链成为学术界和企业界普遍关注的对象，相关理论成果也逐步形成，进入理论指导实践阶段；第三阶段从 2011 年至今，为产业链和产业链理论逐步丰富和完善阶段。产业链理论发挥对经济发展的指导作用，同时在实践的基础上形成新的理论创新，不断丰富和充实了产业链理论研究。

中国关于产业链的研究起步于农业产业化，然后逐步转向工业以及中观层面产业主体。产业链研究的起步阶段，对产业链整体性的认识已具备相应的共识，认为产业链是以产前、产中、产后服务为轴线，在市场机制作用下，农业与其相关产业群形成稳定的相互依赖、相互促进的有机利益共同体。

进入 21 世纪，随着中国经济的快速发展，农业、工业以及服务业规模不断壮大，市场主体类型不断丰富，理论研究和社会实践不断相互驱动前进，对产业链的研究不断深入。**21 世纪初主要从供应链或价值链角度对产业链进行解读，其解读角度较为单一，研究对象主要为企业主体，偏向于微观经济研究主体。**如：根据产业链中企业之间的相互依赖程度，阐述了不同类型中目标企业与其供应商的制约关系，研究对象聚焦于企业控制权。从价值链的角度出发认为产业链是一种建立在价值链理论基础之上的、相关企业集合的新型空间组织形式，通过产业链的整合可以提升工业经济效益，强调产业链中的价值链。以最终产品为切入点，认为产业链是指在一种最终产品的生产加工过程中，从最初的自然资源到最终产品到达消费者手中所包含的各个环节所构成的整个的生产链条。或者认为产业链是同一产业或不同产业的企业以产品为对象，以投入产出为纽带，以价值增值为导向，以满足用户需求为目标，依据特定的逻辑联系和时空布局形成的上下关联的、动态的链式中间组织。主要研究对象从农业转向工业行业，探究产业链的整体效率提升，通过机制改革分析电信、电力、铁路等垄断行业的效率提升。

随着研究的深入，学者发现产业链的概念内涵不仅仅包含供应链和价值链的内容，其是一个包含增值、供需、技术创新、市场主体、产业类型等多种要素的复合链条。学者们通过相关理论模型的构建来解释了产业链是一个多维度有机组合形成的网络结构。在产业内部分工的基础上，由某一行业内众多相关联的企业基于一定供需关系，由最初原材料到最终消费品等一系列生产环节构成的产业层次和链条系统，其中，信息流、物流和资金流在企业主体间有序流动体现了一定的逻辑演进和时空布局。同时产业链具备了产业和企业的双重特征，是供需链和价值链的综合，产业链不仅反映了产业内一系列生产过程的衔接，还反映了这些活动的价值创造和组织结构，包括供需链、价值链、产品链、企业链、技术链和空间链等多种类型的链条类型。该网络结构中的节点主体涉及多方，包括企业、地方政府、产业、空间等多主体多层次产业活动组织的。

对产业链概念及内涵的认知不断加深以及国内相关产业的大跨步发展，对产业链的研究更加聚焦于具体的产业。近年来，对汽车、集成电路、生物医药等高新技术战略产业链的研究进一步深化，从理论分析到实证研究，对中国的高新技术产业的发展起到引导的作用。通过对我国汽车产业链安全的分析，发现我国汽车产业链对进口中间品的依赖度较高且趋于集中，整体产业链风险存在上升的趋势，尤其是中游风险相对较高且呈现出更为突出的动态不稳定性特征，从细分产业链环节来看，上游的模具制造、光伏设备以及中游的汽车整车制造等环节面临的产业链风险相对更高。新冠疫情的暴发显著影响了我国汽车产业链安全，扩大引资规模，建设全国统一大市场和提升自主创新水平有助于对冲疫情冲击带来的产业链安全负面影响。通过对关键矿产资源产业链分析，发现我国在关键矿产资源领域存在较大的供应压力和安全隐患。对锂、镍等能源金属、石油、铁矿石等资源的对外依赖度超过70%。此外，铬、钴、铂和钾盐等矿产资源的全国储量极低，属于严重短缺的矿产资源。是影响我国高端制造、集成电路等相关产业链安全的重要潜在不稳定因素，在对外贸易格局中，为防范断链风险，要进一步优化贸易格局，增加与主要矿石出产国的贸易连通性。

第二节　供应链的概念及内涵

供应链是指生产及流通过程中，涉及将产品或服务提供给最终用户活动的上游与下游企业所形成的网链结构，产品（包括原材料、中间产品、最终产品）的流动形成链接，市场主体（包括以企业为代表参与市场活动的主体）构成网链结构的节点。有关供应链的概念认知可参考表1-2。供应链来源于生产活动的扩大，随着工业部门的发展以及社会生产的不断丰富，供应链的外延不断扩大，其内涵主要包括以下几点：

（1）供应链以原材料、中间产品和最终产品的生产和流转为基础；

表1-2　供应链内涵的相关表述

年份	定义及内涵	来　　源
1992	Supply chains is these networks. Most manufacturing enterprises are organized as networks of manufacturing and distribution sites that procure raw materials, transform them into intermediate and finished products, and distribute the finished products to customers 供应链是一个企业获取原材料、生产半成品或最终产品，并通过销售渠道把产品送达消费者的网络	Hau L. Lee and Corey Billington, "Managing Supply Chain Inventory: Pitfalls and Opportunities," *Management Review*, 1992, Vol.33
2002	A supply chain is a global network of organizations that cooperate to improve the flows of material and information between suppliers and customers at the lowest cost and the highest speed; the objective of a supply chain is customer satisfaction 供应链是一个以最低的成本和最高的速度合作改善供应商和客户之间的原料和信息流动的全球性的组织网络；供应链的目标是让客户满意	*Supply Chain Design and Management* Academic Press, 2002, pp.7—16
1999	供应链是企业从原料和零部件采购、运输、加工制造、分销直至最终送到顾客手中的这一环环相扣的过程所形成链条	陈国权：《供应链管理》，《中国软科学》，1999年第10期
2000	供应链是一种业务流程模型，指由原材料和零部件供应商、产品的制造商、分销商和零售商到最终户的价值链组成，完成由顾客需求开始到提供给顾客以所需要的产品与服务的整个过程； 从组织内部来看，供应链包括有采购、制造、分销等部门，有时这一部分被称为内部供应链。从组织外部来看，供应链包含了原材料供应商、制造商、销售商、最终用户，有时这一部分就被称为外部供应链或外部价值链	沈厚才、陶青、陈煜波：《供应链管理理论与方法》，《中国管理科学》，2000年第1期
2013	供应链定义为涉及采购、转换以及所有物流管理的活动	美国供应链管理学会（CSCMP），CSCMP SUPPLY CHAIN MANAGEMENT TERMS and GLOSSARY
2017	供应链是以客户需求为导向，以提高质量和效率为目标，以整合资源为手段，实现产品设计、采购、生产、销售、服务等全过程高效协同的组织形态	《国务院办公厅关于积极推进供应链创新与应用的指导意见》

(2) 供应链以组织内外分为内部供应链和外部供应链，内部供应链聚焦于企业内部系统的运转，外部供应链聚焦于企业与企业之间基于供需关系的链接；

(3) 基于全球贸易的发展，供应链已经超出了“链”的概念，是一个具有空间立体形态的复杂网络结构；

(4) 供应链是一条依据市场变动而动态变化的网络。

最早的供应链研究可以追溯到供应链设计之父——美国麻省理工学院杰伊·弗莱斯特教授（Jay forrester），20 世纪 60 年代他运用系统动力学理论模型来研究和优化产业上下游的动态关系时，提出了“供应链”概念，认为供应链是制造企业从企业外部采购原材料和零部件，之后进行加工和生产，制造出的产品经过中间环节传递到零售商和用户的一个过程。

供应链的概念最早从扩大生产概念发展来的，它将企业的生产活动进行了前伸和后延。譬如，日本丰田公司的精益协作方式中就将供应商的活动视为生产活动的有机组成部分而加以控制和协调，这就是向前延伸。后延是指将生产活动延伸至产品的销售和服务阶段。供应链是企业从原料和零部件采购、运输、加工制造、分销直至最终送到顾客手中的这一环环相扣的过程所形成链条。供应链也是一个企业获取原材料、生产半成品或最终产品，并通过销售渠道把产品送达消费者的网络。美国供应链协会（Supply Chain Council，1997）对供应链的解释是，供应链囊括了涉及生产与交付最终产品和服务的一切努力，从供应商的供应商到客户的客户。

新冠疫情的冲击加速了各国对供应链关键环节“断链风险”关注。供应链的关键环节通常关系到国民经济、国防建设和居民生活的保障。比如美国发布的《供应链百日评估报告》（*100-Day Supply Chain Review Report*），包含的半导体芯片、大容量电池、稀土矿产和药品这四类关键产品；新能源领域的锂矿产供应、重要能源石油资源的储备、稀土材料和超导材料等关键原材料的供应；工业机器人、高端装备等机械设备软件服务的提供等关键环节。欧盟为确保欧盟获得关键原材料的安全和可持续供应，欧盟委员会于 2023 年 3 月 16 日发布《欧洲关键原材料法案》。近年来，日本每年发布年度知识产权推进计划来保障对关键技术的保护和研发。

中国对供应链安全也保持着长期的关注。于2017年首次部署推动供应链创新与应用，国务院办公厅印发《关于积极推进供应链创新与应用的指导意见》，对提升我国供应链发展水平发挥重要作用，此次意见主要聚焦于供应链金融、绿色供应链和全球供应链三大领域。2018年商务部办公厅发布《关于开展2018年流通领域现代供应链体系建设的通知》主要针对流通领域的供应链基础设施建设，着重于推动供应链各主体各环节设施设备衔接、数据交互顺畅、资源协同共享，促进资源要素跨区域流动和合理配置。2019年财办建发布《关于推动农商互联完善农产品供应链的通知》聚焦于农业领域。2020年商务部等八部门发布《关于进一步做好供应链创新与应用试点工作的通知》聚焦于应对新冠疫情过程中复工复产和稳定全球供应链。2021年中国工程院设立了“国家关键矿产及其材料产业供应链高质量发展战略研究”重大咨询项目，该项目主要聚焦于到2035年我国新能源、高端装备制造、新一代信息技术等重点领域对关键矿产及其材料产业的发展需求，为我国关键矿产及其材料产业供应链长期高质量发展战略提供支撑。

第三节　产业链供应链韧性内涵及其沿革

韧性本意指“恢复到原始状态”，最早应用于物理领域，指物体在遭遇外力而产生形变时吸收、转化其能量以维持自身稳态的能力。之后被移用在社会科学领域的研究，在经济学领域，“韧性”用来刻画外部冲击下经济体具备自发恢复与调节的能力，或者进一步快速回升到冲击前的状态或开辟出新增长点的能力。在产业经济学领域，相关研究聚焦于产业韧性、产业集群韧性、供应链韧性等，关于产业链韧性的相关研究较少。国外关于产业链韧性的研究更多从供应链韧性的视角进行。

产业链供应链概念的提出反映了当前社会分工形式的变化趋势，产业链供应链是一种特殊形式的社会分工协作网络，从价值链的角度出发是基于模组化的链状组合。产业链供应链不同于传统意义上的产业间分工网络或产业内分工网络，而是一种基于产业链分工而形成的模组化纵向网络。模组化纵向网络的运作逻辑是，一种产品的生产、交换、流通、分配等环节被“片段化”，各个“片段”需通过链式集合后才能形成最终产品。

综合来看，产业链供应链韧性是指产业链供应链在受到内外部不确定因素冲击后，产业链供应链的空间结构及其技术经济联系仍能保持稳定和畅通，并恢复动态平衡甚至产生新的增长点的能力。在持续的不确定风险冲击下产业链供应链的抵抗能力和恢复能力不断得到加强。

2020 年初新冠疫情的突发给全球产业链、供应链造成了重大冲击，为降低疫情对全球产业链、供应链的冲击以及助力全球经济复苏。我国提出保障全球产业链供应链稳定的一词，随后将“保障产业链供应链安全，提升产业链供应链韧性”提升到国家战略安全层面。关于产业链供应链韧性的认知变化可参考表 1-3。

表 1-3　国际有关产业链供应链韧性的相关界定

年份	定义及内涵	来　源
2003	**Resilience** is the ability of a system to return to its original [or desired] state after being disturbed 韧性：指系统在受干扰后恢复到其原始/期望状态的能力	Creating Resilient Supply Chains: A Practical Guide. Centre for Logistics and Supply Chain Management at the Cranfield School of Management
2009	To reduce inherent risk, supply chains must be designed to incorporate event readiness, provide an efficient and effective response, and be capable of recovering to their original state or even better post the disruptive event. This is the essence of supply chain resiliency 供应链韧性是供应链对潜在的突发事件的事前准备、在中断发生后的快速响应并从中恢复的适应能力	Ponomarov, S. Y. and Holcomb, M. C., “Understanding the concept of supply chain resilience”, *The International Journal of Logistics Management*, 2009, Vol.20, No.1
2011	**Resilience** is the ability of a global supply chain to reorganize and deliver its core function continually, despite the impact of external and or internal shocks to the system 韧性：指全球供应链在面临外部或内部冲击时，持续不断地重组和加强其核心功能的能力	*Global Risks report*, World Economic Forum, 2011
2013	**Supply Chain Resilience** is the ability of the system to return to its original state after a major disruption 供应链韧性是指系统在发生重大中断后恢复原状的能力	*Building Resilience in Supply Chains*, World Economic Forum, 2013

续表

年份	定义及内涵	来　源
2013	**Supply chain management** encompasses the planning and management of all activities involved in sourcing and procurement, conversion, and all logistics management activities. Importantly, it also includes coordination and collaboration with channel partners, which can be suppliers, intermediaries, third party service providers, and customers. In essence, supply chain management integrates supply and demand management within and across companies 供应链管理则包括与渠道合作伙伴的协调和协作，渠道合作伙伴可以是供应商、中间商、第三方服务提供商和客户	CSCMP Supply Chain Management Definitions and Glossary, 2013
2020	**“产业链韧性”**（Industrial Chain Resilience）是开放经济条件下上下游相互关联的产业在遭受外部冲击或风险时避免断链的能力，是对未来不确定性的一种预测、反应和敏感程度	曹德、贺正楚、张嘉欣等：《轨道交通产业全产业链的韧性—脆弱性研究》，《经济数学》，2020 年第 3 期
2020	“产业链各环节在应对内外部风险与挑战时表现出的维持自身系统稳定、防止断裂和抗冲击的能力”	段浩：《新冠疫情对我国产业链韧性的压力测试及应对举措》，《中国工业和信息化》，2020 年第 3 期
2022	产业链应对内外部冲击的能力，具体指产业链在遭受国内外市场、环境等冲击扰动时能够维持链条稳定、防止断裂、调整适应恢复到受冲击前的运行状态，甚至化危为机实现链条升级的能力	陈晓东、刘洋、周柯：《数字经济提升我国产业链韧性的路径研究》，《经济体制改革》，2022 年
2023	在中国式现代化下，产业链韧性是产业链在面临外部冲击或内部条件变化时，不发生断裂且能够保持运转畅通，并能迅速恢复甚至超过原始状态的能力	高洪玮：《中国式现代化与产业链韧性：历史逻辑、理论基础与对策建议》，《当代经济管理》，2023 年第 4 期
2022	产业链供应链韧性是指提升产业链供应链的抗打击、复原和可重塑能力	白玫：《欧盟产业链供应链韧性政策研究》，《价格理论与实践》，2022 年第 9 期
2023	将产业链供应链韧性的内涵界定为供需匹配优化、供需关系维持、供应质量提升三个相互联系且逐步递进的层次； 产业链供应链韧性为产业链供应链在遭受市场潜在风险和不确定性冲击后，其市场主体的关联关系能够调整恢复到正常状态甚至达到更理想状态的能力	陶锋、王欣然、徐扬等：《数字化转型、产业链供应链韧性与企业生产率》，《中国工业经济》，2023 年第 5 期

产业链供应链的韧性的内涵主要体现在以下几个方面：

（1）产业链供应链各环节保持环环相扣，整个产业链供应链链条网络维持动态稳定，产业链供应链上下游资源和要素有效整合，实现融通发展、内外联动；

（2）当面临内外部不确定因素冲击时的抵抗能力；

（3）当发生断链时的快速恢复并实现加强的恢复能力；

（4）在全球化背景下，产业链供应链韧性更体现在国家/区域在全球分工中关键环节的自主可控。

产业链供应链韧性的概念最早由我国提出，是一个政策性概念。从国内产业发展运行实践来看，有关产业链供应链韧性的管理及战略重视程度日益提升。2018年中央经济工作会议提出了深化供给侧结构性改革的“巩固、增强、提升、畅通”八字方针，要求巩固“三去一降一补”成果、增强微观主体活力、提升产业链水平、畅通国民经济循环，这是中央经济工作会议首次要求提升产业链水平。2019年，中央财经委员会第五次会议提出，增强产业链韧性，提升产业链水平；2020年，中共中央政治局会议提出的“六保”工作中的重要任务之一便是“保产业链供应链稳定”；2020年党的十九届五中全会提出提升产业链供应链现代化水平；2021年国家发展和改革委员会明确提出“疏通卡点堵点，大幅提升产业链供应链韧性”的工作目标，从中央到地方、部门、实务界，都采取了一系列重大举措，围绕关乎国计民生的重点产业补短板、锻长板，以增强产业链韧性，至2021年12月，中央经济工作会议专门提到“产业链韧性得到增强”；2022年7月，中共中央政治局会议强调“着力以锻产业链长板、补房地产短板、调动各方积极性为抓手，推动高质量发展”；2022年9月，习近平主席向产业链供应链韧性与稳定国际论坛致贺信，指出“维护全球产业链供应链韧性和稳定是推动世界经济发展的重要保障”。党的二十大报告指出，要“着力提升产业链供应链韧性和安全水平”，首次从经济安全、产业安全的维度突出强调了提升产业链韧性的重要性，我国围绕产业链供应链韧性提升的顶层架构日渐清晰。

由维护产业链稳定安全、推动产业链现代化到提升产业链供应链韧性，体现了从关心产业链状态和发展目标到注重产业链自身属性的根本转变，更加凸显了大变局下产业链韧性的时代内涵，尤其是彰显了抵御外部不确定性冲击须增强本国产业链韧性、提高产业链自主可控能力的治本之策。

外部不确定性的增加促使各方开启产业链供应链韧性的研究。在数字技术、人工智能、新一代信息技术等的作用下，产业链上各环节自动化程度大幅提升，全球产业链呈现出数字化、绿色化、融合化的新趋势。受中美之间大国竞争全面升级叠加新冠疫情的冲击影响，全球产业链供应链的部分环节受阻中断，短链化和区域化的特征显现。外部不确定性增加，各国产业链供应链安全问题凸显。中美“战略竞争”与新冠疫情蔓延使美国供应链短板凸显，驱使美国政府着手构建和实施“供应链韧性”战略。拜登政府执政伊始便系统评估美国关键产品与行业的供应链风险，摸清现状。2021 年 6 月，白宫发布《供应链百日评估报告》，分析了半导体芯片、大容量电池、稀土矿产和药品这四类关键产品存在的供应链风险。之后，白宫迅速采取行动，成立了“供应链贸易行动组”（Supply Chain Trade Strike Force）和“供应链中断工作组”（Supply Chain Disruptions Task Force）。2022 年 2 月，白宫还发布了对国防、公共卫生、信息和通信技术、能源、交通以及农产品和食品生产六大关键行业供应链风险的评估结果，在本书出版的同时，美国政府启动了其全球供应链安全战略，呼吁开展全球多利益相关者对话，以有效保障供应链。

2020 年以来，汽车芯片供应短缺的问题成为全球产业链安全问题的典型“缩影”。美国对此作出强化本土供应和绝对控制全球芯片产业的决策，欧洲在整合自身力量的基础上巩固提升半导体领域的国际竞争力，日本将供应链锁定在本土，韩国以政府推动汽车与芯片企业发展为路径试图突破系统级芯片技术，中国芯片供给问题也更多地需要靠战略引领、政策支持、大企业牵头和建设内外循环的产业链生态圈。由于资源禀赋与技术的差异，各国产业在参与国际分工中的地位和生产的比较优势不同，拥有前沿技术的产业链中的产业节点数较多，产品附加值高的节点在全产业链中的话语权较大，易对节点下游产业构成断供威胁，造成他国产业链“卡链”“断链”等现象。中国芯片自给率不到16%，研发设计类工业软件95%来自进口。美国等西方国家推行的“蚕食、局部脱钩、同盟封锁和排挤”等手段，旨在削弱我国在全球产业链体系中的影响力。

在上述背景下，多国智库及国际组织纷纷开展产业链供应链韧性研究及评估，旨在增强不确定时代产业风险抵御能力。2013年世界经济论坛发布了*Building Resilience in Supply Chains*研究报告，系统研究了全球化分工体系下的供应链风险格局，以及这些风险对全球供应链造成严重中断的可能性，强调了将重点从反应性风险管理转移到主动性风险管理的必要性。2020年世界银行发布*Resilient Industries*：*Competitiveness in the Face of Disasters*研究报告，提出了主要制造国提升产业弹性的基本框架，提倡各国积极构建国家级弹性产业框架及协调结构，重视产业干预、强化工业基础设施和金融工具等政策工具的运用。2021年联合国工业发展组织发布*Adding the Resilience Dimension to Industrial Policy*：*Lessons from COVID-19*报告，强调新冠病毒大流行可能导致供应链运作方式发生深刻变化，并对全球行业组织产生长期影响。该报告列举了与现代制造业全球价值链密切相关的多个风险环节，并指出后疫情时代各国所采取的复苏措施正在推动企业对供应链结构的位置、生产能力以及利益相关者之间的材料和信息流管理进行深入的重新评估，以识别弱点并最终重新配置供应链结构。

产业链供应链韧性的研究最早可追溯到供应链管理。传统的供应链管理主要注重于降低成本和提高供应链效率以获取更多利润为目标。供应链管理研究的第一阶段主要聚焦于企业内部供应链的优化，指企业内部生产流程的优化管理，主要目标为降低生产成本，提高生产效率。第二阶段，20世纪90年代以来，随着自动化信息技术的应用，生产效率得到的极大的提高，只依靠企业内部的效率提升无法有效满足企业长久的发展目标的实现，研究热点开始转向产品全生命周期中的供应环节和供应链整体系统的优化提升。供应链管理通过供应商、中间商、第三方服务提供商和客户之间协调优化，保证企业在市场环境不断变化的情况下实现企业生产效率的最优化，增强企业的市场竞争力。

进入21世纪以来，尤其是近年来，国际局势不确定性增加以及新冠疫情导致各国的企业都面临了不同程度的供应链断供情况，各方在研究经济恢复增长时的重要关注点开始从企业层面的供应链管理到国家/地区层面的供应链韧性（Supply Chains Resilient）转变。该概念最早是在2003年由美国赖斯等（Rice & Caniato）教授提出，供应链韧性的内涵最初是指供应链在受到冲击时恢复到原状的能力。随着研究的深入，供应链韧性被赋予更多的内涵，还包括供应链对潜在的突发事件快速响应能并从中恢复的适应能力，在恢复能力的基础实现对原来供应链的加强。

产业链供应链应对冲击扰动时，抵抗能力和恢复能力同时存在、相互影响，共同决定了产业链供应链的韧性强度。其中，抵抗能力主要指冲击扰动对产业链的影响程度，恢复能力主要指产业链应对冲击扰动影响的恢复状况。一条完整的产业链可促成产业价值实现和增值，分为前端、中端和后端三大环节。其中，前端包括研发、设计、材料以及采购等环节，中端环节主要是产品的加工和组装，后端涵盖物流、销售、品牌等服务。产业链的抵抗能力体现在产业各个环节，任何一个环节无法抵抗外来冲击都会导致产业链不稳定，甚至出现"断链"。恢复能力体现在产业链条的各个环节，无论是前端、中端还是后端，任何一个环节上的生产在受到冲击后无法恢复，都将会对整个产业链产生"连锁效应"。从美国制裁华为等高科技企业可以发现，制裁均是从企业关键核心技术出发致使产品生产受阻，从而使整个产业链受到巨大影响，产业链抵抗能力较弱。从近年来我国相关技术的发展现状看，我国芯片、光刻机等关键核心技术受制于人，短期之内无法实现关键核心技术自主可控，是产业链恢复能力不足的表现。

近年来我国学者陆续提出了产业链韧性的概念，国内学者关于产业链韧性的研究多从产业链的抗风险能力、恢复能力以及演化能力等角度出发。学者对其的典型定义有"产业链韧性"（Industrial Chain Resilience）是开放经济条件下上下游相互关联的产业在遭受外部冲击或风险时避免断链的能力，是对未来不确定性的一种预测、反应和敏感程度。"产业链各环节在应对内外部风险与挑战时表现出的维持自身系统稳定、防止断裂和抗冲击的能力。"

"产业链应对内外部冲击的能力，具体指产业链在遭受国内外市场、环境等冲击扰动时能够维持链条稳定、防止断裂、调整适应恢复到受冲击前的运行状态，甚至化危为机实现链条升级的能力。"在中国式现代化下，产业链韧性是产业链在面临外部冲击或内部条件变化时，不发生断裂且能够保持运转畅通，并能迅速恢复甚至超过原始状态的能力。从供需匹配优化、供需关系维持、供应质量提升三个相互联系且逐步递进的层次，将产业链供应链韧性为产业链供应链在遭受市场潜在风险和不确定性冲击后，其市场主体的关联关系能够调整恢复到正常状态甚至达到更理想状态的能力。

在对产业链韧性的概念、构成、特征和重构能力相关研究进行分析和梳理的基础上，从抵御外部冲击能力、修复损失速度和质量的视角对产业链韧性进行深度研究。对产业链韧性的认识已经从物理学意义上"一双筷子易折断，十双筷子抱成团"的韧性基本概念出发，到产业链韧性的提升须夯实链条上的上下游相关多样性的产业集聚抱团能力。当关键环节出现"脱钩""断供""制裁打压"等恶意竞争行为时，一国产业链能否迅速适应和有效应对，是衡量产业链供应链韧性最为关键的问题。关于产业链韧性最直接、最迫切的问题是如何找出产业链断链风险较高的产业节点和相关产业，这需要结合产业链韧性的测度与评估方法、指标体系进行识别和计算。

从整体系统评价出发，可以利用仿真推演分析——多层供应链网络模型，通过贸易层、信息层以及综合价格指数层网络的构建，形成一个描述关键矿产资源供应链韧性的国际供应链贸易网络模型，通过模型法仿真分析可以得到供应链节点风险韧性的一个定量评估。也可以使用 TOPSIS 方法构建产业链韧性测度模型，该模型基于动态组合赋权，从抵抗能力、恢复能力、演化能力和政府力量 4 个层面构建产业链韧性测度指标体系，该体系被用来测度分析中国制造业产业链韧性的空间差异及演变规律，从定量的方面展示了中国制造业的地区差异。还可以运用基于虚拟最劣解 TOPSIS 和灰色关联度的动态评价模型，从抵御能力、恢复能力、再组织能力和更新能力 4 个维度构建测度产业链韧性评价指标体系，来分析产业链韧性的时空分异特征。

从评价指标出发，可以使用单个指标对产业链供应链环节中的高风险环节进行韧性的定量评价，比如通过马尔科夫过程分析方法，基于马尔科夫链的测算，选用显示性比较优势指数、贸易竞争力指数和国际专业化指数等来观测产业的比较优势以及其静态和动态变化过程来筛选出具有较强韧性的产业。还可以使用进口集中度（herfindahl-hirschanman index，HHT）来评估产业链在进口环节的韧性。通过企业生产率增长的传导机制来代表产业链供应链韧性的纵向关联效应等。

综上所述，产业链韧性相关研究已引起各方的关注，但研究尚处于起步阶段。首先，产业链供应链韧性测度指标各方还未达成共识，大部分还是在各细分领域进行测度，普适性较低；其次，现有产业链供应链韧性相关研究多局限于定性分析，定量分析内容仍需继续补充。

第二章

全球化背景下的产业分工及其制度环境

第一节　全球化背景下的产业链供应链演化

一、产业全球化内涵及其基本特征

产业全球化是经济全球化在产业层面的具体体现，它是指产业主体的变动和调整越出国界在全球范围内进行，在具体产业方面表现为产业组织方式在全球范围内的形成和变革，在产业整体方面表现为产业结构在全球范围内的调整和转移。在现实的世界经济格局中，一国民族产业结构的调整和升级与国际产业结构的调整、转移是密切相关的，将全球产业作为一个整体进行考察具有客观现实性。

自世界贸易组织诞生以来，经济全球化与贸易全球化深刻影响了全球产业发展的环境和条件，使不同国家之间的产业分工格局和发展模式发生了深刻变化，产业全球化的趋势日益深化，主要表现出以下特点：

第一，产业分工的全球化趋势增强。产业分工的全球化是经济全球化的必然产物，它主要表现为三个方面：一是传统分工的国别边界明显弱化，企业（特别是跨国公司）而不是国家成为产业分工的主体。分工关系从国与国之间转变为企业与企业之间，而这些企业中有相当部分是受制于某一个产业链控制体系或有固定合同联系的分包商，而非外部的世界市场；二是产业分工方式日益多样化。国家间、产业间、部门间和企业间的水平分工与垂直分工，国家内、产业内、部门内和企业内的水平分工与垂直分工等多种方式并存。世界上绝大多数的发展中国家、地区加入全球生产的产业链条，在世界制成品生产和出口中占有越来越大的份额，过去以部门间分工和垂直分工为主的产业分工格局逐渐被打破，形成以部门内分工和水平分工，以及以部门间分工和垂直分工共存的格局。伴随着部门内分工和企业内分工的发展，部门内贸易和企业内贸易开始逐步取代部门间贸易及企业间贸易成为国际贸易中的主导方式；三是产业分工的实现方式从单纯依赖外部市场上的国际贸易，转向外部市场与内部市场并存的多元格局。跨国公司的大发展使得产业分工的实现更多在内部市场上进行，产业分工既可能通过股权投资方式进行，也可能通过非股权式的分包方式进行。选择何种方式更多是由产业特征或企业战略决定，而不是由传统上的所谓各国生产者的行为决定。

第二，全球范围内的产业结构调整和转移持续进行。产业转移在全球范围内进行是产业全球化的突出表现。从全球市场来看，二次大战后，西方工业发达国家经历了经济快速发展的黄金时期，国际间产业转移首先表现为制造业大规模从美国向日本转移，此后自 20 世纪 60 年代以来，大体出现过三次大规模的世界性产业转移，主要波及东亚各国和地区，形成美国→日本→东亚新兴经济体→中国和东盟四国这样一种区域梯次结构，产业转移顺序也按照劳动密集型→资本密集型→技术密集型→知识密集型的梯度依次进行。最近一次的产业结构调整正在全球范围迅猛展开：第一，随着美国、日本、欧洲等工业发达国家和地区高新技术产业的发展，这些国家和地区加快了技术输出转移的规模和速度，也扩大了初级产品、传统产品的进口；第二，亚洲新兴工业国和地区在输入高新技术中产业结构进一步高级化，劳动密集型、资金密集型制造业继续向其他地区转移；第三，中国及东盟等国在大量进口的同时加快了工业化进程，其劳动密集型产业向落后农业国和地区转移。

第三，跨国公司主导的国际生产网络逐渐形成。国际产业分工向纵深发展，国际生产网络不断深化，产业分工日益建立在国际生产网络或体系的基础上，形成以整合产业链价值链的领导企业为核心的、全球范围内相互协调与合作的企业组织框架，生产能力在其中以一个新的水平转移。国际生产网络是指共同参与某特定产品或服务制造过程的不同国家的企业所形成的国际分工协作网络。跨国公司在这个网络中起核心作用，它们将产业或服务的制造过程和环节进行分解，并根据不同生产阶段或功能对生产要素和技术的不同要求，以及不同地区成本、资源、物流和市场的差别，在全球范围内进行最有效率的区位配置，以获取最大利益。国际生产网络是国际产业分工发展的高级形态。这种产业分工既不是产业之间的分工（如制造业与初级产品制造业之间的分工），也不是产业内部之间的分工（如汽车产业内部高档车和中低档车之间的分工），这种产业分工是着眼于一个产品或服务的全球价值增值链，在不同生产阶段、不同经营功能或不同业务性质上的分工。全球价值链被分为三大环节：其一是技术环节，包括研究与开发、创意设计、生产及加工技术的提高和技术培训等分环节；其二是生产环节，包括后勤采购、母板生产、系统生产、终端加工、测试、质量控制、包装和库存管理等分环节；其三是营销环节，包括销售后勤、批发及零售、广告及售后服务等分环节。当国际分工深化为增值过程在各国间的分工后，传统所谓的产业结构的国际梯度转移也因此演变为增值环节的梯度转移。就增值能力而言，以上三个环节呈现出由高向低再转向高的 U 形状，因此由生产制造环节向研发和营销环节的转移是增值能力和分工地位提升的显著标志。而生产环节中又可区分为上游生产（母板及中间投入品生产）和下游生产（终端加工），越接近于上游的生产因其与技术研究的相关性强，从而增值能力越强。越接近于下游的生产因其与技术研究的相关性弱，从而决定了增值能力的有限性，以及在跨国公司体系内的角色与地位的次要性及可替代性。在这种网络中，发达国家的一些跨国公司甚至将某些产品的生产和制造功能都转移到其他国家，而只控制了该产品的品牌和营销渠道，一些跨国公司则将自己的核心业务定位在产品的研究和开发上，还有的跨国公司几乎将所有的生产和经营功能都转包出去。

二、全球产业链的分工逻辑及其生态位

20 世纪 80 年代以来，在产业全球化的带动下，各国之间建立了高度复杂和广泛的全球价值链生产和服务网络。在全球化网络中，一个国家参与全球产业链分工的程度及其所处的全球分工地位，决定着它在全球价值链活动

中创造价值和获取收益的能力。整体而言，资源型国家处于全球产业价值链分工体系的最上游，发达国家处于偏上游的位置，大部分新兴发展中国家处于偏下游的位置。处于全球产业价值链分工体系最上游的俄罗斯、澳大利亚、哈萨克斯坦、蒙古等国都属于典型的资源型经济体，它们大量出口石油和矿产品，作为其他国家的中间投入品，加之本身制造业较为落后，对外国中间品的需求较少，造成它们的前向参与度较高，而后向参与度较低，因此在全球价值链分工体系中占据了上游的位置。在产品内分工体系下，发达国家在中间品研发与创新方面拥有强大的竞争优势，凭借着技术优势和中间品出口获取高额红利，处于价值链分工偏上游的位置。发展中国家主要凭借着丰富的人力资源和自然资源吸引发达国家的技术转移，并从外部进口中间品，从事附加值较低的加工行业，处于价值链分工偏下游的位置。

自20世纪90年代到21世纪头十年，伴随着全球化进程提速，世界范围内相对宽松的贸易政策环境为国际分工深化提供了有利条件，由跨国公司主导的基于各国比较优势和成本级差的离岸外包成为国际生产活动的主流范式，带动了国际贸易向远程化发展，形成了全球一体化生产网络。以2008年国际金融危机为转折点，全球价值链外延式扩张开始放缓。危机发生后，发达国家反思实体经济过度虚拟化的危害，相继制定实施再工业化战略，引导制造业回流，但世界经济因新发展动能缺位而复苏乏力，迟迟走不出金融危机的阴霾，这加剧了各个国家和地区以及不同群体之间的分化。此外，全球化红利分配不均导致的保护主义、民粹主义为逆全球化潮流推波助澜，致使全球价值链收缩，国际生产布局由分散转向相对集中。

对发达国家而言，制造业持续外迁对国内产业结构和经济发展产生不良影响。世界主要发达国家制造业增加值占GDP比重从20世纪90年代起逐年下降，从总体上看国内制造业处于持续外迁状态，对国内产业结构和居民收入水平带来不小影响。一是发达国家国内中低端就业机会减少。加剧中产阶级的不满和原本就激烈的阶级矛盾，政治极端化在经济上则表现为贸易保护主义，主张高端制造业“回流”和逆全球化，提出全球产业链重构的诉求。二是发达国家国内严重的制造业衰落和外移导致产业空心化和产业结构软化，引起发达国家对现有产业发展模式的深思。以美国为首的发达国家开始主张重振制造业，鼓励高端制造业和高新技术产业关键生产环节回流，减少对中国等新兴发展中国家的生产依赖。三是为转移内部矛盾，开始对跨国公司的全球产业布局实施频繁干预，并试图挑战巩固全球产业链的全球经济治理体系。跨国公司作为全球产业链分工的承担者和执行主体，其全球产业布局被发达国家人为干预，全球经济治理体系作为全球产业链的固基之石受到严重的威胁和挑战，全球产业链重构早已提上日程。

对发展中国家而言说，主要表现为对全球产业链不公平地位的不满。生产的全球性分工给发展中国家带来许多发展机遇和就业机会，只要该国某个产品生产环节存在比较优势，便可通过全球生产体系享受经济全球化红利，但这是建立在不公平的国家化分工基础上的。在以微笑曲线来形容的全球产业链中，由发达国家掌握的高附加值产业位于微笑曲线两端，其产业链中利润率最高，成为全球产业链的实际获益者；而发展中国家占据只能依靠技术含量较低的加工制造环节来参与产业链分工，被动承接发达国家低端环节的转移，在参与全球价值链过程中容易陷入“低端锁定”的困境。因此发展中国家天然对原有全球产业链不满，希望通过全球产业链重构来提升地区在产业链中的地位以获得更多福利。

三、国际产业链供应链重构趋势

近年来，科学技术与新业态的诞生推动全球化产业链中生产合作关系的变革，重大突然性事件的爆发进一步催生了全球经贸格局与治理模式的重构。一方面，新科技革命下制造范式和生产组织方式的变革、应对气候变化国际共识增强推动国际生产和贸易加快数字化、绿色化转型；另一方面，传统多边体制与全球治理模式的局限性、新兴经济体崛起引发国际力量对比深刻调整，以及新冠疫情、俄乌冲突等重大突发性风险事件正在改变全球产业链供应链体系所处的外部环境，诸多复杂因素相互交织叠加，不断强化政府和企业对产业链韧性的偏好，维护产业链供应链安全的战略意义凸显。

在本轮产业链供应链重构过程中首先伴随着生产本地化与集中度的提高。生产本地化是跨国公司基于投资动机，对要素成本、行业技术特征和分工方式、东道国政策等技术因素和区位条件进行综合考量的策略安排，其中市场寻求型的国际直接投资（FDI）往往会产生较强的本地化效应。考察近十年来全球价值链参与度的变动可以看出，生产本地化已不再仅仅局限于跨国公司生产布局的决策，而是具有了多样化的趋势和内涵，进而改变了国际生产和贸易的结构。对于发达国家而言，制造业回流直接推高了本地生产占比。自动化技术的广泛应用作为发达国家制造业回流的重要动力，对生产本地化提供了有力支撑。这类技术的高生产率在很大程度上弥补了发达国家劳动力成本的劣势，强化了再工业化对本地生产和采购的倚重。以美国为例，2008 年国际金融危机后，在技术进步与政府“再工业化”战略的共同推动下，美国工业增加值率较长时期内下滑的状态得以反转，至 2015 年已超过危机前的阶段性高点。再从新兴经济体的情况看，通过承接国际产业转移，以加工贸易方式扩大制成品出口既是以中国为代表的新兴经济体对外开放的起点，也是后发国家接入国际生产体系的主要方式。但随着国内配套能力增强，中国等新兴经济体凭借日趋完善的产业体系和日益活跃的创新活动加快进口替代，这些国家的企业（包括跨国公司设在当地的生产企业）对中间品进口的依赖度逐步下降。

另一方面，自动化和数字技术应用推动的生产本地化促使全球价值链演进的动力机制由成本驱动转向知识和创新驱动，在一定程度改变了要素成本在跨国公司生产区位选择中的角色，扭转了 20 世纪 80 年代到 21 世纪初生产外向化、发散式的变动方向，致使全球生产和贸易趋向集中，表现为中间品和工业制成品的市场集中度（HHI）呈现出上升的趋势，分别由 1993 年的 8.13%和 9.12%升至 2018 年的 9.64%和 11.06%，这意味着国际生产体系中有可能出现更多较短的价值链和更为集中的地域分布，导致主要贸易大国全球价值链参与度发生较为明显下降。根据世界银行等机构的数据测算，2020 年，美国和德国的全球价值链（GVC）参与度分别由 2010 年的 62.0 和 108.8 降至 2020 年的 52.3 和 94.0，中国 GVC 参与度指数也由 2013 年高点的 38.9 回落到 2019 年的 34.1。总体来看，生产本地化是技术和政策环境变化的结果，但由此引致的中间品投入结构变化和零部件跨境贸易减少或使部分行业的产业链面临解构和空心化的风险。

其次，区域化趋势增强。除了本地化生产之外，产业链韧性偏好的另一个重要表现是区域化安排。区域一体化生产组织并不是新鲜事物，但进入数字时代，企业具备更强的将产业链布局在数字化和智能化水平相近的区域内部的动机和意愿，创新型价值链的区域化倾向尤为明显，致使技术密集型产业附加值创造的区域集聚效应凸显。受益于区域内部更利化、机制化的贸易条件，区域化不仅有利于巩固产业链韧性，还会因产业内分工深化而扩大中间品和最终产品的贸易。产业链区域化对新型区域贸易协定产生了越来越多的制度需求，顺应这一趋势，近年来全球治理的区域性机制不断增强，其中不乏《全面与进步跨太平洋伙伴关系协定》（CPTPP）、欧盟与日本签订的《经济伙伴关系协定》（FPA）等一批新型高水平的自由贸易协定（FTA）以及《区域全面经济伙伴关系协定》（RCEP）等覆盖面广、成员多样化程度高的区域自贸协定。与20世纪90年代相比，区域一体化在制度建设方面取得了重大突破性进展。2000年全球累计仅通告了97项区域贸易协定（RTA），2021年全球通告的RTA累计数量达到了577项，比2020年大幅高出67项。随着全球价值链裂解为多条区域价值链，产业链出现了区域化与短链化同步的趋势，进一步拉大了国家之间的分化。这种趋势持续作用的结果会使发展中国家利用比较优势获得全球化红利的机遇减少，传统的后发赶超道路受阻，特别是深陷数字鸿沟的欠发达国家有可能被排斥在新型国际生产体系和全球产业链之外，加剧世界经济发展不平衡的矛盾，导致现行多边体制被碎片化和边缘化。

整体来看，当前国际生产体系调整过程中，各国产业链韧性偏好凸显。面对中美之间的大国竞争升级以及新冠疫情的持续扩散，企业的风险偏好明显弱化，生产布局从“效率优先”转为“战略优先”，寻求建立兼具韧性与稳健性产业链的意愿更加迫切。政府应对国际贸易政策收紧和重大风险事件的举措则强化了产业链的韧性偏好。为了对冲全球供应链中断对本国经济社会的负面影响，各国政府投入大量资金，鼓励企业降低对生产环节中间品和最终产品进口的过度依赖，政府扶持和财政补贴减轻了企业调整产业链布局的成本压力。新冠疫情后的一段时间内，产业链布局的成本与效率导向势必要在一定程度上让位于安全原则和韧性偏好。也有学者指出，当前美国和欧盟的供应链韧性战略因面临两个“悖论”而难以持续：一是紧急状况下的快速恢复与无效率的剩余能力之间的悖论；二是稳定可靠的供应关系与灵活可变的渠道之间的悖论。理论上讲，在外部不确定性增加的条件下，集中的产业链布局并不利于分散风险，而且即使为抵御新冠疫情等重大风险事件的冲击，使用完全本地化的产品来增强韧性仍然是不可取的。产业链韧性能够使企业在遭遇重大风险冲击时具备快速响应和恢复的能力，但对于新冠疫情等这类持续时间较长且已形成“疤痕”效应的外部风险而言，拥有多个可替代的生产区位才能在危机中确保生产经营的稳健性。因此，政府和企业不应因追求产业链韧性而过分强调本地化并否定全球分工协作的意义，而是需要通过提升产业链的多样化和冗余度，最大程度地兼顾安全与效率的目标要求。

第二节　国际贸易影响下的产业政策及其主张

早期的产业政策来自各国对待对外贸易的基本取向。美国首任财政部长亚历山大·汉米尔顿早在1791年即向国会呈交了《关于制造业的报告》，论证了发展制造业对于大国的重要性，并提出国家扶持制造业发展的具体措施。他主张，在美国的制造业尚不能与英国已经成熟的制造业竞争时，应采取必要的贸易保护政策。以便在市场需求的激励下，本国制成品的生产能够逐步成长起来，并成为可以与英国相竞争的国家。在汉米尔顿的主张中，产品比较优势的形成，是对本国潜在优质工业采取保护政策的结果。事实上，历史上的美国确实经历了80多年的产业保护，从而在制造业的实力上赶上，并最终远远超越了英国。

历史上，也将这种通过产业保护培育本国工业成长的理论观点称为“幼稚产业保护论”。德裔美国经济学家弗里德里希·李斯特系统地将幼稚工业保护理论加以阐述，出版了《政治经济学的国民体系》。在该著作中，他在批判亚当·斯密等学者“传统观点”的基础上指出，“由于一个国家在自己工业化发展中存在着比它们更加先进的工业国家的竞争力量，使它们在前进的道路上受到障碍——只有处于这样情况下的国家，才有理由实行商业限制以便建立并保护他们自己的工业；只有当他们的工业已经有了相当的力量，已经没有任何理由害怕国外竞争，从而有从根本上来保护国内工业的必要时，才值得实行这种保护制度”。在李斯特那里，对某些特定工业的保护就是要使本国的产业成长起来，达到与竞争对手可以竞争的程度。其实，贸易政策在这里就是产业发展的政策或产业政策。尽管李斯特极力推崇通过保护产业，促进制造业的发展，但是他仍然认为，市场经济是经济运行的基本制度。甚至明确提出，对某些产业的保护并非无期限的。如果选定产业经过一段时间的保护仍然难以成长起来，则应放弃保护，因为市场已经做出了选择。

后来的一些学者明确给出了保护幼稚产业的标准。斯图亚特·穆勒指出，国家选择的被保护产业必须是有前途的产业；巴斯塔布尔认为，应该保护那些经过保护以后，该国所获得的利益大于保护所付出的成本的产业；肯普指出，如果保护特定产业不仅能够带来自身的成长，也可以带动其他相关产业的发展。换句话说，如果对特定产业的保护，能够带来该产业发展的同时，并没有带来其他产业的损害，那么这个产业就是值得保护的。上述三个保护产业的标准在很大程度上，都有一个重要的底线，就是政府对产业的保护是自由市场经济条件下企业自由经营中的特例。这种特例体现在，特殊的经济发展阶段中，对某些产业在特定时间，特定的成本—收益分析基础之上的政府干预。政府不能不考虑成本，不能一味支持某个产业，也不能无限期地支持或保护某个产业。市场会正确的选择这些受到保护的产业或工业。只是在经济发展的特定阶段和选择特定的部门，政府才给予一定时期内的保护。因此，政府保护的部门也一定是，在私人企业认定，这个产业具有发展前途，已经开始崛起，但处于幼稚阶段时候的保护。而政府所做的是私人企业难以做到的，但是对国家的工业化是非常必要的。

产业保护的第二个阶段是凯恩斯主义的贸易保护。在其专著《就业、利息和货币通论》中，凯恩斯指出，一国经济萧条的基本原因是有效需求的不足。本国的总需求主要由三部分构成，即：本国居民对本国生产产品的私人需求、投资需求，以及外国居民对本国产品的私人消费需求和投资需求，政府对本国公共产品的需求。相应地，外国的总需求是由外国居民对其本国的消费需求、投资需求，以及对其他国家产品的需求所组成。本国居民对外国产品的消费和投资需求，就是本国居民对本国产品需求的减少。因此，要保证自己国民收入水平的稳定和增长，需要限制本国居民对外国产品的消费和投资需求。在此情况下，凯恩斯认为，如果该国限制进口，则这些需求会转向本国产品。相反，外国对本国产品的需求，都构成本国产品需求的扩大。因此，凯恩斯指出，鼓励出口，限制进口将会扩大本国的需求，从而增加自己的国民收入总量，与上一年度相比，就是国民收入增长率的提高。该国经济就可以在保护贸易政策的实施下，实现经济的恢复。在凯恩斯那里，保护贸易也不是一个长期的，可以任意实施的政策，而是经济萧条时期所采取的政策。尽管这种保护政策也直接与产业的保护、产业的生产恢复和增长有关，其保增长的施加对象也是某些特定产业，但其本质并不是真正的产业政策，而是旨在烫平经济周期波动的政策，或者是一种“保增长政策”。客观上，凯恩斯贸易保护政策的提出和实施，模糊了以产业发展和比较优势形成为目的的保护产业的政策和以保增长为目标的贸易政策之间的本质差别。

与对外贸易政策相关联的下一个产业政策是由新贸易理论和政策的倡导者们提出的。在新贸易理论和战略性贸易政策的创始者之一，保罗·克鲁格曼看来，政府干预对外贸易是有其理论依据的。新贸易理论认为，如果一些产业中产品的生产的边际成本不是递增，而是递减的，则其单位产品的成本会随着生产规模的增大而越低。因而，对于那些后起的国家，即使是目前不具备成本优势，那么通过政府的支持，也能够使特定产业达到规模经济，从而超过传统上有比较优势的国家，占领市场。这些产业的特点是那些可以产生规模经济的产业，如重化工业、汽车制造、飞机制造等等。

对后起的国家而言，这种工业化的理论给发展中国家带来了希望，只要后起的国家希望或决定发展某些重工业，即使它们起步较晚，也可以通过一个学习过程，使本国的某个产业达到可以与先进国家相竞争的生产规模并借助规模经济效果，实现低成本，将先进国家挤出市场。因此，克鲁格曼的新贸易理论为政府干预，特别是后起国家的政府干预产业成长和发展提供了坚实的理论依据。

在发展中国家的实践中，由于战略性贸易政策的实施更多地表现为一个“干中学”的过程，战略性贸易政策似乎就是产业政策。实际上，无论是幼稚产业保护政策，还是战略性贸易政策的实施，都是在市场经济发展的过程中，以不同的市场经济结构为基本前提的。这也是私营企业为主导的经济运行机制的制度基础。

2008 年国际金融危机以后，美国等西方国家反思自己的经济增长路径，认为就业机会流向发展中国家的关键是疏于制造业的发展。因此，它们采取各种形式的保护措施，在贸易、金融、投资，甚至体制机制上通过各种措施，对本国的衰落产业、对本国的有前途的或者在未来产业发展中具有战略重要性的新兴产业（太阳能电池生产，光伏电光源的生产等）采取保护措施。前者是为了从已经全球化了的工业生产中拉回就业机会，以缓解国内的就业压力，后者是政府着眼于对未来产业竞争地位的争夺。尽管从表面上看，这一系列的政策措施是一种典型的贸易或经济保护政策，但是，所有的这些措施都是作用于产业，并在产业层面显示出效果。考虑到任何国家的产业发展都不是孤立存在的，自我生存的，因此典型的产业政策首先是以提高国家在国际竞争中的比较优势或竞争优势出发的，近年来以欧美为代表的发达国家所纷纷采取的“制造业回流”、“供应链安全”等主张，即是这种策略的生动体现。

第三节　主要国家维护产业链供应链的政策

近年来，国际格局两极化、民粹主义兴起推动逆全球化浪潮愈演愈烈，“二战”后基于自由主义思想建立的国际政治经济秩序遭遇了严峻挑战。由跨国公司主导的全球产业链也表现出去全球化的新趋势，面临着收缩或断裂的考验。一方面，全球化引发的国家间经济利益分配失衡问题加剧了国际政治博弈，全球经济领域的保护主义政策明显增多，严重侵蚀了国际投资、全球生产合作和贸易体系的基础。另一方面，全球产业链成为发达国家维系其国际经济主导权的战略依托。随着新兴发展中国家逐渐从全球产业价值链的中低端迈向中高端，以美国为首的发达国家的技术垄断地位受到削弱，它们希望重新调整全球产业链格局和分工以限制新兴发展中国家的产业升级。此外，2020年新冠疫情带来的全球性危机，促使各国政府更加重视经济自主权，倾向于降低对全球产业链的依赖，以维护国家经济安全。在此背景下，未来全球产业链调整的动力正在不断增强。

从各国产业链供应链变革实践看，随着供应链生产网络越来越复杂化以及外生冲击的起伏反复，复杂供应链面临的风险日益增大，使得各国纷纷从基于效率进行布局的产业链供应链策略开始转向效率和安全兼顾。整体来看，各国普遍采取的调整措施多集中在制造业回流、构建多元化采购模式、推动数字化供应链等方面。

一、鼓励制造业产业回流，促进关键环节本土化

出于供应链的安全考虑，发达国家试图将核心零部件、供应链关键性关节回流本土，并出台了一系列关于税制改革、产业补贴、基础设施投入等优惠政策。2021年美国宣布对半导体芯片、电动汽车大容量电池、稀土金属、药品的供应链进行为期100天的审查，并向各州芯片制造业、国防芯片制造业投入巨额资金支持，以提高供应链多元化；欧盟也随之宣布供应链多元化计划，扶持本土企业、摆脱半导体等关键领域对外依赖。疫情暴发后，美国白宫经济顾问库德洛提议将企业的回流支出100%直接费用化，政府全部为供应链本土化买单；日本经济产业省也推出了“改革供应链”项目，拟投入2435亿日元以资助日本制造商将生产线回流本土。

二、调整全球供应链结构，推动多元化采购模式

逆全球化浪潮叠加新冠疫情等不确定事件的蔓延引发供应震荡与需求回落，过度集中于某一国家或地区的产业链容易遭受破坏而断链，并进一步影响全球供应链的效率与安全。为此，跨国公司采用多元化采购模式以缓解不确定性带来的供应链风险。具体而言，中国作为货物贸易和制造业大国已成

为全球供应网络供需枢纽之一，在全球供应链的生产网络中占据重要的地位，各国供应链布局对其依赖性愈来愈强。但在外生冲击下，各国逐步调整全球供应链结构，扩大邻近国家的多元化采购，降低从中国集中采购的风险。其中，美国将电力机械、装备及零部件、塑料及塑料制品、服装及服装配件等产品采购和生产逐渐转向墨西哥以及巴西等拉美国家；德国将汽车零部件的采购和生产转移至东欧和东南欧地区；欧洲国家则将化学材料、医疗设备和化妆品等产品采购和生产逐渐转移至土耳其。

三、 打造供应链的数字化，提高全球供应链韧性

随着新一代信息技术革命的兴起，以云计算、大数据、人工智能为代表的数字技术不断赋能实体企业，形成“链一图一策”全景动态的供应链模式。德国实施“工业 4.0”战略，重点打造“智能二厂”，构建嵌入式制造系统，借助动态业务和工程流程来灵活应对生产故障；英国在 2013 年发布的《制造业未来：英国面临的机遇与挑战》中，制定了“柔性制造”计划，推动制造业供应链上下游协同研发；美国也正在积极培养一个准备应对且能承受不断变化的威胁和危害，并可以从中断中迅速恢复的全球供应链系统。依托“智能 + 制造”，有助于打破传统供应链的运行模式，实现供应链上下游企业间的分工合作和信息共享，供应链运营从“吕联”模式升级为“并联”模式。当线下需求受到外部冲击时，“数字化”供应链可以将需求从线下转移到线上，加快响应时间，催生供应链的新业态、新模式和新场景，进一步提高全球供应链的韧性和灵活性。

▶▶▶ 第二部分　主要国家产业链供应链认知演变及其政策启示

第三章

美国有关产业链供应链韧性的认知及其提升举措

第一节　全球化背景下的美国产业链供应链演变

美国的产业链供应链政策更偏于供应链层面。供应链管理在美国最初是一个商学概念，主要应用于企业层面的商业战略，如今越来越成为一种国家层面的经济及产业策略。美国的“供应链韧性”战略是其供应链遭遇“威胁”后的产物，其最早的观点缘起于奥巴马政府时期的“全球供应链安全国家战略”，并在特朗普时期开始逐步得到推广。拜登政府执政以来，美国延续了特朗普执政时期对华竞争的外交基调，在关键领域仍然维持对华的高压打击策略，但其政策工具从粗放型的“关税壁垒”转向更加精细化的“出口管制”、“投资审查”等系列限制措施。整体而言，美国产学界关于产业链供应链的战略认知是伴随其产业结构在全球化体系中的逐步变迁而渐进演变的，整体而言可大致分为以下三个主要阶段。

一、“二战”前“美国体系”主导下的全产业链扩张

美国是全球较早对产业链供应链安全予以重视的国家之一。纵观世界历史，美国在“二战”前的发展崛起与其在20世纪全球产业链中的全方位扩张密不可分。美国独立战争爆发前后，英国将大批制造品销往新成立的美国，给处于经济发展初期的美国制造业造成了巨大冲击，国内企业纷纷破产，贸易逆差持续增加。在这种内忧外患的困境之下，美国第一任财政部长汉密尔顿于1791年向国会递交了《关于制造业的报告》，认为美国只有在所有必要的经济产品上自给自足，才能实现完全独立。该报告强调了制造业本

地化在经济体系中的重要作用，主张通过政府直接补贴、保护性关税、政府采购合同、制造业投资免税以及支持改善基础设施等政策推动美国制造业发展，目标是赶超英国并为美国建立强大的军事力量奠定物质基础。1812—1815年美英战争后，美国民族主义情绪高涨，英国的海上封锁政策刺激了美国纺织工业的兴起，并促使美国辉格党形成更加全面综合的产业政策主张，即美国参议员亨利·克莱所主张的“美国体系”。该“体系”由三个相互支撑的部分组成：实行保护和促进美国产业的关税制度；成立国家银行促进商业发展；为公路、运河和其他基础设施改善提供联邦补贴，以发展有利可图的农业市场。

“美国体系”框架倡导通过建立一个相互依赖和强有力的区域经济体系，可以使美国不再屈从于英国所主导的“自由贸易体系”。其后至林肯总统时期，“美国体系”被广泛用于促进经济增长，包括对战略性产业实施关税保护、通过政府采购保护国内市场、补贴基础设施建设等。这种以高关税为特征的“美国体系”自19世纪30年代确立一直延续至“二战”以前，并经后世美国学派继承并发扬，逐步形成了以“生产效率—内部改善—关税保护”为核心的工业化战略思想。在“美国体系”等战略主导下，美国经济迅速腾飞，并逐步超过英国，成为全球工业第一强国。“二战”前，美国的工业生产产值占世界总份额的30%以上，相当于英国、德国和苏联三国的总和，在全球产业链中占据举足轻重的地位。“二战”爆发后，来自各地的订单刺激了美国的工业，工业产能和战争潜力迅速被激发出来，美国很快成为了全球的工业中心，在几乎所有重要的产业领域均占据重要的全产业链优势。据统计，“二战”期间美国共生产了8万多辆坦克、29.4万架军用飞机、150多艘航母，牢牢控制了全球主要核心产业链。到“二战”末期，美国的工业产能已经占到了全球的一半以上。

二、“二战”后“战略科技扶持”影响下的产业链外迁

第二次世界大战是全球竞争格局产生巨变的重要转折点，也是美国政治地位开始确立并谋求世界科技领先优势的分水岭。战争结束以后，世界银行（WB)、国际货币基金组织（IMF)、关税与贸易总协定（GATT）等国际组

织先后成立，经济全球化与区域一体化成为新的历史潮流，贸易自由化和金融自由化成为各国参与世界经济所要遵循的新秩序，传统的贸易保护政策面临来自世界各合作国家的反倾销指控、反补贴指控或者技术壁垒等报复性手段的施压。在此背景下，美国开始转向自由贸易政策，将资源更多集中在高端制造业和研发上，并逐渐放松金融管制，由此带来了制造业的外迁与产业链全球化进程。

纵观全球产业格局的变迁，美国制造业的衰落和外迁是全球贸易格局变化的重要原因。从全球看，"二战"后美国强劲的出口得益于美国在两次世界大战期间建立起的完善的工业体系，是全球最重要的制造业中心。伴随着德国和日本的相继崛起，1967 年德国超过美国，成为全球第一大贸易顺差国，1983 年，日本又接替德国第一大的贸易顺差国，2001 年德国再次反超日本，直至 2009 年中国成为全球最大的贸易顺差国。从美国内部经济增长模式看，20 世纪 70 年代以来，随着国外成本优势的不断增强，美国走向"去工业化"时代，普通工业机械、汽车、机电产品等传统装备制造开始大量向海外转移，1983 年美国轿车产量首次被日本超过，机床竞争力下滑，滞后于日本、德国、韩国等国，传统装备制造的霸主地位减弱。进入 90 年代，美国金融混业经营改革进入快车道，传统制造业的比重在 1995 年下降到 50%以下，而金融业、其他服务业的比重开始上升。美国财富 500 强的企业结构自 1995 年起基本保持稳定，传统制造业在 45%左右，而新兴技术产业、金融业和其他服务业分别维持在 20%、15%和 15%左右。

21 世纪初，美国经济虽然成功向高端产业转移，但美国本土整体制造业占 GDP 的比重却逐年下降，制造业增速无法跟上美国经济整体增速，就业也随之下降。据世界银行统计，美国制造业增加值所占 GDP 比重从 1997 年的 16.1%下降至 2007 年的 12.8%，制造业就业人数从 1979 年的 1960 万下降至 2009 年的 1180 万。2008 年金融危机前，已从曾经的"世界工厂"转变为全球最大的贸易逆差国，美国经济在"服务化"的道路上越走越远，经济增长过度依赖金融业、服务业、房地产业等虚拟经济，在全球产业链的控制力逐渐从全产业链模式转向中游技术与投资以及下游消费环节。

三、2008 年国际金融危机后的“制造业回流”尝试期

2008 年美国爆发金融危机，引发全球性的经济衰退，危机之下，美国国内由于产业空心化和过度金融化而陷入经济停滞和高失业率的困境。2009 年，奥巴马总统上任之后，美国政府刚从紧急“救市”的状态中缓和过来，就肩负起应对全球化冲击和危机后的经济复苏重任。奥巴马政府以扭转“脱实向虚”的困境为突破口，开始重新强调“振兴制造业”的基础理念，通过出台一系列“再工业化战略”，来引导美国向实体经济回归。

为适应金融危机后美国所面临的“制造业危机”和“产业革命”两大时代挑战，从奥巴马政府到特朗普政府，都一以贯之地推行以“振兴制造业”为核心的“再工业化”战略，政府接连出台一系列推动先进制造业发展的产业政策，意在确保美国在“第三次工业革命”中的领先者地位。奥巴马时期，美国总统科技顾问委员会在 2011 年提交的《确保美国在先进制造业的领导地位》报告中，提出确保美国全球制造业领先地位的创新政策、路径和行动建议，宣布成立“先进制造伙伴”计划（AMP），创造条件鼓励产业界联合学术界和联邦政府识别并拓展合作机会，激发先进制造业的创新潜力。

2017 年特朗普（Donald Trump）政府执政后，继承奥巴马政府重振美国制造业的目标，在美国优先原则下提出了“买美国货，雇美国人”的产业保护主义口号，推行极具经济民族主义色彩的产业贸易政策。2018 年，特朗普政府发布《美国先进制造业领导战略》，提出发展和推广新的制造技术、进行劳动力培训和扩大国内制造业供应链能力三大任务，明确提出“先进制造业领导地位需要有保护和促进美国产业的贸易政策”，为特朗普政府随后普遍加征钢铝关税并发动对华关税战做好了政策铺垫。这也说明特朗普的产业政策振兴目标已经从奥巴马时期聚焦先进制造业转向先进制造业和传统制造业并重，也昭示了“美国体系”的部分回归和美国经济民族主义的重新崛起。

第二节　美国围绕产业链供应链安全的战略沿革

纵观全球产业的变迁史，供应链的发展与经济全球化的进程相伴而行：当全球化顺利推进、经济快速发展时，建立在深度跨国分工基础上的供应链网络不断发展，企业基于经济理性加入全球供应链并在其中寻求利益最大化；当全球化进程受挫时，供应链危机随之产生，可能威胁整个国家的经济安全，这必然促使国家制定适当的供应链政策和战略。对照近年来美国的产业发展环境，中美“战略竞争”与新冠疫情蔓延等使得美国产业链供应链短板进一步凸显，驱使美国政府加快构建和实施“供应链韧性”战略。截至目前，美国针对产业链供应链的战略框架经历了以下三个转变阶段：

一、奥巴马政府时期——“供应链议题”萌芽期

2008年国际金融危机后，全球化从“超全球化”（Hyper-globalization）走向“慢全球化”（Slowbalization），全球供应链受到金融危机的巨大冲击呈现收缩态势，此后各界开始关注到“供应链韧性”的重要性，全球供应链收缩带来的“供应链韧性”问题也开始受到美国政府层面的关注。从奥巴马政府开始，美国逐渐提升对供应链问题的重视。起初，供应链安全并不是一项政府讨论的单独议题，而是作为网络信息安全的影响对象被提及，而且侧重供应链的信息安全而非实体安全。2010年，奥巴马政府提出《国家网络安全综合计划》（*The Comprehensive National Cybersecurity Initiative*），宣称要建立全方位的全球供应链风险管理机制。这表明奥巴马政府已认识到供应链风险以及供应链安全的重要性，不过仍将供应链安全与网络信息安全议题挂钩。2012年，供应链安全被提升为一项单独的重要国家议程，奥巴马政府发布《全球供应链安全国家战略》（*National Strategy for Global Supply Chain Security*），这是美国首次专为供应链安全制定的国家战略，该战略的目标之一便是建立有韧性的供应链，即建立一个全球供应链系统，以应对供应链危机并能从供应链中断中迅速恢复。该战略提出应确保供应链的效率和韧性，效率应被置于韧性之前，这一排序体现出奥巴马政府仍然将经济繁荣置于经

济安全之前。该战略还明确提出，“国际贸易是美国和世界经济增长的引擎，支撑国际贸易的全球供应链系统对美国经济和国家安全至关重要，也是全球关键资产”。虽然奥巴马政府将供应链安全作为一项单独议题，但其强调的供应链安全并非传统意义上的安全关切，而主要是经济和商业问题。

在国际金融危机的冲击下，供应链安全的重要性在奥巴马政府执政时期逐渐提升，从政府议程中的政策附属议题转变为单独议题，从单纯的商业问题转变为重大的国内和国际经济问题。但奥巴马政府所称的供应链安全是在全球化和国际贸易视野下的经济问题，更强调供应链的经济属性而非国家安全属性，也未着手构建系统的供应链战略。

二、特朗普政府时期——“供应链安全”探索期

主要经济实体参与全球供应链程度下降的第二个时间段是2018年至2020年，主要是受到中美贸易摩擦和新冠疫情双重因素的推动，使供应链韧性问题再度成为全球经济面临的主要风险。对美国而言，此次供应链危机已成为未来一段时间内经济运行所面临的主要的持续性难题。受此影响，供应链安全已经上升到国家安全的高度，从单纯的经济问题转变为不容忽视的政治问题。

特朗普政府执政以来，美国通过重构全球供应链遏制中国产业发展的战略思路逐渐清晰。随着中美竞争加剧，美国认为中美供应链交织的状态对其构成安全威胁，因此率先发起对华“脱钩”进程，企图降低对华供应链依赖。特朗普政府以消除美国贸易逆差为由对华进行制裁，企图通过对低端产业增加关税，推动其制造成本上升及价格上涨，降低中国在全球产业链中的吸引力，引导相关产业迁出中国。但从结果来看，特朗普政府的关税战并未达成预定目标，既没有明显减少中美双边贸易额，也没有降低美国对华贸易逆差，更未能严重打击中国的产业基础。在特朗普政府对华发起关税战的2018年，中国对美出口额不降反增。虽然在2019年中国对美进出口额有所下降，但在2020年再度强势回升，几乎恢复到2018年的水平。与此同时，中国对美贸易顺差也从2015年的1.6万亿元增长至2020年的2.2万亿元。但整体来看，由于当时美国产业界利润模式仍主要建立在比较优势论为基础的全球化大分工之上，特朗普政府所出台的各项供应链重构政策在执行层面难

免遭受到来自工业界的不少反对意见，以“供应链安全”为主的产业政策尚未在美国各界形成完全一致意见。

三、拜登政府时期——“供应链战略”主导期

拜登政府上台后，美国白宫继承了特朗普政府对华“战略竞争”的基本方针，并转用“供应链韧性”战略作为对华经济竞争的主要手段。特朗普政府没有重构全球供应链的战略意图，拜登政府则明确围绕供应链构建经济战略。虽然拜登政府的“供应链韧性”战略强调“韧性”并淡化安全色彩，但其根本目的仍是加强美国的供应链安全。2022 年 2 月，拜登签署的“美国供应链行政令”指出，此前供应链被认为是私营部门需要关心的问题，但随着供应链变得越来越脆弱，美国政府必须采取措施以应对事关国家安全和经济安全的供应链威胁。此外，新冠疫情暴发促使美国在国家战略层面进一步关注供应链安全并着手通过政治手段予以保障。新冠疫情影响范围广、持续时间长，导致全球在短期内生产和投资萎缩、订单交付延迟，全球供应链受到明显冲击。受其影响，大部分跨国公司的供应链可靠性下降，中小型供应商由于无法承受供应链动荡而不得不压缩生产规模甚至走向破产。全球供应链主要由跨国公司组织和控制，新冠疫情从根本上动摇了全球供应链的企业支柱，加剧了全球供应链危机，长久以来经历产业转移并已出现“产业空心化”的美国更是深受其害。此外，新冠疫情的防疫封锁措施在客观上阻碍了全球人员与商品的流动，这也为美国强制剥离原本不可或缺的中国供应链提供了机会。

在上述背景下，拜登政府正式将“供应链韧性”置于国家战略的高度予以推进，借助于大力调整经济政策，辅以政治与外交举措，来增强供应链对意外情况迅速反应并恢复正常的能力。拜登政府的“供应链韧性”战略旨在通过采取国内外措施保障美国供应链安全，争取短期内解决国内供应链中断危机，长期目标是降低对所谓不可靠国家或企业的依赖。美国推行全球供应链调整深受“泛安全化”理念的影响，这种理念根植于拜登政府的“供应链韧性”战略，其深层原因是国家安全，而直接原因则是大国战略竞争加剧与新冠疫情蔓延。

总体来看，中美“战略竞争”与新冠疫情蔓延使美国供应链短板凸显，驱使美国政府着手构建和实施“供应链韧性”战略。拜登政府将供应链问题与国家安全相挂钩，从强调效率优先转为强调安全优先，期望通过实施“供应链韧性”战略实现三大目标：一是加强供应链基础设施建设，提高美国国内供应链透明度，缓解国内供应链中断危机；二是实现奥巴马政府和特朗普政府都曾经提出但却没有实现的目标，即加速推动制造业回流，缓解国内经济面临的严峻局面，进而刺激就业、助推经济发展，服务与振兴中产阶级；三是推动部分产业从中国向其他国家转移，改变中国“世界工厂”的地位，减少全球经济对中国供应链的依赖。这三重目标体现了拜登政府兼顾长短期与国内外的多重考量，也决定了美国在落实“供应链韧性”战略时将坚持国内与国际双轨并行策略。

第三节　美国开展供应链韧性测度及安全保障的方法

21 世纪以来，国际竞争格局发生深度调整，美国在高技术产品、市场份额、领先企业等方面的优势相对降低。特别是中国等新兴国家在经济总量、科技实力等方面的迅速崛起，以及全球发展因为一些“黑天鹅”与“灰犀牛”事件变得更加不确定，美国政府感受到了巨大的挑战和威胁，通过多种手段加强对产业链供应链的控制，以保障其在国际政治、经济等各个领域的竞争优势。在此过程中，美国建立了较完善的国家供应链安全框架，在拜登政府主导下，以应 14017 号行政令而生的“供应链百日评估”为代表，逐渐形成了较完善的供应链安全评估体系，并通过控制产业链供应链关键环节形成在国际战略中的有效卡位。

一、建立国家级供应链安全评估体系

近年来，美国推出了一系列相关战略、法案及工作规范，促进供应链安全评估工作标准化，并增设专门机构开展不定期专项评估工作。2019 年密集出台的《国防授权法案》《外国投资风险评估现代化法案》《联邦采购供应链安全法》等法案中均提及供应链风险控制和审查要求，且不乏针对中国的歧

视性规定。在工作规范层面，美国发布的《供应链风险管理标准》《联邦信息系统供应链风险管理实践标准》也优化了识别、评估、选择、实施的风险管理流程。

在具体工作流程中，美联邦政府部门建立了长效制度、成立相关机构以协调解决关键领域供应链安全事项。2022 年 2 月，美国多政府部门首次跨部门发布关键领域供应链审查报告，这被认为是供应链长期制度化的重要里程碑，将供应链弹性嵌入联邦机构日常运作中，美国联邦政府要求每四年进行一次审查，以便各机构继续监测、收集和分析供应链数据，使国家供应链战略建立在长效机制的基础上。

2021 年 6 月 8 日，美国白宫成立应对供应链中断特别工作组（SCDTF），由美国商务部、交通运输部和农业部长牵头，以解决半导体、运输等行业短期供应短缺问题。应对供应链中断特别工作组和国务院建立了一个早期预警系统，以主动监测和解决供应链中断问题。应对供应链中断特别工作组协调了各机构之间的协作，在应对供应链中断方面取得了进展。

此外，美国专门在白宫管理和预算办公室内设立美国制造办公室，其致力于实施联邦政府支持制造业的各项新政，协调各政府机构，增强对国内供应链的依赖性，使美国供应链更具弹性，为某些关键产品的价格优惠创造途径，推出美国制造网站，鼓励私营企业投资国内制造业，创建新的美国制造委员会，找出建立供应链弹性的最佳方案，帮助美国增强供应链弹性。在成立一年时间内，美国制造办公室通过提供指导帮助机构实施新的美国制造要求，提出规则推动《购买美国货法》改革实施，以及设立美国制造委员会，最大限度地扩大国内采购。

在关键领域，美国能源部成立制造和能源供应链办公室，专注于加强和保障能源供应链，以有效地部署超过 600 亿美元的基础设施法资金，实现国家能源基础设施现代化，支持清洁能源转型。该办公室与私营企业、其他联邦机构和关键利益相关者合作，收集、分析、响应和共享有关能源供应链的数据，为未来的决策和投资提供信息。与此同时，美国卫生与公众服务部设立《国防生产法》办公室，以审查《国防生产法》优先评级请求并管理工业基地扩建工作。美国国防部向卫生和公众服务部提供重要合同支持，记录了促进两个机构之间资金及时转移的程序，以进一步减少美国医疗用品供应链对国外的依赖，并满足联邦政府对医疗供应的需求。

二、围绕战略性产品全生命周期开展供应链安全评估

美国从关键产品和材料及其生产制造的全生命周期视角系统评估供应链和产业链面临的风险，以及无法成功开发相关技术和产品所带来的供应链脆弱性程度，以有效应对各类内外部威胁；同时，将总体评估和针对性评估相结合，既包括评估广泛性威胁、漏洞和攻击等的潜在后果，也包括特定的威胁、目标和后果。例如，2018 年 9 月，美国发布《评估和强化制造与国防工业基础及供应链弹性》报告，归纳总结出美国国防工业基础存在以下 5 种风险：财政削减和政府开支的不确定性，制造能力和产能的下滑，政府业务和采购实践的破坏，竞争对手国的工业政策，缩减的科学、技术、工程和数学以及贸易技能劳动力。在这 5 种风险的作用下，美国又进一步区分了 10 种风险类型（如表 3-1）。

表 3-1　威胁美国制造业和国防工业基础的 10 种风险类型

风险类型	定　义
唯一供应商	只有一个供应商能够提供所需的能力
单源供应商	只有一个供应商有资格提供所需的能力
脆弱供应商	特定的正遭受经济困境的供应商
脆弱市场	不稳定的经济形式/可能导致国内供应商消亡
产能受限于市场供应	由于市场需求的竞争，所需量无法在一定时间内被提供
对外国的依赖	国内工业不能生产此产品或无法生产足够数量的此产品
缺少生产资料或原材料短缺	由于相关供应商减少导致产品或材料短缺
美国人力资源成本差距	企业难以选择雇佣或保留具有专业必备技能的美国工人
美国的基础设施遭到入侵	损失所需专门固定设备的集成、制造或维持能力
产品安全	缺乏网络和物理保护导致国防供应链的完整性、秘密性和竞争优势遭到破坏

信息来源：《评估和加强美国制造业和国防工业基础及供应链的弹性》报告，国防部工业政策办公室，2018 年。

2021 年 6 月 8 日，拜登政府发布根据第 14017 号行政令对“美国的供应链”进行短期审查的结果报告《建立弹性供应链、重振美国制造业、促进广

泛增长》，包括对 4 类关键产品（**半导体制造和先进封装、大容量电池、关键矿物和材料**，以及**医疗用品和原料药**）供应链的综合评估结果。报告分析了 4 类供应链的关键环节与主要风险，并分别提出了针对型及通用型的政策建议，以加强关键供应链弹性、重建美国产业基础和创新引擎。报告提出，重建美国供应链弹性需要关注广泛增长和可持续性，需采用基于美国强大优势的新方法，包括创新生态系统、劳动力、种族和区域多样性、中小企业，以及盟友和伙伴关系。

根据第 14017 号行政令，拜登政府在百日内首先关注 4 类关键产品。

（一）半导体和高级封装（评估部门：美国商务部）

半导体是电子器件的重要组成部分。美国是半导体技术的发源地，但近年来由于投资减少导致创新优势削弱。报告评估了半导体供应链的基本环节，并针对其潜在漏洞风险提出了政策建议（见表 3-2、表 3-3）。

表 3-2　美国半导体供应链 5 个基本环节及评估

供应链环节	评　估
设计	美国半导体设计生态系统世界领先，但高度依赖对华销售；美国半导体设计企业的知识产权、劳动力和制造资源有限
制造	美国缺乏半导体制造能力，美国的先进逻辑芯片主要依赖中国台湾地区，成熟节点芯片主要依赖中国台湾、韩国和中国大陆
装配、测试、封装和高级封装	严重依赖亚洲的资源进行后端封装；无法发展具有重大技术进步潜力的高级封装行业，而中国有潜力颠覆市场
材料	美国生产了众多用于半导体的气态和湿式化学品，但外国供应商主导了硅晶圆、光掩膜和光刻胶的市场
制造设备	美国在大多数类型的前端半导体制造设备在全球生产中占很大份额，但光刻设备的生产集中在荷兰和日本

表 3-3　建设弹性的半导体供应链的美国政策建议

序号	建　议
1	与业界合作促进投资、提高透明度、加强协作，解决半导体短缺问题
2	为《为芯片生产创造有益的激励措施法案》中相关条款提供经费支持
3	通过立法实施“美国就业计划”，加强本土半导体制造生态系统

续表

序号	建　　议
4	为制造商（尤其中小型企业）提供研发资源，促进新兴技术成果转化
5	增加投资，建设 STEM（科学、技术、工程和数学）人才输送渠道
6	鼓励外国制造商与材料供应商投资美国、盟国及伙伴国家与地区，建设多样化供应商基础，与盟国及伙伴就半导体供应链弹性进行合作
7	保护美国在半导体制造和先进封装方面的技术优势，利用出口管制、外国投资审查等工具支持相关政策行动

（二）大容量电池（评估部门：美国能源部）

应用于电动汽车和网格存储的大容量电池对美国经济和国家安全至关重要。美国是电动车净出口国，但电池相关供应链并不领先。报告评估了大容量电池供应链的基本环节，并针对潜在漏洞风险提出政策建议（见表 3-4、表 3-5）。

表 3-4　美国大容量电池供应链 5 个基本环节及评估

供应链环节	评　　估
原材料生产	高容量锂离子电池的关键材料（尤其是镍、锂和钴）是主要的上游供应链漏洞；美国本土开采重点应为已知储量足以满足经济基础供应的关键材料，如锂
材料精炼和加工	美国的材料精炼和加工能力不足；保障美国关键矿产供应链安全最有希望的方式是提高美国的材料精炼与加工以及回收利用能力
电池材料制造和电池制造	美国在所有主要电池组件和电池制造方面的产能占全球市场份额不到 10%；中国拥有超过 75%的全球电池制造产能
电池组和终端产品制造	美国的电池组和终端产品制造主要为满足北美地区的电动汽车生产需求，但美国仍落后于其他市场
电池报废和回收	可以加强关键物料的回收利用，抵消新的采矿需求

表 3-5　建设弹性的大容量电池供应链的美国政策建议

序号	建　　议
1	刺激国产大容量电池的终端产品使用需求（含运输业、公用事业部门）
2	加强关键先进电池矿物的可靠来源供应，包括：(1) 制定针对各类矿产的战略；(2) 全面提高劳动和环境标准；(3) 加强回收利用政策，确保回收和处理符合最高环境标准
3	促进可持续的本土电池材料、电池和电池组生产
4	投资于对保持竞争优势至关重要的人才和创新

（三）关键矿物和原材料（评估部门：美国国防部）

关键矿物和原材料是国防、高科技和其他产品的重要组成部分。美国需要确保在国家紧急情况下不依赖外国资源或单一来源。报告评估了283种材料，发现存在短缺的有53种，国外供应来源包括84个不同的国家，并针对关键矿物和原材料供应链的风险提出了系列政策建议（见表3-6）。

表3-6 建设弹性的关键矿物和原材料供应链的美国政策建议

序号	建 议
1	为战略性和关键材料密集型产业制定和培育新的可持续标准
2	扩大本土可持续生产和加工能力（二次和非常规资源的回收再循环）
3	部署《国防生产法》及其他项目
4	召集行业利益相关者扩大生产
5	促进跨部门研发，支持可持续生产和技术熟练的劳动力
6	加强本土储备
7	与盟友和合作伙伴合作，加强全球供应链透明度

（四）原料药（评估部门：美国卫生与公众服务部）

关键仿制药和原料药的短缺是美国多年来一直存在的问题。报告识别了药品供应链面临的风险，并提出了政策建议（见表3-7）。

表3-7 建设弹性的原料药供应链的美国政策建议

序号	建 议
1	促进本地生产，促进国际合作：（1）确定财政激励或投资，以推动私营部门发展本土生产能力；（2）建立新的平台生产技术和透明的质量管理；（3）解决新技术带来的监管问题，建立联盟以协调所有政府投入资源；（4）授权美国食品药品监督管理局（FDA）收集关键新数据，透明化供应链，以识别和降低风险
2	应急能力建设。探索创建和扩大活性药物成分（API）、其他关键材料和成品剂量的虚拟战略储备
3	促进国际合作，与盟友建立伙伴关系。通过现有国际监管协作和协调组织，及其他双边和多边论坛，加强药物和原料药供应链合作

通过对上述4类关键产品进行广泛的供应链风险和漏洞评估，报告归纳了一系列共同导致脆弱供应链的相互关联的因素，具体包括美国制造业能力

不足，私营市场的错位激励和短期主义，联盟、合作伙伴和竞争对手国家采取的产业政策，全球采购的地理位置分布集中，以及国际协调有限等。为此，报告提出全面加强美国供应链弹性的六项措施建议，包括：重建美国的生产和创新能力；为市场的可持续、高质量发展提供支持；发挥政府作为关键产品购买者和投资者的作用；改进国际贸易规则及贸易执行机制；加强国际合作，减少全球供应链中的脆弱性；与工业界积极合作，解决现有供应链短缺问题（见表 3-8）。

表 3-8　美国建设弹性供应链的六大主题建议

主　题	建　议	举　措
1. 重建美国生产和创新能力	制定新联邦立法，加强关键供应链、重建产业基础，包括《美国就业计划》中的转型投资	为半导体制造和研发提供专用资金； 提供消费退税和税收优惠，刺激电动汽车消费； 为电池全供应链提供融资； 建立新的供应链弹性计划； 部署《国防生产法案》扩大关键行业的制造能力
	加大重点产品研发和商业化公共投入	投资开发下一代电池； 投资开发新的制药和制药工艺
	构建由制造商和创新者构成的生态系统	推广社区大学、学徒制度、在职培训以便求职； 支持关键供应链的中小企业和弱势企业； 审视美国进出口银行支持本土制造业的能力
2. 支持重视劳动力、可持续性及产品质量的市场发展	建立强有力的国内标准、倡导建立全球标准	制定 21 世纪的关键矿物开采和加工标准（锂、钴、镍、铜和其他矿物的综合可持续性标准）； 确定美国境内潜在关键矿物生产和加工地点； 提高整个药品供应链的透明度
3. 发挥政府作为关键产品的购买方与投资者的作用	利用政府塑造许多关键产品市场的力量，加强供应链弹性，支持国家优先事项	通过联邦采购加强美国供应链； 科学和气候研发拨款应提高对本土生产的要求； 改革和加强美国的储备（医疗用品与设备储备、关键矿产和材料的国防储备等）； 确保新汽车电池制造遵循高劳工标准

续表

主　　题	建　　议	举　　　　措
4. 加强国际贸易规则（包括贸易执法机制）	实施全面战略，遏制不公平的外国竞争	成立一支由美国贸易代表领导的供应链“贸易攻击”力量，将供应链弹性纳入美国对华贸易政策； 评估是否针对美国严重依赖进口的钕铁硼（Nd、Fe、B）永磁材料启动232调查
5. 与盟国和合作伙伴开展合作，减少全球供应链脆弱性	合作加强供应链整体弹性，同时在劳工和环境方面保持高标准	扩大多边外交接触（特别是四方对话和七国集团）； 利用美国国际发展金融公司（DFC）和其他融资工具支持供应链弹性
6. COVID-19大流行后经济逐步恢复期间，监测近期供应链中断情况	密切监测供应链的发展，确定响应行动，减小影响	成立供应链中断专责小组，关注供需不匹配领域，为应对短期供应链挑战提供全政府响应； 创建数据中心，汇集联邦政府各部门数据，监控近期供应链漏洞，加强政府机构及私营部门之间的信息共享

三、通过多项立法确保供应链安全战略的协同推进

美国拜登政府积极立法或充分利用原有相关法律，加大对制造业供应链和创新的投资，推动美国本土基础设施建设和关键制造业领域发展。与此同时，美国国会参众两院也纷纷提出立法建议，针对不同领域的供应链弹性和安全制定条款。

2021年7月，美国众议院军事委员会国防关键供应链工作组发布《国防关键供应链最终报告》，识别和分析了国防工业基础中供应链存在的风险和漏洞，并围绕解决风险漏洞、摆脱对中国供应商依赖以及保障供应链安全，提出6条立法建议，包括国防部必须将供应链安全视为国防战略优先事项，充分了解国防供应链以探究其存在的风险并制定缓解策略，减少对竞争对手国在资源和制造领域的依赖，利用影响力与工业界、教育界、劳工以及其他联邦和地方实体建立伙伴关系并共同致力于制造业与供应链相关重要领域的劳动力发展，应通过国家技术与工业基础倡议加强利用盟友和合作伙伴国的力量，应全面部署创新工作以确保稀土元素供应链，建议被纳入美国《2022财年国防授权法案》。

2021年10月，美国国会两党议员提出《供应链安全和恢复力法案》（以下简称《供应链法》）。《供应链法》提出在美国商务部内设立供应链弹性和危机应对办公室，使联邦政府能够监测和识别危及国家安全和经济实力的关键制造业供应链漏洞，为制造商和行业制定最佳实践方案提出建议，以提高其在意外情况下的恢复力和供应链安全性，提升美国领导地位。该法案需要提交众议院和参议院表决。目前，众议院已将该法案提交至众议院能源和商业委员会与消费者保护和商业小组委员会。

2021年11月，拜登总统签署了《基础设施投资和就业法案》，投资总额达1.2万亿美元。该法案提出在未来5年内投资约5500亿美元，用于道路、桥梁、铁路、宽带网络、电网、机场、港口等关键基础设施建设，提高美国供应链弹性，创造就业机会，推动经济增长。基础设施建设要求使用美国生产的材料，减少对国际市场的依赖。2022年4月，白宫管理和预算办公室公布基础设施支出实施指南，要求联邦政府机构确保与法案有关的12亿美元新基础设施建设项目使用美国生产的材料，大部分零部件要求是由美国制造。

2022年3月，美国拜登政府再次启用《国防生产法》，履行《国防生产法》第三章相关条款，支持半导体、高容量电池、关键矿物和材料以及医药用品等关键产品的投资项目，建设和扩大相关基地，以确保及时获得必要的国内工业资源。国防部将部署《国防生产法》第三章激励措施，包括拨款、贷款、贷款担保和承购协议，以支持可持续生产的战略和关键材料，包括扩展已验证的研发概念和其他项目的新兴技术。

2022年3月，美国拜登政府还宣布了“70年来《购买美国产品法案》的最大变化”，新的规则将加强《购买美国产品法案》对美国政府承包商及其供应链的要求。在2022年10月25日正式生效前，政府承包商可对其供应链进行调整。2021年7月，白宫进一步明确“购买美国货”新规，对《购买美国产品法案》的实施进行了“最有力的改革”。新规提出，联邦政府每年拨出6000亿美元采购支出以支持美国工人、社区和企业，加强关键产品的国内供应链。作为支持美国制造业和供应链的重要手段，能源部、国防部等在政府采购中积极支持本土关键产品。另外，新规提出联邦政府采购产品资格由目前的55%零部件价值在美国制造提升为60%，并在2024年提高到65%，在2029年提高到75%。新规同时要求通过豁免政策和溢价，购买与国外产品同等质量的美国制造产品，提高美国产品的竞争力和增强关键产品的国内供应链。

2022年8月，美国拜登政府正式签署《2022年芯片与科学法案》，提出加强美国科技创新和制造业供应链安全等提升美国竞争力的条款。法案合并了美国参议院提议的规模为2500亿美元的《美国创新与竞争法案》以及美国众议院提议的《2022年美国制造业机会创造和技术卓越与经济实力法案》。法案提出了针对美国关键制造业领域建立供应链安全的多项措施，包括投入527亿美元半导体激励基金和15亿美元无线通信供应链创新基金对美国本土芯片制造提供优惠和补贴，以及鼓励芯片企业在美国建厂。法案通过扶持美国本土芯片制造业和加强本土创新研发，以确保美国在全球芯片产业的领先地位。

第四节　大变局下美国维护产业链供应链韧性的主要举措

近年来，拜登政府以应对“供应链中断”为施政重点，在全面评估关键行业与产品供应链风险的基础上，以公私合作、议题导向、危机应对与常态治理相结合的方式，积极解决存在的问题，围绕产业链上中下游风险环节采取了一系列韧性维护的关键举措。

一、维护产业链上游韧性的主要方法

（一）原材料：强化关键原材料供应链稳定

拜登政府执政伊始便系统评估美国关键产品与行业的供应链风险，摸清现状。2021年6月，白宫发布《供应链百日评估报告》，分析了半导体芯片、大容量电池、稀土矿产和药品这四类关键产品存在的供应链风险，并提出针对性建议。之后，白宫迅速采取行动，成立了“供应链贸易行动组”和“供应链中断工作组”。2022年2月，白宫还发布了对国防、公共卫生、信息和

通信技术、能源、交通以及农产品和食品生产六大关键行业供应链风险的评估结果，呼吁继续关注供应链安全。

举措一：确保关键药品和非专利药品的原料药来源

根据美国《供应链百日评估报告》提出，美国关键药品和非专利药品的原料药高度依赖进口，占美国所有处方药的90%。药品生产的空心化揭示了美国基本药物供应链的脆弱性。该报告建议创新举措保证供应链弹性，包括提高供应透明度、提升供应链应急能力和投资美国本土制造业。2021年，美国卫生和公众服务部颁发了9项超过10亿美元的奖励，以支持生产疫苗所需的材料，包括小瓶制造、原材料和填充完成能力。

举措二：强化关键矿物与材料供应链

《供应链百日评估报告》指出，美国战略关键材料中，53种短缺材料中有29种在国内仅有唯一的供应商，18种材料在国内根本无供应商。因此，美国必须与其盟友和伙伴加强合作，保证关键材料供应链的多元化、可靠性以及可持续性；同时，美国还须在其本土进行投资，提升可持续的生产、精炼和回收能力。2021年11月，美国地质调查局根据对国家经济和安全的重要性及供应链情况，对2018年的第一份关键矿物清单进行了修改与更新。2022年2月，美国联邦政府批准了更新后的关键矿物清单，指示各机构优先考虑电池、半导体和永磁体等关键产品制造所需的矿物的生产和加工。2022年2月，美国国防部支持本土稀土矿商进行稀土元素分离和加工，先后投资超过1亿美元，刺激了超7亿美元的私营企业投资，建立完整的材料供应链，减少对中国的依赖，确保电动汽车发动机、风力涡轮机和国防所用稀土磁体的供应链。美国能源部发布了投入1.4亿美元资助基建法的示范项目的信息，旨在从矿山废料中提取稀土。美国能源部、国防部和国务院签署了一份协议备忘录，建立了跨部门合作关系，为关键矿产储备奠定基础，以获取和回收清洁能源技术选定的关键材料。美国内政部、农业部和环境保护局等机构组成工作组，以确定在本土生产和加工关键矿物的地点，遵守最高的环境保护标准及可持续性标准。

为消除供应链隐患，应对所谓的中国在稀土资源开采、市场“垄断”等方面的强势行为，拜登表示联邦政府将大力支持美国本土新矿场的建设。在私营企业中，西半球最大稀土矿商 MP 材料公司（MP Materials）已承诺自筹 7 亿美元投资建设相关设施，美国政府也将从国防部工业基地分析和维持计划中拨款 3500 万美元，用于该企业所属的帕斯山（Mountain Pass）设施中的材料分离和加工，该矿山是目前北美唯一的稀土矿开采和加工基地。MP 公司表示其目标是在 2022 年底前全面开始稀土加工并供货，替代部分中国进口产品量。MP 公司表示，通过此次投资，该公司到 2025 年能够支持美国本土制造 50 万辆电动汽车。此外，这项投资还将使 MP 公司在美国本土建立起一个完整的“端到端”的稀土永磁体供应链，进一步提高该领域与中国的竞争力。

除美国政府大力投资外，美国本土一些企业也锁定关键材料领域，开展全新的技术创新。伯克希尔·哈撒韦能源可再生公司（BHE Renewables，巴菲特旗下公司）在加利福尼亚帝国郡（Imperial County）的一个新示范设施也即将破土动工。这一地区拥有全球最大锂矿床，新的设施主要用来测试从地热盐水中提取可持续锂材料的商业可行性。这项设施是该公司未来 5 年内为可持续锂生产所注入的数十亿美元投资的一部分，如果测试结果令人满意，将为其在 2026 年前实现电池级氢氧化锂和碳酸锂的商业规模生产铺平道路。相关生产设施一旦形成规模，每年可产出 9 万吨锂。除此之外，红木材料公司（Redwood Materials）也正与福特汽车和沃尔沃合作讨论一个锂材料回收的试点项目。该公司 2023 年宣布将与福特合资在田纳西州建立一个回收设施，计划在内华达州筹建一座电池阴极制造厂。红木材料公司致力于在未来几十年内通过建立一个循环或“闭环”供应链，从报废车辆、储能电池及报废电池中回收材料，从而大幅减少镍、铜和钴等原材料的开采。根据福特的一份声明，红木工作可以回收电动汽车电池中 95%的贵金属。同时，联邦政府也将拨款 1.4 亿美元，用于从煤灰和其他矿山废物中回收稀有矿物。白宫称，能源部还将更新联邦关键矿产清单并确定其优先次序，要求各机构优先考虑电池、半导体和永磁铁等关键产品所需矿物的生产和加工。

（二）知识产权：强化知识产权保护

多年来，知识产权议题一直是美国推行单边政策的有力工具，美国通过单方面设定标准、发布报告、解释与制裁贸易伙伴国，利用自身在国际贸易中的强大影响力威慑贸易伙伴国，以进一步巩固其在知识产权领域与贸易投资领域的优势地位。其中，《特别 301 报告》自发布之时起就被定义为美国政府针对“损害”美国知识产权利益和整体商业利益的外国政府进行调查、报复和制裁的手段。2019 年 4 月 25 日，美国贸易代表办公室发布了 2019 年《特别 301 报告》，这是中美贸易摩擦之后美国发布的第一份特别 301 调查报告。报告认为，尽管中国在过去一年做出了一些改进，但并未进行根本的结构性改革，仍存在商品假冒、在线盗版现象严重、医药创新保护不力、以“网络安全”为由设置行业壁垒等问题，中国未从根本上改变知识产权保护格局，因此仍被列入了“优先观察名单”。

2023 年 1 月，美国总统签署《2022 年保护美国知识产权法案》，该法案力图拓展现有的民事诉讼程序、刑事程序、特别 301 调查以及 337 调查等知识产权保护措施，并进一步拓展政府部门行政监管与行政执法的权力，授权政府部门认定外国民事主体的窃取商业秘密行为并对该外国民事主体实施制裁措施，从而实现其所谓的“建立有效措施制裁任何被视为危害美国国家安全、外交政策、经济健康或者金融稳定，窃取知识产权的‘重大威胁’肇事者”。该法案对中国等外国企业进入美国市场的海外知识产权合规提出了更高要求。此外，《2022 年保护美国知识产权法案》还列举了 2 项针对个人的制裁措施。对于相关自然人，总统必须对其采取以下制裁措施：（1）根据（IEEPA）冻结相关自然人在美国的资产及禁止与之相关的交易；（2）签证禁令，即禁止授予其签证或撤销已有签证。法案规定了豁免情形，总统可依照“国家利益”对相关实体或个人进行制裁豁免。法案中的报告义务和制裁措施等规定不适用于根据《1947 年国家安全法案》（*National Security Act of 1947*）所开展的活动以及美国政府经授权的情报活动。该法案中的制裁不适用于美国授权执法行为，或为遵守美国在国际条约项下的义务许可外国人入境的情形，不适用于对进口除技术数据以外的货物施加制裁的权利和要求。

（三）技术：通过法案及经费支持提升美国先进技术实力

2021年6月8日，美国参议院通过了《2021年美国创新与竞争法案》，授权拨款约1900亿美元，用以提升美国在关键技术领域的基础和先进技术实力。2022年8月，在此基础上，美国总统拜登签署《2022年美国芯片与科学法案》，规定未来几年提供约2000亿美元的科研经费支持，重点支持人工智能、机器人技术、量子计算等前沿科技。根据该法案约2000亿美元的科研经费支持则将分配给美国国家科学基金会（NSF）、美国国家标准与技术研究院（NIST）、商务部和能源部等机构。其中，商务部将获得分配100亿美元给州和地方区域的权力，以在美国各地建设多个"区域技术中心"。

（四）设备：通过"长臂管辖"限制半导体等关键制造设备出口

近年来，为配合对华科技围堵，美国政府进一步升级了针对中国半导体行业的制裁。美国商务部对向中国出口先进人工智能和超级计算芯片制造、生产设备以及所需的某些工具实施了新限制。这是自20世纪90年代以来，美国针对中国实施的最广泛的出口管制措施，也是史上最严重的芯片制裁。其中涉及16纳米/14纳米以下先进制程的高性能计算（逻辑）芯片、制造设备和其他半导体产品等，涉及并影响云计算与数据中心、自动驾驶、5G、AI等几乎所有应用领域。美国商务部规定，除非获得特别许可，否则将不再允许企业向中国供应先进的计算芯片、芯片制造设备和其他产品。限制美国出口用于驱动人工智能应用的称为图形处理单元的尖端芯片，并对用于中国超级计算机的芯片施加了广泛的限制。禁止制造用于生产先进逻辑和存储芯片的设备的美国公司在没有许可证的情况下向中国出售这些机器。

二、维护产业链中游韧性的主要方法

（一）大力推进关键产业的本地化生产

2008年美国经济衰退后，制造业复兴和再工业化逐渐成为政府的主要目标。奥巴马入主白宫后开始推行制造业复兴和再工业化战略，其继任者特朗普及拜登政府任职期内进一步加强了这一战略，通过多种措施试图推动多个关键领域的本地化生产。

2022年7月，美国国家制造商协会的制造业领导委员会和普华永道联合发布《实现更具韧性、更敏捷的制造业供应链的七个步骤》报告。报告认为，制造商重新构建供应链不仅应解决当前的供应链中断问题，更应解决未来可能的问题；并提出构建数字化端到端供应链是缓解供应链风险的方式。报告还认为，缓解供应链风险的首要方法是加强韧性和灵活性，而构建关联的、端到端的供应链是解决方法之一。报告就重建供应链提出七个步骤，并强调这七步不是按顺序依次建立，而是可以同步推进的：

（1）打破运营孤岛（operationalsilos），即打破各自为政的职能团队，建立一个关联的、端到端的价值链，以实现平衡、协作和透明的决策，即所有职能团队（例如，销售和营销、工程和设计、研发、制造过程、采购、定价策略）必须协同工作，并了解其他团队的工作。为建立端到端价值链，首先应确定谁是供应链影响者和利益相关者，以指导改进供应链运营模式和韧性规划过程。

（2）制定供应链可能中断的应对计划。中断计划首先应基于六方面因素，对供应链破坏程度进行分级；定义每级中断的业务战略，就每级中断发生时如何与其他职能部门协调资源阐明原则，设计缓解（或解决方案）计划以便在供应链中断发生之前执行；使用模拟软件以创建可能的未来场景，并确定供应链薄弱环节或响应差距可能存在的地方。此外，还需要定期更新软件和测试中断计划的有效性，以确保中断计划的可靠性。中断计划还取决于客户和订单的优先级。中断计划应与每个客户细分市场对服务水平的不同需求相匹配，每个中断场景都预先确定了特定客户细分市场的特定服务。例如，某些客户细分市场可能具有高度优先级，因此不会出现订单积压；而其他客户群体可能提供有限的产品或服务组合。

（3）实现“端到端”、无缝连接和实时可见性，即对包括对所有多层供应商网络、基于工业 4.0 的运营和能力、智能仓库和配送以及客户网络实现实时或近实时可见性。实现第三步需要面临的最大障碍是与供应商网络共享数据。MLC 调查显示，54％的受访者认为供应链合作伙伴的数字化成熟度是实现数字化端到端供应链战略最主要的挑战；53％的采访者则认为供应网络中缺乏通用数据平台是主要挑战之一。尽管实现这一步的代价高昂，但可以在几个月内，而不是几年内实现投资回报。

（4）重新设计一个提高灵活性和效率的韧性网络：重新整合供应商和制造中心辐射网络，其中一部分是压力测试模拟软件，用于揭示新的库存策略和供应商的机会，识别故障点，保护库存流并提高产能。构建该网络的成本高昂，需要在重新配置足迹和供应商网络的成本与更大的韧性和灵活性的潜在利益之间取得平衡。MLC 调查显示，23％的美国制造商已经越来越关注地区和当地的生产和重新定位，以缓解未来的供应链中断。

（5）增加供应商战略的韧性：重新检查所有物料清单并应用新策略进行优化管理，这意味着需要重新审视每一个司库链（SKU，最小存货量），并就 SKU 级别的传统供应商策略提出棘手问题，报告列举了 8 个主要问题。普华永道 2022 年最近一项调查发现，73％的美国制造商认为其正面临与关键供应商多样化不足相关的风险。

此外，增加供应链韧性还需确保企业及其供应商运营部门实施最严格的网络保护协议。目前，企业遭受的网络攻击日益增多，甚至大公司都不能幸免。2022 年 2 月，在一家塑料零件和电子产品供应商被认为受到网络攻击后，丰田关闭了 14 家国内工厂

（6）提高员工的应变能力。辞职潮、远程和混合办公、工资上涨和工人短缺都给制造商的供应链带来了压力，尤其是依赖于现场劳动力的制造商。报告认为，制造商应加大再培训力度，包括提高数字技能和重新强调持续学习。

（7）简化和协调：确定产品系列之间的共性，以便生产平台化和模块化更加合理，从而提升产能。当前，许多制造商增加了产品种类和服务方式，并引入了新的复杂性和升级的 SKU，这些都是基于“及时”环境的假设，未涉及采购问题。简化和协调产品设计可以合理化生产流程和增加生产规模提供机会。

举措一：促进高容量电池的本地化生产

拜登政府的百日评估报告指出，在先进的大容量电池领域美国主要电池部件和电池制造方面的全球市场份额不到 10％，作为电动汽车净出口国严重

依赖从中国等国进口供应链上游材料、电池组件和电池，面临供应链威胁。到2030年，全球锂电池市场预计将增长5—10倍，报告指出美国应立即投资电池制造业，以扩大美国本土的安全、稳定、多样化的高容量电池供应链。2021年5月，美国能源部、国防部、商务部、国务院四部门组建的联邦先进电池联盟发布《美国锂电池2021—2030年国家蓝图》，规划了为提高美国锂电池行业的实力，联邦政府机构在电池供应链每一个阶段应采取的关键行动。美国能源部将从两党基础设施法中投资60多亿美元，以加强美国电池供应链的创新和基础设施的建设；2022年3月能源部发布“电池材料加工和电池制造计划”与“电动汽车电池回收和二次利用计划”，共提供29.10亿美元，加快本土电池供应链建设；能源部还投资2.09亿美元资助26个新的实验室项目，支持电动汽车、先进电池等研发与创新。美国能源部贷款计划办公室迅速利用先进技术车辆制造贷款计划中约170亿美元的贷款授权支持国内电池供应链，向先进技术车辆电池芯和电池组制造商提供贷款，用于在美国重新装备、扩大或建立此类制造设施。美国汽车行业企业加强与韩国、日本电池企业的合作，并在国内电池和电动汽车方面投入1000多亿美元。美国能源部和欧盟委员会支持美国锂桥联盟与欧洲电池联盟之间的合作，以加快锂离子电池和下一代电池的稳健供应链的发展，在电池生态系统之间建立桥梁，以确保电池价值链的弹性。

举措二：吸引芯片制造企业回流美国进行本地化生产

拜登政府采取措施吸引半导体企业回归美国本土，以巩固国内半导体制造的产业基础，保证芯片的长期稳定供应。在拜登政府大力支持半导体制造业回流政策的推动下，一些半导体公司陆续宣布增加在美投资。2021年5月，在美国与韩国举行的商务会议上，三星电子和SK海力士（SK Hynix）宣布增加对美投资。美国企业也纷纷加入。拜登政府执政以来，半导体业界已宣布在美国新增共计超过800亿美元的长期投资，而且这些投资几乎用于制造而非研发。这无疑将增强美国在半导体领域对市场和技术的控制能力，维护其半导体产业霸权。2022年7月，美国国会两院历时两年通过了《2022年芯片和科学法案》，向承诺半导体行业提供约527亿美元的资金支持，为企业提供价值240亿美元的投资税抵免，以进一步鼓励企业在美国研发和制造芯片。

举措三：推动关键药物的本地化生产

根据美国百日供应链审查报告中的相关建议，美国将围绕关键药物推动建立一个“公私联盟”，提升美国本土基本药物生产能力，第一个任务将是从美国食品药品监督管理局（FDA）基本药物清单中选择50—100种关键药物，作为加强本土生产的重点。2021年，美国国防高级研究计划局（DARPA）和美国空军合作，以提高原料药和最终剂型生产的技术和工艺，包括连续合成先进的原料药、减少生产设施的占地面积，以及提升模块化和分布式药物制造能力。2022年4月，美国卫生和公众服务部投资超过1.05亿美元，推动了包括右美托咪定、罗库溴铵和芬太尼在内的原料药连续生产的化学和工艺开发取得重大进展。美国卫生和公众服务部正在扩展公共卫生产业基地，并通过与美国其他政府部门、学术机构以及私营企业合作，创新解决方案，以弥补公共卫生供应链中的缺陷；与美国国防部合作，进行了超过40亿美元的投资，以增加医疗应对策略（MCMs）的国内生产，提供可靠的医疗产品供应链。

（二）大力推进“供应链外交”，强化生产联盟

拜登政府在全球、区域和双边三个层面积极启动“供应链外交”，极力构建供应链联盟的立体网络。第一，在全球层面，拜登政府通过发起全球供应链峰会，积极争取国际力量的支持。在2021年二十国集团（G20）罗马峰会期间，拜登召开了首次“全球供应链韧性峰会”，与会方包括11个二十国集团成员（美国、英国、意大利、德国、加拿大、澳大利亚、印度、日本、韩国、印度尼西亚、墨西哥）和4个非成员（新加坡、西班牙、荷兰、刚果金）。从成员看，与会国家都是美国构建供应链联盟的关键支点国家，大致可分为三类：一是与美国有传统同盟和伙伴关系的发达国家；二是部分新兴经济体；三是拥有垄断性资源的特殊国家。

第二，在区域层面，拜登政府通过在“印太经济框架”（Indo-Pacific Economic Framework，IPEF）下大力推行“供应链外交”，以夯实其“印太战略”

的经济基础。2021 年，美国、日本、印度和澳大利亚四国分别举行了线上和线下“四方安全对话”（QUAD）峰会，供应链合作是其中的重要议题。四国领导人举行首次线上会晤后宣布成立“关键和新兴技术工作组”，首次线下会晤后又成立技术标准沟通小组，共同发起“半导体供应链倡议”。

第三，在双边层面，日本、韩国、印度、越南和马来西亚是拜登政府打造供应链联盟重要的支点国家。日本与韩国是制造业大国，在半导体、新能源汽车与充电电池等重点产业具有先发优势，是中国高端制造业的有力竞争对手，美国力图将日本和韩国打造为半导体供应链上可信任的支点。时任日本首相菅义伟是拜登就任后第一位访问美国的外国领导人，在其访美期间，两国发表联合声明，称将建立“竞争力与韧性”的伙伴关系，供应链合作是这一伙伴关系的重要内容。此外，作为制造业新兴国家，印度和越南是承接全球产业转移的重要基地，在全球产业链中的地位逐步上升，美国试图通过重构全球供应链加速这一进程，将印度与越南打造为低端制造业中心，以替代全球供应链中的“中国制造”。

三、维护产业链下游韧性的主要方法

（一）以政府采购为抓手进行战略性市场塑造

为利用美国政府强大的采购力为美国制造业重振拓展国内市场，美国拜登总统上任第一周便签署《14005 号行政命令》，确立了“美国未来由所有美国工人在美国创造”的原则，启动对“购买美国货”政策的评估，并在管理和预算办公室设立了第一个“美国制造”办公室。首先是提升“美国制造”的标准要求。2021 年 7 月，拜登政府发布“购买美国货”规则，提出“国内含量测试”新标准——到 2022 年 10 月，要求“美国制造”的标准从以往零部件价值的 55％提高到 60％，2024 年提高到 65％，2029 年提高到 75％。此举旨在促进美国本土企业通过调整供应链，增加使用美国制造的零部件。其次，新规则允许政府对“关键项目”清单或包含“关键组件”的国内终端产品给予更高的价格优惠——对提供国内终端产品的大型企业和小型企业分别给予 20％和 30％的价格优惠，以示鼓励。也就是说政府在采购美国企业生产的符合“美国制造”标准的关键产品时，政府将被要求在最低非国内报价的

基础上溢价 25%。第三，“购买美国货”规则在《基础设施投资与就业法案》中也有体现，其“建设美国，购买国货”（BABA）条款要求基础设施材料主要应从美国国内采购。按此规定，除非基础设施项目中使用的钢铁和相关建筑材料都是美国生产的，否则禁止提供联邦资助。此外，还将“购买美国货”的要求扩展到了制造过程中使用的有色建筑材料。

（二）对新能源等领域设置准入门槛

2022 年 8 月 16 日，美国总统拜登签署《通胀削减法案》，计划 2023 年开始执行。法案通过降低能源成本来对抗通胀，并使得美国可以向减少温室气体排放的目标迈进。由于计划投资 3690 亿美元用于气候变化和能源安全领域，该法案也被市场广泛认为是美国有史以来最大规模的气候投资法案。该法案在新能源产业全链条协同发力，多维度带动美国新能源产业发展，主要包括对新能源产业直接补贴，对高污染企业大额征税，限制补贴范围三大措施。首先，法案对购买电动车的消费者、选用新能源的家庭、电动车及绿色能源的工厂进行直接补贴，有利于从需求端刺激新能源产业的发展，扩大市场份额，为能源结构的转型升级提供动力。根据相关研究测算，预期 2022 年和 2023 年美国新能源车销量有望分别超 110 万辆和 180 万辆，分别同比增长 68%和 64%，渗透率也有望快速提升。其次，白宫还对使用高污染的天然气和石油公司征收高额费用，并通过 15%的企业最低税率来反向激励企业迎合政府税收优待政策的要求。由此政策对企业造成的额外成本成为新能源技术发展和企业能源结构调整的推动力之一。最后，《通胀削减法案》关于新能源汽车和光伏产业的系列补贴均限定车辆组件来自美国或者与美国存在自由贸易协定的国家。法案在对企业提供生产补助的同时要求企业的生产工厂及原材料采购均位于国内，因此该政策能够刺激美国供应链回流，提升美国电池生产、汽车装配和能源生产等行业的竞争力，减少对国外的依赖程度。

四、维护产业链韧性的其他做法

（一）基础设施：以基础设施重建为抓手，推动美国制造业重振

2021 年 11 月 15 日，美国总统拜登签署了《基础设施投资和就业法案》，旨在对美国基础设施全面现代化改造提供支持。根据法案，美国规划在基础

建设方面投资总额 1.2 万亿美元，主要投资项目有：拨款 1100 亿美元用于修复道路和桥梁，支持重大工程项目；在交通安全上投资 110 亿美元，一个总额为 50 亿美元的“全民安全街道”项目包含其中；为公共交通提供 899 亿美元，填补美国铁路公司维护资金缺口并推进铁路现代化改造；出资 550 亿美元，为全美家庭、企业、学校和儿童保育中心提供清洁饮用水；耗资 650 亿美元以改造宽带基础设施；向港口基础设施投资 170 亿美元，向机场投资 250 亿美元；投资 75 亿美元，在美国建立一个全国性的电动汽车充电器网络；投入 650 多亿美元升级电力基础设施，建设数千英里的新弹性输电线路；拨款 210 亿美元用于环境修复，为解决美国历史上损害社区公共健康的遗留污染做出了最大的投资。同月，美国交通运输部（DOT）宣布启动 4.5 亿美元的港口基础设施发展补助计划，这是首个也是唯一一个完全致力于港口基础设施投资的联邦补助计划。随后，交通运输部发布基于《两党基础设施法》的多模式联运货运和公路计划（INFRA）、国家基础设施项目援助计划（MEGA）、综合铁路基础设施和安全改善计划（CRISI）和交叉路面改善拨款计划等，这些计划将重点资助一系列区域性和国家级的交通基础设施项目，同时包括支持相关货运能力改善和供应链弹性提升。此外，交通运输部将制定和发布修订后的国家货运计划行动指南，其中包含《两党基础设施法》中更新要求，并要求在使用《两党基础设施法》中提供的资金时考虑货物流动、电子商务的影响以及供应链弹性。

（二）物流效率：着力解决新冠期间的物流运输难题

面对新冠疫情流行期间的供应链薄弱点环节，拜登政府着手解决美国的运输问题，打通阻碍构建供应链体系的运输环节。2021 年，美国港口货物阻塞问题加重，在西海岸港口滞留时间超过 5 天的进口货物比例大幅上升，从 4 月的 13.1％增至 11 月的 50％；集装箱在港停留时间不断延长，从 4 月的 4 天升至 11 月的 8 天。洛杉矶港和长滩港是美国最大的两个港口，近 40％的海运集装箱从这两个港口进入美国，其货物拥堵的问题更为严重。在 2021 年的 11 月和 12 月，集装箱在这两个港口的停留时间几乎都不少于 4 天，最长甚至达 8 天，远超美国另一主要港口、位于东海岸的萨凡纳（Savannah）

港和中国最大的港口上海港。为加快疏通港口滞留货物，拜登政府多管齐下。一方面采取了调整人员安排和协调港口运营等短期举措。白宫专门在供应链中断工作组中任命约翰·波卡里（John Porcari）担任港口特使（Port Envoy），协同交通部长皮特·布蒂吉格（Pete Buttigieg）解决港口货物阻塞等问题。副总统哈里斯与港口负责人协调后，洛杉矶港和长滩港都承诺延长运营时间，港口运营商也宣布降低进港提货的收费标准。另一方面，拜登政府采取了加快国内供应链基础设施建设等长期措施，港口基础设施建设是其中的重要环节。2022年3月，拜登政府和美国交通运输部宣布启动供应链数据共享计划——货运物流优化工程，以帮助缩短供应链的交货时间，减少延误，并降低消费者成本。

（三）实施主体：加大对重点企业的供应链弹性扶持力度

近年来，美国联邦政府要求财政部和小企业管理局、进出口银行等通过基金投资、赠款、贷款和贷款担保、出口信贷等方式为相关企业尤其是中小企业提供融资支持，提高美国制造业企业的技术创新能力和供应链弹性，扩大在美国的生产规模和制造能力，确保美国制造业供应链的发展与振兴。

一是为关键制造业企业提供资金支持。美国财政部设立关键制造业供应链基金，计划2022—2027财年拨款450亿美元，通过向合规实体提供符合条件的活动赠款、贷款和贷款担保，支持提升供应链的弹性、多样性、安全性和强度。通过进出口银行提出新的国内制造业倡议，加强美国制造业出口。包括为半导体、生物技术和生物医学产品、可再生能源和储能等领域的企业提供融资优先权，这些企业被认为对环境有益或可归属于转型出口领域。通过重振美国制造业、增强供应链的弹性，以及为美国公司在海外市场竞争创造公平的竞争环境，帮助美国赢得未来。美国国际开发金融公司（U.S. International Development Finance Corporation，DFC）将增加对提高关键产品生产能力的项目的国际投资，确保支持供应链弹性并维护环境和社会绩效国际标准的投资。

二是着力提升制造业企业技术创新能力和供应链弹性。美国联邦政府许诺将与16家本土制造业研究所举办一系列圆桌会议，重点在于推广创新技术、促进基于行业的区域劳动力计划、与工会合作以及支持中小型供应商，以制定制造业研究所如何加强供应链的具体建议。美国联邦中小企业局（SBA）还将主办首届美国种子基金创业展览会，以帮助小企业创新研究（SBIR）受资助者取得所需的资源和援助，推动实现创新技术的商业化和规模化应用，应对关键的供应链挑战；美国联邦中小企业局成立行业领袖委员会，就美国初创企业和老牌小企业的变革性发明和创新以及国内创新商业化和融资的脆弱性提供建议。在霍林斯制造业扩展伙伴关系中心（The Hollings Manufacturing Extension Partnership Centres）设立扩大奖励试点计划，为中小企业提供智能制造等先进技术服务及与国家实验室等研究机构建立伙伴关系，开展技术开发和示范，建立国内供应链弹性和提升优化的能力，帮助美国制造商提升在关键技术领域和基础制造业的能力，包括成形、铸造、机械加工、连接、表面处理、工装、金属或化学精炼，重振美国制造业。

三是激励美国制造业企业本土化的税收政策。2021 年 6 月，七国集团（G7）财政部长会议达成将全球最低企业税率设定为 15％的共识，有 136 个国家支持该共识。这项措施的落地将降低企业外迁产能的动机，有利于包括美国在内的发达经济体留住工作机会和提高利润。美国财政部与 136 个国家达成了一项里程碑式的全球公司税协议，该协议将取消对海外就业和利润的激励。

第四章

欧洲有关产业链供应链韧性的认知及其提升举措

面对地缘政治冲突加剧、“美国优先”和中国清洁能源转型领域产业优势等竞争环境的变化，世界各国都致力于增强供应链韧性以抵御中断风险。欧盟也面临着制定适宜政策、战略和工具的压力。在此背景下，欧盟不断加强在产业政策和贸易防御机制方面的努力，希望以此提高欧盟产业链供应链的韧性，保持经济发展优势。

第一节　全球化背景下的欧洲产业链供应链演变

欧盟作为世界上最大的经济体和最大的单一市场，在航空航天、电子信息、能源等产业链长期占据领先地位。随着国际竞争和地缘政治的不断变化，欧洲产业链也不断向可持续、更有韧性方向转型。总体来看，欧洲的产业链演变大致分为三个阶段：（1）2008 年国际金融危机前，欧盟持续占据全球产业链高端位置；（2）金融危机后，全球供应链整合，欧盟开始关注产业链供应链韧性；（3）中美贸易摩擦、新冠疫情及俄乌冲突后，产业链供应链安全成为欧盟新的优先事项。

一、2008 年国际金融危机前，欧盟持续占据全球产业链高端位置

自 20 世纪 90 年代以来，供应链贸易在世界贸易总额中的总体份额一直在上升，但在 2008—2010 年全球金融和经济危机之后，供应链贸易开始停滞不前甚至下降。由于欧盟与全球经济高度关联，其同样也受到影响：2008 年以前欧盟的中间产品贸易在总贸易中的份额一直在增加。由于欧盟生产商

强烈依赖从第三国进口的零部件，欧盟以外的中间产品进口占所有商品贸易总额的65%。在经历了进一步的下降和增长之后，2019年这一份额占贸易总额的58%，与2004年达到的水平相似。例如，欧盟的药物行业出口自2007年以来一直保持持续上升态势，从2007年的26.75%上升到2019年的33.96%，占据世界药物总出口的1/3。

二、2008年国际金融危机后，全球供应链整合，欧盟开始关注产业链供应链韧性

国际金融危机对贸易融资产生了负面影响，并导致了全球供应链的整合。经济合作与发展组织（OECD）在2020年2月确认，全球供应链的整体整合水平仍然很高，但已经减弱了。与此同时，由于限制性措施的增加和跨境投资水平的疲软等问题，国际贸易增长放缓。

此外，在结构性因素的作用下，下降的趋势可能还将持续。尤其是中国和其他新兴经济体创造了更多的国内（和区域）供应链，也为其国内市场生产了更多的产品，对外部供应链的依赖程度有所减少。同时，发展中国家的工资上涨，服务的作用增加，以及自动化和人工智能（AI）等技术的影响，促进了制造业的数字化、绿色化。同时，随着对研发和创新的日益重视，全球价值链和供应链都变得越来越知识密集，这表明全球生产过程的性质即将从劳动密集型转变为资本密集型，超过三分之二的国际贸易涉及由这些链条促成的交易，这一点对欧盟来说更加明显。欧洲中央银行在2019年的报告中指出，尽管全球经济一体化进程放缓，但欧元区在全球供应链中的参与程度很深，比大多数其他国家都高，比美国和中国高得多。

三、中美贸易摩擦、新冠疫情及俄乌冲突后，产业链供应链安全成为欧盟新的优先事项

中美贸易摩擦以及新冠疫情，揭示了欧盟在供应链安全方面的严重问题。欧洲议会在其2020年11月25日关于欧洲新产业战略的决议中，强调了提高供应链韧性的必要性，并呼吁“明智地重新选择对欧盟具有战略意义的部门的工业生产”。例如，俄乌冲突爆发后，欧盟及其成员国与美国、英国和日本等盟友一起对俄罗斯实施包括能源领域在内的九轮制裁，欧洲能源缺口逐渐扩大。在能源价格飙升、能源缺口不断扩大的冲击下，制裁引发的反噬效应令欧洲经济不堪重负。俄乌冲突也使汽车、机电等欧洲的主要工业部门面临原材料断供，形成供应链危机。因此，“加强欧盟经济及其供应链的韧性和可持续性”已成为欧盟新的优先事项。

第二节 欧洲对于产业链供应链的认知变化

欧盟的成立促进了欧洲一体化进程，推动了欧洲产业和技术变革，也对世界政治经济格局产生了重大影响。然而，自2008年国际金融危机以来，欧洲一体化一直处于危机应对模式。尤其是近年来新冠疫情、乌克兰危机、能源危机等挑战，欧盟产业链供应链虽然表现出了一定的韧性，但也暴露了欧盟在产业链供应链方面的缺陷。因此，欧盟不断强调要加强自身应对危机的韧性，保护其产业链供应链的安全。总体来看，欧洲对于产业链供应链的认知演变共分为三个阶段：（1）2008年国际金融危机前，主要关注内部治理；（2）2008年金融危机后，向外部安全治理转变，寻求有原则的实用主义；（3）中美贸易摩擦、新冠疫情及俄乌冲突后，寻求开放战略自主（OSA）。

一、2008年国际金融危机前，主要关注内部治理

20世纪，欧盟产业主要是区域一体化。在21世纪初，全球产业链供应链的发展促进了欧盟贸易和投资一体化。欧洲央行认为，欧洲经济体大体上“能够深化其内部整合，并重新定位为高技能和高附加值的服务活动”。在这一阶段，内部整合、深化以及治理问题，成为欧洲产业链供应链演变的主要特点（尽管这些演变并未在官方的报告中出现“产业链”一词，“供应链韧性”一词在当时也较少被提及）。

二、2008年国际金融危机后，向外部安全治理转变，寻求有原则的实用主义

国际金融危机及欧洲难民危机后，全球产业链供应链的扩张有所放缓，但由于欧元区国家对全球产业链供应链的参与程度很高，使欧盟在区域和全球贸易中表现强劲。与此同时，欧盟将自己视为全球产业链供应链的有效的参与者，希望“通过使各国融入并提升区域和全球产业链供应链来支持发

展”，以确保其在全球产业链供应链中的地位，如促进服务贸易、数字贸易、确保获得原材料和解决监管碎片化问题，但没有明确提到全球产业链供应链的安全性或韧性。欧洲中央银行在2019年的报告中指出，尽管全球经济一体化进程放缓，但欧元区在全球供应链中的参与程度很深，比大多数其他国家都高，比美国和中国高得多。

三、中美贸易摩擦、新冠疫情及俄乌冲突后，寻求开放战略自主（OSA）

中美贸易摩擦以及新冠疫情，加速带动全球供应链的重组潮流，朝去中心化、多元化、区域化及短链化方向发展。欧盟有感于在关键技术与领域逐渐落后全球，疫情更加剧欧盟的战略依存性困境，导致医药品与医疗器材、车用电子等关键产品发生短缺，揭示了欧盟在供应链安全方面的严重问题。因此，如何在关键技术与领域上强化战略自主性显得格外重要，开放战略自主（Open Strategic Autonomy，OSA）概念应运而生。欧盟于2021年2月18日新版贸易政策审查文件——开放、永续与自信的贸易政策（An Open，Sustainable and Assertive Trade Policy），其中阐述开放战略自主的定义与重要内涵。同年5月5日，欧盟发布——更新版《2020年新产业策略》（*Updating the 2020 New Industry Strategy*）及《战略依存性与能力》（*Strategic Dependencies and Capacities*）工作报告等，持续肯定开放战略自主的重要性与内涵。欧洲议会在其2020年11月25日关于欧洲新产业战略的决议中，强调了提高供应链韧性的必要性，并呼吁“明智地重新选择对欧盟具有战略意义的部门的工业生产”。

第三节　大变局下欧洲产业链供应链韧性的提升举措

随着新冠疫情和俄乌冲突等外部环境的影响，全球经济的复杂性和不确定性使得供应链越来越容易受到各种风险和挑战。欧盟作为全球贸易主要参与者，在供应链安全、关键原材料等方面的问题也日益凸显。欧盟在关键技术和领域上强调开放自主，对供应链有着深刻的认知，并发布一系列政策措施来提高供应链韧性。

一、建立原材料战略储备体系，保障战略性原材料供应

为加强与全球可信贸易伙伴的合作，以减少欧盟对于单一国家的依赖确保欧盟获得关键原材料的安全和可持续供应，欧盟委员会于 2023 年 3 月 16 日发布《欧洲关键原材料法案》。

专题 4-1　《欧洲关键原材料法案》核心议题

主要目标

◆ 加强欧洲关键原材料价值链的不同阶段；

◆ 使欧盟关键原材料进口多样化，以减少战略依赖；

◆ 提高欧盟监测和减轻当前和未来关键原材料供应中断的风险能力；

◆ 确保关键原材料在单一市场上自由流动的同时，通过改善其循环性，确保高水平的环境保护和可持续性。

内部行动

◆ **设定关键原材料清单**：它确定了对整个欧洲经济很重要的原材料，这些原材料面临着供应中断的风险。《欧洲关键原材料法案》附件 II 第 1 节中列出的原材料应被视为关键原材料，此后每四年更新一次。关键原材料包括：(a) 锑；(b) 砷；(c) 铝土矿；(d) 重晶石；(e) 铍；(f) 铋；(g) 硼；(h) 钴；(i) 炼焦煤；(j) 铜；(k) 长石；(l) 萤石；(m) 镓；(n) 锗；(o) 铪；(p)；氦气；(q) 重稀土元素；(r) 轻稀土元素；(s) 锂；(t) 镁；(u) 锰；(v) 天然石墨；(w) 镍 (电池级)；(x) 铌；(y) 磷矿；(z) 磷；(aa) 铂族金属；(bb) 钪；(cc) 金属硅；(dd) 锶；(ee) 钽；(ff) 钛金属；(gg) 钨；(hh) 钒。

◆ **设定战略原材料清单**：它列出了一系列具有高度战略重要性和预计全球供需失衡的原材料。《欧洲关键原材料法案》附件 I 第 1 节所列原材料应视为战略原材料，此后每四年更新一次。战略性原材料包括：(a) 铋；(b) 硼 (冶金级)；(c) 钴；(d) 铜；(e) 镓；(f) 锗；(g) 锂 (电池级)；(h) 镁金属；(i) 锰—电池级；(j) 天然石墨—电池级；(k) 镍—电池级；(l) 铂族金属；(m) 磁铁用稀土元素 (Nd、Pr、Tb、Dy、Gd、Sm 和 Ce)；(n) 金属硅；(o) 钛金属；(p) 钨。

◆ **为战略原材料供应链上的国内产能设定了明确的基准，并在2030年前使欧盟供应多样化：** 开采方面，至少占欧盟年度消费的10%；加工方面，至少占欧盟年消费量的40%；回收方面，至少占欧盟年消费的15%；外部资源：欧盟在任何相关加工阶段对每种战略原材料的年消耗量，来自单一第三国的比例不超过65%。

◆ **确保欧盟能够减轻供应风险：** 为确保供应链的弹性，该法案规定了对关键原材料供应链的监控，以及成员国之间战略原材料库存的协调。某些大公司将不得不对其战略原材料供应链进行审计，包括公司层面的压力测试。

◆ **投资于研究、创新和技能：** 委员会将加强关键原材料领域突破性技术的采用和部署。此外，建立关键原材料和原材料学院的大规模技能合作伙伴关系将促进与关键原材料供应链中劳动力相关的技能。在外部，全球门户将用作协助伙伴国家发展自己的开采和加工能力的工具，包括技能开发。

◆ **通过提高关键原材料的循环性和可持续性来保护环境：** 提高关键原材料供应的安全性和可负担性，必须同时加大力度减轻欧盟内部和第三国在劳工权利、人权和环境保护方面的任何不利影响。努力改善关键原材料价值链的可持续发展也将有助于促进第三国的经济发展以及可持续性治理、人权、冲突解决和区域稳定。

◆ **成员国将需要采取和实施国家措施，以改进对富含关键原材料的废物的收集，并确保将其回收为二次关键原材料。** 成员国和私人运营商将不得不调查从当前采矿活动中的采掘废料以及历史采矿废料场中回收关键原材料的潜力。含有永磁体的产品需要满足循环要求，并提供有关可回收性和回收内容的信息。

外部行动：

欧盟已经在积极制定一系列工具，以促进贸易、投资与合作。在全球范围内创造机会，从而提高关键原材料的安全性和可承受性。鉴于当前的挑战，必须在各种可用工具之间寻求协同增效，以确保采取一致的方法，并在尽可能短的时间内取得有效成果，特别是使用全球门户战略来运用金融和政策工具。欧盟的对外行动将包括以下方面：

- **欧盟委员会将与合作伙伴建立一个关键原材料俱乐部，以加强供应链和多样化采购。它将与所有潜在的合作伙伴建立这一联盟。**
- **委员会将继续努力维持和加强世界贸易组织 WTO 包括谈判关于“投资便利化促进发展”的诸边协定。**
- **在双边方面，欧盟将利用其不断扩大的可持续投资便利化协定和自由贸易协定网络，支持欧盟贸易伙伴发展加工能力和建立双赢伙伴关系的雄心，例如与智利和澳大利亚的合作。**
- **欧盟委员会将密切关注关税对关键原材料进口能力的影响，并审查暂停征税的请求。**
- **欧盟委员会将寻求扩大与资源丰富国家的战略原材料伙伴关系网络，使欧洲和我们的合作伙伴共同受益。**
- **委员会将与经济合作与发展组织（OECD）合作，改善协议，并与欧盟成员国合作，建立欧盟出口信贷合同以支持海外客户关系管理供应链。**

表 4-1　欧盟对 4 种关键原材料采取的行动

原材料	行　　动
稀土	净零使用包括：风力涡轮机； 预计全球需求增长：到 2050 年增长 5.5 倍 欧盟预期的贸易行动： ● 与拥有重要原材料储备的国家建立战略原材料伙伴关系 ● 为与澳大利亚的稀土贸易和投资寻求可预测的法律框架 ● 在乌克兰支持投资稀土开采/加工
镍	净零使用包括：电池； 预计全球需求增长：到 2040 年增长 15 倍 欧盟预期的贸易行动： ● 通过与澳大利亚和印度尼西亚的贸易协定促进贸易和投资 ● 支持在印度尼西亚建立可持续的加工能力 ● 支持区域环境基础设施建设

续表

原材料	行　　动
锂	净零使用包括：电动汽车预计 全球需求增长：到 2050 年增长 57 倍 欧盟预期的贸易行动： ● 特别关注拉丁美洲贸易协定中的原材料 ● 与拥有重要原材料储备的国家建立战略原材料伙伴关系
铂族金属	净零使用包括： 电动汽车预计全球需求增长：到 2050 年增长 570 倍 欧盟预期的贸易行动： ● 与南非合作，为贸易和投资创造更可预测的法律环境 ● 与拥有重要原材料储备的国家建立战略原材料伙伴关系 ● 支持对南非能源基础设施的投资

举措一：更新关键原材料清单，确定战略原材料清单

此前，欧洲已确定最具战略意义的核心矿产资源清单。通过对矿产资源的重要性和供应链风险评估，选择核心矿产资源，并积极确保这些矿产资源的稳定供应。清单每三年更新一次。锂、稀土等 30 种矿产资源和钛被选为 2020 年核心矿产。《欧洲关键原材料法案》实施后，其中所列的战略原材料对于欧洲绿色和数字雄心以及国防和太空应用的重要技术至关重要，同时受到未来潜在的供应风险。该法案为战略原材料供应链上的国内产能设定了明确的基准，并在 2030 年前使欧盟供应多样化：开采方面，至少占欧盟年度消费的 10%；加工方面，至少占欧盟年消费量的 40%；回收方面，至少占欧盟年消费的 15%；欧盟在任何相关加工阶段对每种战略原材料的年消耗量，来自单一第三国的比例不超过 65%。

举措二：提供一站式服务，加快战略项目审批建设

在欧盟内外的所有价值链阶段，有助于建设战略原材料供应产能的项目，都可以申请为“战略项目”。将根据项目对保障战略原材料供应的贡献、技术可行性、可持续性和社会标准来选择项目。欧盟的项目需要提供欧洲维度，第三国的项目需要提供当地附加值。战略项目将受益于简化的审批程序，以加快行政程序。成员国将需要遵守整个程序的明确期限，在单一程序下协调有关的环境评估，并在启动司法程序时酌情适用紧急程序。对于欧盟以外的战略项目，环境和社会高标准继续适用，并应将当地的附加值带到第三国。委员会将在理事会的协助下，支持项目的实施，并寻求与现有的国际倡议（如全球门户战略）形成协同效应。战略项目的评估和选择将由委员会和理事会进行。

举措三：明确关键原材料回收利用，确保原料供应链韧性

该法案规定了成员国增加收集、处理和再利用含有关键原材料废物的一般义务。通过公共采购，成员国还应促进在其制造部门使用二次关键原材料，并制定关于回收技术以替代关键原材料的国家研究和创新计划。此外，该法案促进从采矿废料中回收关键原材料。欧盟由于其采矿历史，在整个欧盟范围内拥有大量的老矿区和尾矿，其中可能含有珍贵的关键原材料，但迄今为止尚未对其潜力进行分析。该法案要求目前的经营者评估这种回收的可能性，并收集有关其产生的废物、储存在其场所的废物中的关键原材料含量的信息。对于已关闭和废弃的矿山，该法案规定会员国负责收集这种数据——从许可文件和有针对性的抽样活动——并将其发表在一个可公开获取的数据库中。这将使潜在的运营商能够确定潜在的感兴趣的地点，并与公共当局一起实施此类回收项目。

二、 加强关键核心技术研发，保持和提升科技优势

欧盟指出，实施战略自主权的核心是减少对其他国家的依赖，通过该项举措能够帮助欧洲在关键材料、技术、基础设施、安全等战略领域获得更大利益。同时也将为欧洲工业提供一个发展自身市场、产品和服务的机会，也有利于提高其全球竞争力。

举措一：发布《净零工业法案》，降低清洁能源技术和关键组件的依赖

2023 年，欧盟委员会发布《净零工业法案》。该法案是欧盟绿色协议产业计划（The Green Deal Industrial Plan）中的一部分，旨在提高欧盟本土清洁技术能力，帮助欧盟实现清洁能源转型目标。目前来看，欧洲是净零能源技术的净进口国，约 1/4 的电动汽车和电池、几乎所有的太阳能光伏组件和燃料电池都是进口的，大部分来自中国。对于太阳能光伏技术及其组件，如硅棒和硅片，产业链上游环节产品的进口依赖性超过 90%。“绿色协议产业

计划”出台，是欧洲针对美国《通胀削减法案》采取的最新应对举措之一。

该法案特别支持8项战略性净零排放技术，即太阳能光伏和光热技术、陆上风电和海上可再生能源技术、电池/存储技术、热泵和地热能技术、电解槽和燃料电池技术、可持续沼气/生物甲烷技术、获和封存（CCS）技术和电网技术，这些技术将助力欧盟实现2050年零排放目标，也将在欧盟的开放战略自主中发挥关键作用，确保公民能够获得清洁、负担得起、安全的源。此外，该法案提出一系列行动和手段来支持相关技术的投资及刺激需求：净零制造项目指定简化许可程序；加快二氧化碳的捕获和封存；在公共采购和拍卖中引入可持续性和韧性标准支持私人需求；建立欧洲学院提高工人技能；设立监管沙盒测试创新的净零技术；建立净零工业伙伴关系促进实现净零技术的贸易和投资多样化以及提高融资便利。其中公共采购和投标购买的产品，若单一来源供应超过欧盟内特定净零技术总需求的65％，则应视为供应不够多样化而被降级，但对总采购价值低于2500万欧元的合同的适用应推迟两年进行。

专题4-2　推动零排放技术制造投资的关键行动

- **设定有利条件**：该法案将通过增强信息、减轻建立项目的行政负担和简化许可授予程序来改善净零技术投资的条件。此外，该法案建议优先考虑净零战略项目，这些项目被认为对于增强欧盟工业的弹性和竞争力至关重要，包括安全储存捕获的二氧化碳排放的地点。他们将能够受益于更短的许可时间表和简化的程序。
- **加速二氧化碳捕获**：该法案设定了一个欧盟目标，即到2030年在欧盟战略性二氧化碳封存地点达到每年50吨的注入能力，欧盟石油和天然气生产商将按比例做出贡献。这将消除开发二氧化碳捕获和储存作为经济上可行的气候解决方案的主要障碍，特别是对于难以减排的能源密集型行业。
- **促进市场准入**：为了促进净零技术供应的多样化，该法案要求公共当局在公共采购或拍卖中考虑净零技术的可持续性和弹性标准。

- **提高技能**：该法案引入了新措施，以确保有熟练的劳动力支持欧盟净零技术的生产，包括在净零欧洲平台的支持和监督下建立净零工业学院。这些将有助于在这些重要部门提供高质量的工作。
- **促进创新**：该法案使成员国有可能在灵活的监管条件下建立监管沙箱，以测试创新的净零排放技术并刺激创新。
- **净零欧洲平台**将协助委员会和成员国协调行动和交换信息，包括围绕净零工业伙伴关系。委员会和成员国还将共同努力，确保数据的可用性，以监测实现《净零工业法》目标的进展情况。净零欧洲平台将通过确定整个欧盟项目的财务需求、瓶颈和最佳实践来支持投资。它还将促进欧洲净零排放部门之间的联系，特别是利用现有的产业联盟。

举措二：发布欧盟《芯片法案》，加强半导体技术和产品的研发生产

2023 年，欧盟发布《芯片法案》，旨在强化欧洲半导体供应链诸多方面措施。通过措施，欧盟计划加强半导体相关技术和产品研发，保证其技术领先地位；建立和完善产能设施，重点突破先进、节能和安全芯片的设计、制造和封装，并大幅提高产能；设定市场目标，2030 年欧盟半导体产品将占据全球产量 20%；完善产业生态，吸引和培训半导体行业人才；以及监控全球半导体供应链，建立国际伙伴关系，及时采取措施防止国际供应链失灵等。到 2030 年，《芯片法案》相关政策驱动的公共资金投入和私有资本投资总额估计将超过 430 亿欧元。

专题 4-3　《芯片法案》的三个支柱

《芯片法案》是由三个“支柱”方案组成的政策框架。其中包括欧洲芯片倡议、发展生产能力以及危机应对和协调机制，用以综合解决支持欧盟半导体行业发展的政策目的。

支柱 1：欧洲芯片倡议。欧洲芯片倡议立足于加强欧盟半导体行业的竞争力、韧性力和创新力。该计划包括五个部分：集成半导体技术的设计能力；为创新生产准备的试验生产线和测试实验设施；加速量子芯片开发

的先进技术和工程能力；建立一系列的能力中心和技能发展网络；面向初创企业、规模化企业和中小企业的资金准入活动的“芯片基金”。该倡议应得到HE和DEP的资助，特别是其新的具体目标6，并根据建立这些计划的条例实施。该条例提供了一个程序框架，以促进来自成员国的联合资金、不影响国家援助规则的投资、联盟预算和私人投资。这将采用具有法人资格的新工具的形式，即欧洲芯片基础设施联盟，法人实体可以使用该工具在自愿的基础上构建其在联盟内的协作工作。欧委会预计，到2030年，仅“欧洲芯片倡议”就将汇集来自欧盟和成员国约110亿欧元的公共投资进行研发投入，并将撬动为数庞大的私人投资研发新技术和新产品。

支柱2：发展集成生产和独立生产能力。该倡议是为了维护欧盟芯片的供应安全和内部市场的弹性生态系统。一旦被委员会认可为综合生产设施或开放欧盟代工厂，这些设施应被视为有助于欧盟半导体供应的安全，从而符合公共利益。为了达到供应安全，成员国可以在不影响国家援助规则的情况下，应用支持计划并提供行政支持，包括快速跟踪与其规划、建设和运营相关的行政申请程序。

支柱3：危机应对和协调机制。欧盟将建立半导体价值链的监测和警报系统。监测阶段规定了半导体价值链的监控和预警系统，成员国应定期更新并在欧洲半导体委员会上交流他们的发现。当出现关于半导体危机的具体、严重和可靠证据时，委员会有权通过实施法案激活危机阶段。半导体危机指供应半导体发生严重中断，导致严重短缺，并对一个或多个欧盟重要行业产生重大负面影响，或阻止关键行业所使用的必需产品的供应、修复和维护。当激活危机阶段时，委员会可采取本条例中规定的某些紧急措施。

举措三：设立欧洲氢能银行，支持燃料电池技术的开发

欧洲氢能银行将促进和支持欧盟内部可再生氢的生产和吸收，以及从国际合作伙伴向欧洲消费者进口，促进实现绿色协议工业计划、净零工业法的

目标以及欧盟到2050年实现气候中和的目标，根据RePower EU计划，欧盟的目标是到2030年共生产2000万吨可再生氢气：欧盟国内生产1000万吨，进口1000万吨。欧洲气能银行以创造欧盟国内市场、对欧盟的国际进口、透明度和协调性及精简现有融资工具四大要点为基础：（1）创造欧盟国内市场；（2）对欧盟的国际进口；（3）透明度和协调性；（4）精简现有融资工具银行的主要目标是通过应对最初的投资挑战和需求释放欧盟和第三国对氢能价值链的私人投资。

举措四：实施“欧洲地平线”计划框架，确保工业科技优势

欧盟于2021年实施第九期研发框架计划——“欧洲地平线”计划（2021—2027年）。“欧洲地平线”计划基于面向未来的战略规划理念，旨在提升欧洲科技创新的竞争优势和全球领先地位，进而帮助欧盟迈向可持续和繁荣发展的未来。该计划的总体框架包括三大支柱——“卓越科学”“全球挑战与欧洲工业竞争力”“创新欧洲”和一个基础支撑——“扩大参与并加强欧洲研究区建设”。

支柱一：“卓越科学”。旨在强化和扩大欧盟科学基础的卓越性，总预算为258亿欧元。包括通过欧盟研究理事会择优资助顶尖研究者及其团队开展的基于好奇心驱动的前沿研究项目，预算金额为166亿欧元；通过玛丽·居里行动计划为所有学科研究人员提供支持，覆盖职业生涯各个阶段，支持工业界、学术界之间人才和知识的双向流动，提供创新培训提高研究人员就业新技能并促进职业发展，预算金额为68亿欧元；此外，在欧盟投资建设综合互联的世界级科研基础设施，预算金额为24亿欧元。

支柱二：“全球挑战与欧洲工业竞争力”。旨在推动支持欧盟政策和可持续发展目标的关键技术和解决方案，总预算为527亿欧元。包括支持与应对社会挑战相关的研究，加强技术和产业能力，并在欧盟范围内设立雄心勃勃的任务来解决大家面临的重大问题（比如健康、气候变暖、清洁能源、移动等）。支持与成员国、产业界和其他利益相关方建立合作伙伴关系，共同开展研究和创新。其中包括欧盟联合研究中心的行动，该中心为欧盟和各国决策提供有力的科学证据和技术支持。

支柱三："创新欧洲"。支持以市场为导向的具有颠覆性的重大创新并致力于构建良好的创新生态系统，总预算为135亿欧元。包括通过欧洲创新理事会支持具有突破性和市场前景的创新活动，预算金额为100亿欧元，其中70%的经费将直接投资于中小企业，帮助欧洲成为市场创造性创新和中小企业腾飞的领跑者；构建欧洲创新生态系统，与欧洲各区域和国家的创新者建立紧密联系，促进欧洲整体创新格局的发展，预算金额为5亿欧元；围绕培养创新的共同目标，继续支持欧洲创新与技术研究所加强企业（包括中小型企业）、高等教育机构和研究机构之间的合作，预算金额为30亿欧元。通过EIT知识与创新社区为整个创新链提供指导和服务，为创新活动的蓬勃发展创造良好的环境，帮助具有较高创新潜力的地区找到应对重大社会挑战的解决方案，并创造优质的就业机会和经济增长机会。

支柱四：设立欧洲创新理事会。为了支持高风险、高回报和具有市场前景的创新活动，"欧洲地平线"计划正式设立欧洲创新理事会。EIT将为创新创业者提供一站式服务，打通从创新到创业的"最后一公里"，促使具有市场前景的创意和突破性创新从实验室成功走向实际应用，并帮助初创企业和公司继续扩大规模。为了缩短从创意到市场产品的中间路径，克服"死亡谷"问题，EIT采用"探路者"和"助推者"两种互补的资助方式为整个创新周期提供资助。"探路者"资助方式为早期技术阶段到商业化开发期的创新活动提供直接资助，"助推者"资助方式为商业化开发期到规模化发展期这一发展阶段提供混合融资（捐款、贷款）的支持来加速产业化进程。

举措五：发布《欧洲工业5.0》推动工业模式转型

相对于工业4.0的"数字化"（Digitalisation）转型趋势，工业5.0开始涉及欧洲工业转型（Transforming）、生产流程加速（Accelerating）和工人角色改变（Changing）。

以人为中心：指将人类的核心需求和利益置于生产过程的中心，而不是以新兴技术为出发点及考察其提高效率的潜力。

主要措施包括：除了欧盟已采取的措施，例如《通用数据保护条例》（GDPR）保护个人在使用公司和政府服务时的个人数据保护权利；人工智能白皮书列出了最终人工智能监管的原则，为某些类别的人工智能技术的用户提供保障。还包括：为了确保公司和员工都能从数字化转型中受益，重新思考和重新设计商业模式；加强企业与教育培训机构之间的合作，确定技能差距并预测近期的技能需求；通过教育、培训和技能提升适应数字化转型，《欧盟技能议程》促进高水平数字教育生态系统、为数字转型提高数字技能的同时，劳动力政策也需要以适当的方式认可数字经济中的工作（如数据标签）或平台工作，并修订标准工作时间，伴随诸如福利和健康保护体系之类的社会政策的实质性改革等。

可持续性：指工业要尊重地球的边界，要重复利用、重新利用和循环利用自然资源，减少浪费和对环境影响。主要措施包括：在绿色技术创新已经与旨在实现欧洲工业数字化的欧盟倡议相结合的基础上，企业须将可持续性纳入其商业模式；应更多关注公司如何更新其业务模式，并在其业务生态系统中更好地考虑机构层面的环境可持续性；工业生产的增加通常需要更多的能源并增加碳排放量，可以通过更明智的生产计划和使用更多的节能技术来扭转这一趋势；要考虑部门层面的能源消耗与经济增长之间的联系，进而帮助确定行业特定的问题，进行更具针对性的研究和创新并制定重点突出的能源政策；提高目前二次原材料和资源重新投入经济的比例，现有技术经济解决方案的优化是不够的，工业界需寻求新的改变游戏规则的解决方案，将其付诸实践，并重新构建业务模型。欧洲许多公司已经认识到，工业生态学尤其是工业共生（共享和重新利用二次资源和副产品）是有益的，这不仅对环境有利，而且有助于企业在全球市场上竞争并保持其长期竞争力。

富有韧性：指要提高工业生产的稳健性，使其更好地抵御干扰，并确保能够在危机时期提供和支持关键的基础设施。主要措施包括：疫情危机挑战了社会和经济的复原力，与其尽快恢复已建立但脆弱的“旧常态”，不如重建一个更具韧性和耐性的未来欧洲经济和工业。因此，欧盟在应对疫情的举措中，将工业 5.0 的某些关键特征推向了最前沿，如通过恢复与适应力基金，支持欧盟国家进行确保可持续恢复的改革努力。在此基础上，需要进行改革并投资于绿色、数字和社会抗灾力优先领域，这将有助于创造就业机会和推动可持续增长，并以平衡、前瞻性和持续的方式实现复苏；欧洲委员会也在采取措施，以增强欧盟在许多特定领域的战略自主权，包括战略价值链，报告建立一个新的战略投资基金，以投资在绿色和数字化转型背景下对欧洲未来的韧性和战略自主权至关重要的关键价值链；为使工业发挥并继续履行其作为促进社会繁荣引擎的作用，工业需要进行创新和适应，以能够过渡到新的社会和环境范式。

三、加强知识产权保护，促进全球公平竞争

2020 年 11 月 25 日，欧盟委员会公布了新的《知识产权行动计划》，以帮助企业（尤其是中小企业）充分利用其发明和创造，并确保这些发明创造能够为经济社会带来益处。《知识产权行动计划》包含如下 5 个关键领域的措施。

举措一：加强知识产权保护

《知识产权行动计划》建议对一系列现有的知识产权工具进行升级以使其适应数字时代的要求，包括完善针对专利药品和植物保护产品的补充保护证书以及推动欧盟外观设计保护法规的现代化工作。该行动计划旨在加强对农业地理标志的保护，同时考虑制定欧盟范围内针对非农产品的地理标志保护制度的可行性。欧盟委员会还发起了一场行业对话，以探讨新技术（例如人工智能和区块链）对知识产权制度所产生的影响。为了确保企业能够使用快速、高效且负担得起的保护工具，并减少当前制度中持续存在的分散性和复杂性问题，该行动计划呼吁欧盟成员国迅速推广统一专利制度，以在欧盟建立起专利保护与实施的一站式服务体系。

举措二：提高中小企业对于知识产权保护的意识

欧洲的创新者和创作者（尤其是中小企业）通常不了解将知识产权应用到其业务战略中的益处。举例来说，只有 9%的中小企业申请了知识产权保护。为了帮助小企业充分利用其无形资产，欧盟委员会提出了一系列完善措施来提供关于知识产权的信息和建议。该委员会将通过一项新的经济援助计划（第一年将由欧盟知识产权局提供 2000 万欧元的资金）来帮助受新冠疫情影响的中小企业更好地管理和利用其知识产权资产。欧盟委员会还将向欧

盟资助的研究和创新项目的所有参与者提供知识产权方面的建议和帮助，并与所有的利益相关方合作以加强整个研究与创新社区对知识产权价值的评估。该委员会还致力于使人们更加轻松地将知识产权用作获取资金的工具。

举措三：促进知识产权共享

《知识产权行动计划》旨在保护无形资产，同时也力图增加获取经济和社会所依赖的关键无形资产的机会。在认识到知识产权制度在应对新冠疫情等突发卫生事件中所发挥的重要作用之后，欧盟委员会提出了一些措施，以在疫情期间促进关键知识产权的共享，同时确保获得投资回报。该委员会还将致力于完善版权框架，并采取行动以更好地调动受知识产权保护的数据。此外，它还将提出一些提高标准必要专利（欧洲工业数字化转型的关键要素）许可的透明度和可预测性的方法，例如的推出联网汽车和其他物联网产品。

举措四：打击假冒行为并加大知识产权执法力度

进口的假冒和盗版商品的价值占欧盟所有成员国 GDP 的 6.8%。欧盟委员会将加大知识产权的执行力度。举例来说，作为对即将公布的《数字服务法案》的补充，该委员会将设立一个欧盟防伪工具箱，以推动知识产权权利人、中介机构（例如在线市场）以及执法机构之间开展高效的合作。

举措五：促进全球公平竞争

尽管知识产权密集型产业所创造的价值占欧盟商品出口额的 93%，但企业在第三国运营时仍面临着巨大的挑战。为了应对这些挑战，欧盟委员会致力于推动欧盟在知识产权规则制定方面的发展。它还将敦促欧盟对第三国参与者所采取的不公平做法作出回应，例如工业间谍活动或在研发合作方面试图滥用知识产权。

四、改善可持续投资，提升欧元的国际地位

2020 年 3 月 10 日，欧盟委员会发布了《欧洲新工业战略》，旨在帮助欧洲工业向气候中立和数字化转型，并提升其全球竞争力和战略自主性。欧盟发布的《欧洲地平线》《数字欧洲计划》《创新基金》《欧洲社会基金》等一系列行动计划，以及所有的欧洲结构性投资基金，都将有助于提高欧洲工业

的竞争力。

举措一：提升企业投资的灵活性

欧盟认为，在公共财政面临压力的情况下，需要利用一些新的方式放开私人投资。同时在市场失灵的情况下，也应该合理的调动私人投资和公共财政，如成员国可以利用欧洲共同利益重大项目（IPCEIs）来集中财政资源，迅速采取行动，并允许成员国在市场失灵的情况下为跨国界的大规模创新项目提供资金。欧盟委员会将于2021年修订《政府间气候变化专门委员会国家援助规则》，本次修订将帮助成员国梳理出有利于市场竞争的方式与条件，也将帮助中小企业能够充分参与未来的IPCEIs。另外，欧盟还将在整个金融体系中鼓励投资，同时制定新的《可持续金融战略》，指导投资者进行可持续投资。

欧盟为落实上述目标，采取了以下5项举措：

（1）欧盟将与议会和理事会合作，确保迅速通过和执行下一个长期预算；

（2）欧盟将考虑各成员国和工业界在《政府间气候变化专门报告》中提出的协调投资范围，以及《政府间气候变化专门报告》中提出的在电池和微电子方面采取的后续行动；

（3）审查政府间气候变化专门委员会的国家援助规则，包括能源过渡项目；

（4）制定新的《可持续金融战略》；制定新的《数字金融战略》；

（5）制定《2020年资本市场联盟行动计划》，其中包括支持综合资本市场、为公民和企业提供更多融资机会的措施。

举措二：加强欧元的国际作用

包括推出以欧元计价的能源和原材料大宗商品衍生品，促进以欧元计价的基准指数和交易场所的出现（涵盖核心行业和新兴能源市场，例如氢）；促进欧元计价投资，促进欧元作为计价和计价货币的使用；借助欧盟排放交易系统（ETS）发行欧元绿色债券（欧盟委员会的目标是以绿色债券的形式发行下一代欧盟债券总额的30%）；以及委员会和欧洲央行将联合审查可能引入数字欧元时出现的广泛政策、法律和技术问题5项关键行动。

举措三：增强欧盟金融市场基础设施韧性

包括监督并制裁第三国单方面域外非法制裁；成立一个工作组，评估与将在欧盟境外清算的以欧元或其他欧盟货币计价的金融合同转移到位于欧盟的中央对手方有关的可能技术问题；确保不为被域外制裁的欧盟实体提供基本金融服务3项关键行动。

举措四：加强欧盟制裁行动

包括建立制裁信息交流资料库；建立跨境执法问题单一联络站；确保欧盟提供给第三国、国际组织和国际金融机构的资金和经济资源不会被用于违反欧盟制裁的行为；建立一个专门的系统，允许匿名报告逃避制裁的情况，包括举报；加强制裁合作，特别是与七国集团伙伴的合作6项关键行动。

五、优化人才管理机制，吸引技能和人才到欧盟

为了保持全球竞争力，欧盟在过去的二十年里已经制定了一个法律框架，在很大程度上协调了成员国对某些类别的非欧盟国家国民的入境和居留条件。这包括以劳动为目的的入境和居留，如高素质人才，季节性工人，以及公司内部调动人员。欧盟的法律框架还规定：（1）非欧盟国家学生和研究人员的入境条件和权利，（2）家庭团聚的权利，以及（3）非欧盟国家国民获得永久居留权（即长期居留）的条件和程序。

为了改善欧盟对合法移民的管理，吸引高素质人才到欧盟，同时以平衡和务实的方式回应欧洲议会和成员国的呼吁，2022年公布的《吸引技能和人才到欧盟》公报提出了欧盟可持续的合法移民政策的三个关键支柱。

立法支柱，重新修订《长期居民指令》和《单一许可证指令》，以简化各种技能水平的工人进入欧盟的程序，以及已经在欧盟的非欧盟国家的工人在欧盟内的流动性，并改善他们的权利和保护他们免受严重的劳动剥削；

业务支柱，通过制定与主要伙伴国家建立人才伙伴关系的具体步骤和欧盟人才库的主要特征，应对国际匹配的挑战；以及

前瞻性支柱，基于三个具体的行动重点，应进一步指导欧盟的合法移民政策：护理、青年和创新。

举措一：简化移民程序和改善移民工人的权利

《长期居民指令》和《单一许可证指令》为合法居住在欧盟的大部分第三国工人设定了程序和权利方面的框架。然而，这两项立法并没有完全实现它们分别于2003年和2011年首次通过的目标。长期居民指令没有得到成员国的充分使用，也没有提供在欧盟内部流动的有效权利。《单一许可证指令》没有完全实现其简化来自非欧盟国家的所有工人入境程序的目标。基于此，欧盟委员会提议对这两项指令进行全面的重新修订。主要目标是降低雇主的成本和行政负担，防止劳动剥削，并支持已经在欧盟居住和工作的非欧盟国家的国民在欧盟内部的进一步融合和流动。2023年，欧盟委员会也会报告《季节性工人指令》和《公司内部调动人员指令》的执行情况。

举措二：建立欧盟人才库

欧盟委员会提议建立第一个欧盟范围内的平台和匹配工具，即欧盟人才库，以帮助欧盟对来自非欧盟国家的国民更具吸引力，并解决欧盟雇主与他们无法在欧盟劳动力市场上找到的人才相匹配的挑战。

欧盟委员会已经成立了一个专题小组，由有兴趣在欧洲移民网络框架内参与试点倡议的成员国的联络人组成。到2023年中期，欧盟委员会的目标是正式启动欧盟人才库及其门户网站，并将提出建立欧盟人才库的建议，包括章程和其逐步发展阶段的详细路线图。从事试点工作的专题小组还将根据从试点倡议的运作中获得的经验教训，指导欧盟人才库的组织设置、治理结构和运作的设计。包括：确定欧盟劳动力市场需要什么技能，商定相关的录取，标准组织录取过程，协调潜在雇主进入欧盟人才库。因此，参与成员国的充分承诺和积极参与将是欧盟人才库发展和运作的关键。

举措三：加强关键领域行动

除了上述立即采取的立法和行动措施外，欧盟委员会认为有可能将前瞻性的政策集中在三个行动领域：护理、青年和创新。

吸引来自非欧盟国家的长期护理人员。修订后的欧盟蓝卡指令使吸引非欧盟国家高技能工人的规则现代化。人才伙伴关系将针对所有技能水平的工人，包括中低技能工人。欧盟委员会也将对来自非欧盟国家的长期护理人员在成员国的准入条件和权利以及这方面的需求进行摸底调查，以探索制定欧盟一级的合法准入计划以吸引这些工人的附加值和可行性。

促进青年流动。欧盟青年流动计划为来自非欧盟国家的有技能的年轻人提供到欧盟居住、旅行和工作的机会，时间有限（不可延期）。条件（年龄、教育水平和足够的资金）将与国家计划中的条件相似。这种计划可以在欧盟层面上规范接纳条件和程序，以及参加该计划的非欧盟国家的年轻国民的权利。为了更好地吸引有技能的年轻人并实现规模经济，也可以与成员国探讨是否有可能给予这些年轻人在欧盟内部的流动权利。

在欧盟范围内促进初创企业创始人的准入。近年来，在欧盟和全球范围内，针对创新企业家和初创企业创始人的国家接纳计划不断增加。欧盟的措施可以通过支持他们的准入和设立业务，进一步促进创新企业家和初创企业创始人进入整个欧盟单一市场。欧盟的支持还包括探讨新的欧盟创新企业家签证的相关性。这些方案将与成员国和利益相关者的倡议密切合作，包括在欧洲创新理事会论坛和欧洲创业国家联盟内讨论。

六、推进贸易与竞争政策相结合，创造公平的市场环境

欧盟2021年发布了《贸易政策审议——开放、可持续和坚定自信的贸易政策》文件，全面阐述了欧盟贸易政策立场和主张，重点聚焦开放、多边自主和注重现实，反映出欧盟开放与自主并重、中欧竞争合作并存等态势。

新战略进一步将欧盟贸易政策纳入绿色协议和欧洲数字战略所反映的欧盟经济优先事项，该战略包括一系列主要行动，以支持经济复苏以及绿色和数字化转型，加强各个方面的可持续性，并采取更果断的方式捍卫欧盟的权利和价值观。

举措一：构建更深入、更数字化的单一市场

欧盟认为独立的竞争政策，帮助了欧洲公司发挥其最大的优势并激发了创新潜能。为了使他们适应欧洲工业双重转变的时代进程，欧盟委员会正在审查欧盟竞争框架，重点关注现行竞争规则的适用性，以及与反垄断法补救措施相关的竞争规则、案件调查和侦破速度等方面。为了使“单一市场”更好的推动产业发展，欧盟通过了《单一市场执法行动计划》，并设立单一市

场执法工作团队，以推动该计划全面执行。同时，欧洲应构建稳健、运作良好的标准化和认证体系，制定相应的知识产权政策，维护和加强欧洲的技术主权，提升欧洲公司的市场价值和竞争力。

为此，欧盟发布了《国家援助规则》，在维护重要的公共利益的目标下，希望通过援助补贴的手段以保证欧洲内部的公平竞争。同时，欧盟也认识到，当下越来越多的新、专、精的中小企业，可以帮助很多老牌工业公司开发新的工作形式以适应数字化时代，因此应该扶持这类的初创企业，并建立平台经济。

欧盟为落实上述目标，采取了以下 8 项举措：

(1) 欧盟已通过《单一市场执法行动计划》和《单一市场壁垒报告》；

(2) 由会员国和委员会共同设立一个单一的市场执法工作队；

(3) 通过《中小企业可持续发展》和《数字化欧洲战略》；

(4) 2021 年起，将评估、审查并适时调整欧盟竞争规则，包括正在进行的《合并控制评估》和《国家援助指南》；

(5) 评估《知识产权行动计划》，优化法律框架的必要性，确保灵活使用知识产权，并更好地打击知识产权盗窃行为；

(6) 执行《欧洲数据战略》的后续行动，以发展欧盟数据经济。包括在特定领域启动欧洲数据公共空间；

(7) 对于《数字服务法》，更新和加强数字服务单一市场的法律框架；

(8) 改善平台企业工人工作条件的倡议。

举措二：将绿色置于贸易政策的核心

可持续性首次成为贸易政策的明确核心支柱。欧盟致力于利用其全球实力和强大的贸易关系来支持更可持续和公平的贸易，并增强其贸易伙伴应对气候变化等全球挑战的雄心。

具体行动包括：促进世贸组织的可持续性行动，包括贸易和气候倡议；寻求 G20 国家承诺使其经济实现气候中和，以此作为缔结贸易协定的基础；利用欧盟贸易和投资协定的全部潜力作为平台，与合作伙伴就欧洲绿色协议的各个方面进行接触，包括生物多样性、可持续食品政策、污染和循环经济；提议使巴黎协定成为未来所有贸易协定的基本要素；对贸易协定中的贸易和可持续发展章节进行全面的早期审查，以确保以最有效的方式执行和实施，并将审查结果纳入正在进行的和未来的谈判；制定关于公司强制尽职调查的欧盟规则，包括有效的行动和执行机制，以确保强迫劳动不属于欧盟公司价值链的一部分。在制定具有约束力的立法之前，委员会将为公司提供指导，以协助欧盟企业采取符合国际尽职调查指南和原则的适当措施。

举措三：发布欧盟《外国补贴条例》，完善外国补贴审查制度

继欧盟《针对扭曲内部市场的外国补贴条例》（以下简称《补贴新规》）于 2023 年 1 月 21 日生效后，欧盟委员会于 2023 年 2 月 6 日发布了《外国补贴条例实施细则草案》（以下简称《实施细则草案》），公开征询利益相关方意见。该草案是对《补贴新规》这一旨在重构内部市场公平竞争环境的新工具内部分规则的补充与释明。

《外国补贴条例》规定了外国补贴的内涵，即第三国给在欧盟市场从事经济活动的企业带来具有竞争优势的、有选择性的财政贡献。一旦确定存在外国补贴，欧盟委员会将进一步评估其是否扭曲了欧盟内部市场的竞争，具体表现为外国补贴被认为有可能改善企业在欧盟市场上所处的竞争地位，对欧盟市场的竞争环境产生不利影响。针对此类外国补贴存在的不同场景，条例提供了三种形式的审查制度，其中包括两种事前审查制度和一种依职权的事后审查制度，具体来说：

其一，受外国补贴的并购交易的事前审查制度。条例规定，企业进行合并、股权或资产收购，以及设立合资公司时，如果同时满足以下两个条件，则在交易签约后或交易交割前需履行向欧盟委员会提前申报的义务：第一，被收购或被合并的公司、合资公司中至少一方在欧盟成立，且在欧盟的总营业额至少为 5 亿欧元；第二，全部参与集中的经营者在申报前三个财务年度合计被授予的从第三国获得的外国财务支持总额达到 5000 万欧元。此外，欧盟委员会也有权在特定情形下叫停低于适用门槛的交易。在获得欧盟委员会的批准之前，各方不能继续进行交易。

其二，受外国补贴企业在公共采购中投标行为的审查制度。在由欧盟政府机构组织的或在涉及公共服务的采购中，如果其中有一项公共采购程序满足以下标准，则接受财务支持的投标方需就其情况进行申报：如果一个公共采购项目、采购框架协议，或在动态采购程序中的一项具体采购的预估不含税总金额达到或超过 2.5 亿欧元，且参与投标的企业（包括其全部非独立决策子公司、母公司和其主要分包商和供应商）在申报前三个财务年度已从第三国收到至少 400 万欧元的财务支持，采购合同只能在获得欧盟委员会批准后才能授予受资助投标人。

其三，欧盟委员会对外国补贴的事后依职权审查制度。欧盟委员会的依职权审查分为初步审查（Preliminary Review）及深入调查（In-depth Investigation）两步：在初步审查期间，欧盟委员会根据各方提供信息展开调查，以确定外国补贴是否存在以及其是否扭曲了欧盟市场；当有充分证据表明存在扭曲欧盟市场的外国补贴的情况下，欧盟委员会有权展开深入调查，最后如果得出外国补贴扭曲了内部市场的结论，欧盟委员会可以主动处以救济措施或接受经营者承诺。

举措四：开发新工具应对不公平的贸易行为

在尽可能支持合作的同时，欧盟将开发工具来应对新的挑战，并保护欧洲公司和公民免受内部和外部不公平贸易行为的影响。

具体行动包括：充分利用首席贸易执法官（CTEO）的作用，最大限度地发挥谈判成果对公司（尤其是中小企业和农民）的好处，并消除损害协议交付潜力的障碍，包括可持续发展方面的障碍；开发新的在线工具以支持欧盟企业，尤其是中小企业；加强欧盟保护欧洲公司和公民免受不公平贸易行为影响的工具，包括通过制定反胁迫工具；探索欧盟出口信贷战略的选择。改善不同欧盟层面外部融资工具之间的协调，以更好地支持欧盟政策优先事项，例如应对气候变化和帮助欧盟企业更好地在世界上竞争。

七、出台供应链法案，推进供应链尽职调查

近年来，德国政府致力于倡导推进在商贸活动中落实企业责任和人权保障。为了切实有效推动企业开展供应链相关尽职调查的工作，德国政府于

2021 年 7 月 22 日颁布《德国供应链企业尽职调查义务法》（以下简称《德国供应链法》），并于 2023 年 1 月 1 日正式生效。此外，2022 年 2 月 23 日，欧盟委员会提交了一项关于企业可持续性尽职调查指令的提案。《企业可持续发展尽职调查指令》（*Corporate Sustainability Due Diligence Directive*，CSDDD）草案包含人权尽职调查，也包含环境尽职调查义务和企业社会责任要求。法案的目的是让在欧盟经营的公司履行某些尽职调查义务，以防止其商业活动在其欧洲内外的活动链中对人权和环境产生负面影响。根据拟议的指令，属于适用范围的公司将来必须识别其整个活动链中的风险，采取预防和补救措施并报告情况。公司必须以适当的方式审视其上游供应链（例如原材料开采）和下游供应链（使用、加工、处置）。这两项法案本质上都是为了在欧盟公司的全产业链中落实达成欧盟 ESG（环境、社会和治理，Environmental，Social and Governance）的目标，以保护人权和解决环境问题。

专题 4-4　欧洲供应链法案核心要素

- **范围**：该指令涵盖三类公司：
  - 拥有至少 500 名员工且全球年净营业额为 1.5 亿欧元的公司；
  - 拥有至少 250 名员工且全球年度全球营业额至少为 4000 万欧元的公司，前提是其营业额中至少有 2000 万欧元来自风险部门。风险行业包括纺织业、农业和林业、渔业、食品、化学、矿产资源（例如原油、天然气、煤炭、金属和矿石）的开采；
  - 来自第三国的公司，如果他们的年净营业额是：a）在欧盟超过 1.5 亿欧元；或 b）在欧盟 4000 万欧元至 1.5 亿欧元，并且其全球营业额中至少有 2000 万欧元来自风险部门。
- **尽职调查义务**：公司应确定其活动链中的人权和某些环境风险，采取预防和补救措施并报告情况。企业应该根据风险的严重程度和各自的影响范围采取适当的行动。
- **企业社会责任的范围**：尽职调查指的是上游和下游活动链。上游活动链包括公司制造产品（例如原材料开采）和提供服务的所有活动。下游活动链包括公司业务伙伴的所有有关销售、运输、储存或处置的活动。不包括客户和消费者。

- **气候行动：** 拥有超过 500 名员工的大公司将有义务制定气候行动计划，以调整其企业战略以符合 1.5 摄氏度的目标，并为自己设定相应的减排目标。
- **执法：** 设想将监督当局遵守情况与行政罚款和民事法律责任相结合。
- 针对公司，特别是间接涵盖的中小企业的**配套措施**。
- **关于受国际保护的人权和国际环境文书的附件，** 公司的具体行为义务源自这些文书。
- **生效：** 通过后，成员国有两年时间将该指令转化为国内法。此后，国家实施法律将根据公司规模逐步生效，直至上述范围在指令通过后五年内适用。

表 4-2　欧洲供应链法案和德国供应链法案的比较

欧洲供应链法案	德国供应链法
适用范围	
欧盟公司： 第 1 组：所有具有显著规模和经济实力的欧盟有限责任公司（至少有 500 名员工，全球净销售额至少为 1.5 亿欧元） 第 2 组：在某些资源密集型行业运营的其他有限责任公司，这些公司不符合第 1 组的两个门槛，但在全球范围内拥有超过 250 名员工和至少 4000 万欧元的净销售额。对于这些公司，规则比第 1 组晚两年适用 **非欧盟公司：** 在欧盟运营，产生的销售额相当于欧盟内第 1 组和第 2 组的销售额 **中小企业：** 不直接属于委员会草案的范围	适用范围视公司规模而定： 总部、主要分支机构或注册办事处位于德国和 **至少 3000 名（2023 年）或 1000 名员工（从 2024 年起）**
立法范围	
整个价值链	供应链中的直接业务伙伴，基于风险：如果有违规迹象，也延伸到间接供应商

续表

<table>
<tr><td colspan="2">责任</td></tr>
<tr><td>违反尽职调查义务的罚款和民事责任</td><td>违反尽职调查义务的罚款，无民事责任</td></tr>
<tr><td colspan="2">照顾职责</td></tr>
<tr><td colspan="2">关注对人权可能或实际造成的不利影响</td></tr>
<tr><td>在气候和环境保护方面具有深远意义的尽职调查义务（参考重要的环境公约）</td><td>环境保护只是间接的，只要人权直接受到环境退化的影响或国际环境协定明确提及环境保护</td></tr>
<tr><td colspan="2">尽职调查的实施措施</td></tr>
<tr><td colspan="2">风险分析、预防和缓解措施</td></tr>
<tr><td>强制措施：企业必须
● 将尽职调查作为公司政策的组成部分；
● 确定对人权和环境的实际或潜在的负面影响；
● 预防或减轻潜在影响；
● 消除或最小化实际影响；
● 建立投诉程序；
● 监督其尽职调查政策和措施的有效性；和
● 公开传达其尽职调查的表现</td><td>风险分析以及顺序和相互关联的预防和补救措施，即：
● 风险分析以及顺序和相互关联的预防和补救措施，即：
● 建立风险管理系统；
● 内部人权保护责任的定义；
● 通过政策声明；
● 在公司自身的业务领域和针对直接供应商制定预防措施；
● 在违反受保护的法律地位时采取补救措施；
● 建立投诉程序以通知侵犯人权行为；
● 对间接供应商的风险实施尽职调查，以及
● 关于履行尽职调查义务的文件和报告</td></tr>
<tr><td colspan="2">控制和执行</td></tr>
<tr><td colspan="2">国家主管部门的监督</td></tr>
</table>

第五章

日本有关产业链供应链韧性的认知及其提升举措

日本自然资源匮乏，对产业链供应链韧性具有天然敏感性。由于资源的不足，日本需要依赖进口来满足国内产业的需求，这也使得日本在面临国际贸易不稳定或供应链中断的情况下更加脆弱。因此，日本一直在努力寻找替代资源和提高资源利用效率的方法，以增强其产业链供应链韧性。

第一节　全球化背景下的日本产业链供应链演变

日本位于环太平洋火山带上，地震和火山活动频繁，根据世界银行2021年公开数据，其国土面积为36.45万平方公里，耕地面积占其国土面积的11.26%，矿产资源损耗①占其国民总收入的百分比为0.0054（世界均值为0.4），能源损耗②占其国民总收入的百分比为0.0091（世界均值为1）。由于自然资源相对匮乏，日本对于产业链安全一直保持着高度的危机意识。

虽然日本明确提出产业链供应链概念的时间较晚，但日本一直在进行相关的政策布局，诸多贸易、投资和产业政策的调整都可以在产业链供应链的视角下来看待。总体上看，日本的相关产业链和供应链的演变分为四个时期：一是“二战”后“重点产业扶持”重建产业链，二是泡沫经济的形成和破灭后调整，三是2008年国际金融危机后推行“中国加一”战略，四是新冠疫情后以“经济安全保障”为主导。

---

① 矿产资源损耗：矿产资源存量与储存开发剩余时间的比值。

② 能源损耗：能源资源存量与储存开发剩余时间的比值。

一、“二战”后日本“重点产业扶持”重建产业链

第二次世界大战结束后，日本经历了经济再次复兴和赶超，直至成为世界经济大国。“二战”后至 20 世纪 90 年代，日本主要通过“重点产业扶持”重建产业链，在全球的产业经济布局大致经历了国内产业经济恢复、海外产业扩张和产业结构升级三个阶段。

日本国内产业经济恢复（1945 年至 1955 年）：“二战”结束后，日本作为战败国，国民经济基本上陷入瘫痪状态，其首要任务是稳定经济、恢复产业。日本政府实施**“倾斜生产方式”**，即选择了煤炭和钢铁作为经济恢复的突破点，通过集中性的资源投入促进煤炭和钢铁的增长，带动其他产业的恢复和发展。

1949 年后，日本经济重新出现了不稳定局面。对此，日本学术界展开了“开发主义”和“贸易主义”以及“静态国际分工理论”和“动态国际分工理论”两场大争论，并**确立了“贸易立国”的发展战略，**强调通过进出口贸易促进国内经济发展。为了实施“贸易立国”发展战略，日本制定了一系列产业合理化政策，通过设备更新和技术改进提高基础工业部门的生产效率，从而促进基础工业成本降低，并发展具有国际竞争力的出口主导产业。政策主要通过租税特别措施、财政投资贷款、海运利息补贴、外汇配额等方面对基础工业部门的生产进行间接控制。

日本海外产业扩张（1955 年至 1973 年）：1957 年日本外务省在发布的首份《外交蓝皮书》中指出，该时期提高国民生活水平、发展国家经济的唯一途径就是通过和平方式实现海外市场的扩张。**首先推动产业结构转换和升级优化，增强国际竞争力。**日本政府出台了产业振兴扶植的政策，政策对象从基础工业逐步转向了新兴和成长型产业，政策目标从“产业合理化”转向了“产业结构转换”。这时期产业政策的重点从“瓶颈”产业（煤炭）转向了“支柱”产业和“出口先导”产业，包括钢铁、合成纤维、石油化学、机械、电子业等。其次面对欧美国家日益发的重工业和化学工业，**实施了产业结构重化学工业化**。日本政府促进产业结构高级化，形成以附加值高的重化学工业品出口为主的出口结构；同时采用官民协调方式推进海运业、钢铁、

汽车等行业的合并和重组。

日本产业结构升级（1973 年至 1985 年）：1973 年和 1979 年爆发的两次石油危机事件，对日本经济造成很大的冲击，促使日本对其经济结构、产业政策进行新的调整。一是**发展中高级重化学工业**。为了打破石油能源对产业的束缚，从发展依赖石油进口、能耗大、资本密集型初级重化学工业转变为发展能耗较小、知识和技术密集型的中高级重化学工业，进一步改善出口商品的结构。二是**资助尖端技术领域的技术开发并扶植有关产业。**鼓励高技术产业研发，并实行对计算机、集成电路等个别行业的扶植措施。三是**开展降低物流成本运动**。日本政府增设了专门负责物流的部门，从整体供应链管理的角度开展了降低物流成本运动。1977 年，日本运输省流通对策部公布了“物流成本算定统一基准”，推进了企业物流和供应链管理的标准化。

二、泡沫经济的形成和破灭后调整

1985 年 9 月 22 日，世界五大经济强国（美国、日本、德国、英国和法国）在纽约广场饭店达成“广场协议”。在协议签订后不到三年的时间里，美元对日元贬值了 50%，也就是说，日元对美元升值了一倍。随着日元急速升值，日本企业的国际竞争力有所下降，但是日本国内的投机气氛依然热烈。与此同时，为促进日本产业结构调整，稳定国内市场，1987 年日本提出《产业结构转换圆滑化临时措施法》，要求特定企业制定事业适应计划，推动过剩产能处理，并设立银行、信用担保机构等支持大量日企赴海外投资设厂。以股票、房地产为代表的资产大幅度升值以及海外制造业迅速扩张，形成了“二战”后日本仅次于 60 年代后期经济高速发展之后的第二次大发展时期，即后期所称的泡沫经济。土地、股市的崩溃以及因制造业转移出现的产业空心化，让经济泡沫破灭。

面对泡沫经济的破灭，实体经济部门制定了设备投资计划，想通过加大对民间企业的设备投资来期待经济的中速增长。1997 年桥本内阁推出了一系列财政紧缩政策，但这些政策打击了日本国内民众消费需求的积极性，降低了内需。2002 年，日本内阁官方将新的国家发展战略目标瞄准了知识经济，7 月第一次明确提出了“知识产权立国”的国家发展战略目标。

日本产业经济复苏主要是从2002年开始的，分为两个阶段：一是外需拉动产业出口恢复（2002年至2004年），根据全球贸易跟踪系统数据显示，2003年日本出口比2001年增加653.82亿美元，其中对中国（包括中国台湾和中国香港）出口增加了383.61亿美元。二是日本企业在海外迅速经营扩张（2004年至2007年）。据日本经济产业省统计，2002年至2007年间日本制造业企业海外生产比率从14.6%快速上涨至19.1%，其中分布在中国的日本制造业企业占日本海外制造业企业的比重由19.6%上升至27.9%。中国市场的快速扩张加速了日本经济的恢复。

三、2008年国际金融危机后推行“中国加一”战略

日本在2008年与2009年经历美国“次贷危机”以及国际金融危机的冲击，制造业产值从2007年的108万亿日元降低到了2009年的94.3万亿日元，降幅达到了12.69%。日本经济产业省在2010年发布的《产业结构展望2010方案》中制定了日本未来十年的产业发展规划，把基础设施产业、健康医疗产业、环保和新能源产业、文化产业、尖端技术产业作为未来重点发展的五大支柱性产业。《2009年税制改正要纲》促使日本海外企业积极将海外收益回流，用于支持日本国内“母工厂”再创新。由于中国的劳动力成本不断提升，2010年日本发布《新成长战略》，提出在整个亚洲建立产业链供应链和亚洲内需市场的目标，积极与东盟加强贸易协议谈判，为东盟持续性提供经济援助，推动日本实施“中国加一”海外直接投资战略逐渐在东南亚纵深延展。该战略的目的是为规避在中国的投资风险，把原本已在中国直接投资的一部分迁移至中国周边某个第三方国家。日本制定2014年版经济“成长战略”，鼓励企业将总部和工厂迁往地方中小城市，并提供税收优惠政策，该政策在一定程度上也促进了日本国内“母工厂”建设。

2013年3月，黑田东彦接掌日本银行（BOJ），黑田秉承“安倍经济学”指引，认为日本经济长期低迷的原因，不是宽松“取向错误”，而在于宽松“力度不足”。“超宽松货币”政策使得日元汇率维持在相对低位，增加了本土商品出口优势。

四、新冠疫情后以“经济安全保障”为主导

2020年新冠疫情暴发后，工厂停工、港口关闭，导致全球供应链大规模中断。2020年3月，时任日本首相安倍晋三在“未来投资会议”上指出，由于中国零部件进口减少，影响了日本产业链的稳定，为此需要采取措施，减少对特定国家的依赖，促进依赖性高以及附加价值高的产品生产回归日本国内，同时需要在东南亚地区推进生产基地的多元化。2020年6月，“新国际秩序创造战略本部”成立，由岸田文雄（2021年10月4日正式就任日本第100代首相）担任本部长，并在同年12月形成了《经济安全保障战略建议》，指出了日本所处的外部环境与战略建议背景：一是新冠疫情因素，疫情突显了日本供应链的脆弱性；二是美国因素，坚持日美同盟。该建议涉及资源与能源、海洋开发、提升经济韧性等16个重点领域。2021年6月日本经济产业省发布《半导体·数字产业战略》，提出发挥日本在半导体设备生产、材料加工等方面的基础优势，吸引海外半导体企业到日本设厂。2020年日本发布“海外供应链多元化支援事业”政策，对生产高度集中在特定国家的产品和对国民健康生活极为重要的产品，支持企业对供应链进行多元化和分散化，将生产从特定国家迁往以东南亚为中心的国家，并对赴东盟各国投资的企业进行补贴，以降低供应中断风险从而增强供应链韧性。

日本还寻求国际贸易规则制定的主导权，强化日美同盟，倡议印太多边合作，并加深与东盟的合作关系。

第二节　日本产业链供应链的海外布局

鉴于日本的资源和市场所限，产业链供应链的海外布局是日本一直十分看重的战略。通过在海外建立生产基地和供应链网络，日本企业能够更好地利用全球资源和市场，降本增效，从而加强产业链供应链的韧性，更好地应对国际贸易的不确定性和地缘政治的影响。

一、日本产业链供应链海外布局概况

日本的全球产业布局更加注重市场规律，一定程度上也受到日美贸易摩擦的影响。1985 年日本签订《广场协定》后，日本传统工业发展受劳动力价格和数量双重制约，日本国内生产成本大幅度提升；与此同时，日元的升值让日本产品在国际市场逐渐失去价格竞争力。在这种情况下，日本开始将传统产业大规模向低成本国家或地区布局，以降低其生产成本；并通过在发达国家设立研发中心的方式，推动技术水平和生产力技术的提高。

根据日本经济产业省海外经营活动调查报告，日本制造业的海外生产比率由 2008 年的 17%上升到了 2017 年的 25.4%，意味着日本产业额四分之一的制造在海外完成，至 2020 年有所下降至 23.6%。

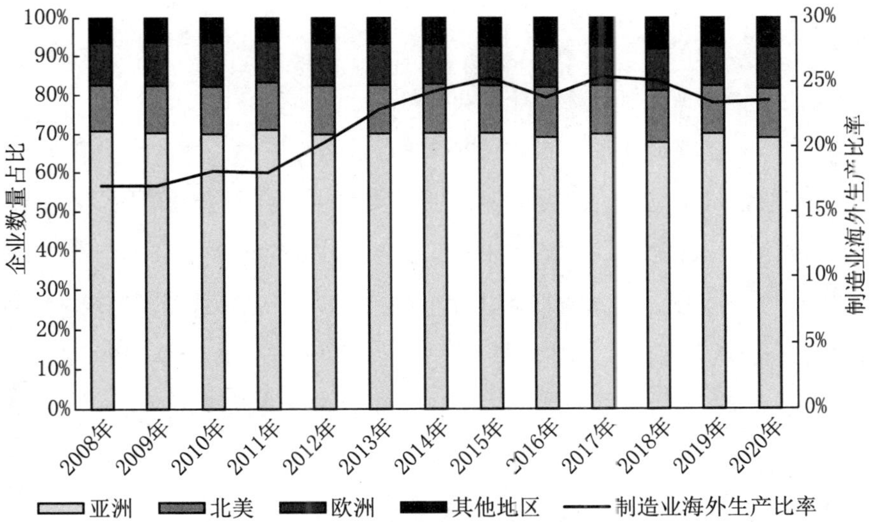

图 5-1　日本制造业海外分布情况

数据来源：日本外务省官网、日本经济产业省海外经营活动调查报告。

从日本在主要经济体海外企业分布的情况来看，40%以上的企业都在中国。近几年，日本企业陆续退出中国，与 2011 年相比，2020 年在中国的日本企业数量减少了 2373 家。与此同时，大量的企业向东盟国家和印度转移、扩张，2011 年在东盟的日企为 7020 家，到 2020 年已经翻了一番；2011 年在印度的日企为 1446 家，至 2020 年已接近 4800 家。

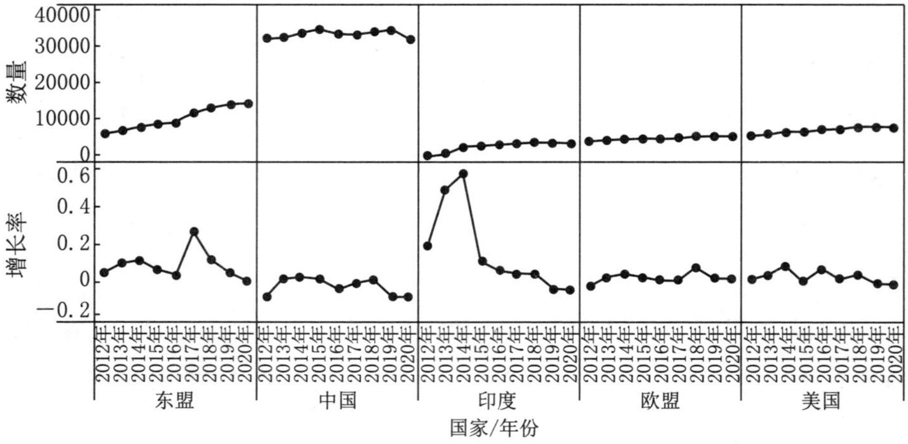

图 5-2　日本在主要经济体海外企业分布情况

数据来源：日本外务省官网。

二、日本产业链供应链海外布局思路

日本产业链供应链海外布局的基本战略思路有三点：一是将关键技术型产品制造留在日本国内；二是分割产业链实现生产要素全球范围优化布局；三是在欧美布局研发中心获取逆向技术溢出。2023 年日本经济产业省发布的《制造业白皮书》中，日本企业对国内生产基地和海外基地的角色进行了区分，40.5%的企业认为国内生产基地是创造新技术和产品等新价值，28.4%的企业认为国内生产基地是灵活应对多品种少量生产和短交期生产等，13.8%的企业认为国内生产基地是自动化和 IT 部署可提供高产基地。

思路一：将关键技术型产品制造留在日本国内

日本产业链供应链在布局时，将需要保持技术优势的产品留在日本国内生产，将可以进行模块化生产、不具备技术优势的产品转移至发展中国家生产。日本企业通过对关键技术型产品的制造控制，在高端制造业始终保持技术竞争力优势。例如，日本日立大型衍射光栅刻划机保有最高刻划精度 10000 条/毫米（g/mm），美国宇航局发射的探测卫星的极紫外分光光度计也采用了日立变间距平面和凹面衍射光栅。

思路二：分割产业链实现生产要素全球范围优化布局

日本企业通过分割产业链实现对生产要素的重新布局，将土地、劳动力、资本、技术、数据五种生产要素在全球范围进行优化配置，创造新的盈利模式。日本企业将处在产业链上游并且在国内不具备优势的低端生产环节分割出来，并转移至劳动力价格更低的发展中国家。日本对这些低端生产环节的大部分最终产品不具备垄断能力，但通过对各个国家生产要素的优化布局，日本将生产过程中的各个环节按照工艺精细度进行全球化分工生产，提高了产量和利润的空间。低端生产环节转移后，释放出的生产要素则可以用于日本国内“母工厂”的建设，将研发和新产品生产等核心部分留在国内“母工厂”中进行。

思路三：在欧美布局研发中心获取逆向技术溢出

日本在欧美投资的主要动因是获取其逆向技术溢出。面对日本企业在基础研发上相对落后的情况，政府倡导企业将研发（R&D）的重心适当向海外转移。日本企业通过设立海外实验室利用当地的先进科研能力研发新技术，既可以直接为当地的制造工厂提供技术支持，又可以通过逆向技术溢出反馈回国内，弥补日本企业在基础研发薄弱的短板。从日本在美国运营的研发机构来看，大部分研发机构位于美国一流研究型大学或者科技中心的附近，其研究内容往往是日本国内落后于美国的基础研究，比如人工智能等。例如 2015 年丰田投资 10 亿美元在美国硅谷建立 AI 研究中心；2016 年日立在硅谷建立科技创新实验室，主要研究区块链应用程序。

第三节　大变局下日本提升产业链供应链韧性的主要举措

对资源能源短缺的日本而言，全球产业链、供应链是保证其经济发展以及内外经济循环的重要外部要素，尤其是受人口老龄少子化、劳动力市场僵化趋势的影响，日本内需持续低迷，海外市场对日本的产能输出至关重要。2018 年美国特朗普政府单方面掀起对华贸易摩擦，加剧了全球贸易环境的不确定性，日本政府和企业开始强化对供应链安全保障的重视和投入。2020 年新冠疫情在全球大暴发，进一步推动了全球产业链、供应链布局的调整和发展理念的革新，激发了各国对产业链、供应链安全保障的关注，全球产业链、供应链进入重构期。面对大变局下全球产业链、供应链重构的新挑战，日本政府开始采取措施维护产业链、供应链安全，产业链、供应链安全保障成为日本经济安全保障的重点推进领域。

一、确保原材料的供应安全

举措一：积极参与国际标准制定

随着新能源汽车市场的蓬勃兴起，全球动力电池需求也日益高涨，保障电池原材料供应成为各国汽车业都在着手解决的重中之重。日本电池供应链协会向日本工业部提交政策建议，包括制定措施，以确保锂、钴、镍和其他电池材料的供应安全，帮助该行业降低投资和采购成本。此外，还将积极参与相关国际标准的制定和审议，例如参与针对锂原材料标准化的讨论，包括开采、提炼和回收锂金属材料等议题。

举措二：逐步构建全球供应网络

为了保证电动汽车原材料供应链安全，日本汽车制造商改变传统上依赖国内供应商的采购模式，选择与上游原料供应商签署长期供货协议或收购入股矿山的方式，逐步构建全球供应网络，保障其原材料供应稳定。日本软银集团投入约 80 亿日元，取得了内玛斯卡锂业 9.9%的股权；丰田决定以 2.24 亿美元收购澳大利亚 Orocobre 锂矿公司 15%的股份。

专题 5-1　日本为重要矿物开发冶炼最多提供五成补贴

日本经济产业省将对日本企业的重要矿物的矿山开发和冶炼业务最多提供一半补贴。将确保纯电动汽车（EV）的电池、马达制造所必需的锂和稀土等原材料。日本的大部分重要矿物依赖中国等特定国家，将加快供应链的多样化。

日本金属与能源安全组织将设立一个基金，提供 1058 亿日元主要对锂、锰、镍、钴、石墨和稀土进行支持，补贴范围不仅包括关键矿产开采和提炼业务，还包括对关键矿产进行前期品位调查和盈利评估的勘探。该基金要求接受补贴的企业须按规定的数量供应日本国内，且在供需紧张的情况下，尽全力优先满足国内需要。

此前出台的“作为供应链对策的促进国内投资事业费补贴”政策，受2022年12月2日2022年度第2次补正预算成立的影响，从2023年2月10日开始作为“立足国际形势变化的原材料稳定供给对策事业”公开招募。

举措三：提升原材料使用效率

为了在原材料使用方面实现效率最大化，日本电池供应链协会还计划在电池再回收领域进行稀有金属的回收再利用。电池供应链协会希望能对电池回收网络进行重新梳理，并计划对国际电池标准的制定进行深入探讨，以避免增加日本电池供应链的额外负担。

举措四：加强重要物资储备

在2022年12月召开的第四次“经济安全保障专家会议”上，日本政府公布了有关“确保特定重要商品稳定供应”的商品选取方针草案，要求加强抗生素类药物、化肥、重要矿物及天然气的储备，包括建设仓储设施。

专题5-2　日本部分重要物资供应链存在问题及保供目标

抗生素类药物

- **供应链存在的问题**：在日本销售的β-内酰胺类抗生素，其灭菌、干燥、灌装等商品化过程主要在日本进行，但原材料制备由于利润较低以及需要避免爆炸等危险状况的特殊制造设备，因此日本该类药物几乎100％依赖。
- **保供目标**：从2023年起，开始在日本国内建设民众生存所必需的抗生素类原料药的制造和储备设施，构建满足医疗现场不间断稳定供应的体制。

化肥

- **供应链存在的问题**：化肥原料在特定地区分布不均，大部分供应依赖进口。受国际形势变化影响，全球粮食需求增加、冲突不断，原材料供应中断风险凸显。

- **保供目标：**从2023年起，加强主要化肥原料磷酸铵和氯化钾的储备，包括建设仓储设施。到2027财年，建立一个即使在化肥原料供需紧张的情况下也能够确保日本国内化肥生产持续性的保障体系，以确保化肥的稳定供应。

重要矿物

- **供应链存在的问题：**一方面，其他国家对资源的竞争加剧，新矿床的品位和条件在不断恶化。另一方面，对于重要矿物的需求持续增长，需要通过向资源生产国出资确保上游资源。此外，有必要使寡头垄断的冶炼和精炼工艺多样化，减少对海外的依赖。
- **保供目标：**在重要矿产中，政府将主要支持电池金属和稀土，这是2050年实现碳中和的关键。通过充分动员相关支持措施和日本能源和金属矿物资源机构（JOGMEC）的风险资金等，目标是到2030年确保日本国内蓄电池和永磁体的供应（蓄电池国内产能达到150吉瓦时/年，根据国际能源署（IEA）的预测2040年稀土需求将达到2020年的3.4倍）。

天然气

- **供应链存在的问题：**迄今为止，天然气的交易结构主要基于长期合同，但近年来交易有所扩大。政府需要确保交易的灵活性和弹性。液化天然气供需已出现缺口，供应中断风险凸显。包括传统的液化天然气进口国在内，在竞争日趋白热化的同时，上中游投资减少，日本也很难以稳定的价格达成长期合同。
- **保供目标：**为了确保天然气的稳定供应，除了上游资源开发和国内资源开发外，政府将从2023年起在战略上确保液化天然气的供应。

二、 将供应链产业链关键环节留在日本国内

举措一：强化关键零部件日本国内生产

新冠疫情暴露出全球供应链的脆弱性，也凸显出日本国内供应链的“备份”价值。2020年5月推出的“新型冠状病毒感染症紧急经济对策”中设立的“国内投资促进事业费补助金”，目的就是为了强化关键零部件国内生产，

促进国内生产基地的发展。截至2022年6月，日本已开展三轮国内投资促进事业补助金，预算分别为2200亿日元、2108亿日元、600亿日元。用于引进设备和设施，以发展国内生产基地，尤其针对生产集中度高的产品以及对国民健康生活具有重要意义的产品和材料，推动战略性物资生产企业回归本土。《经济安全保障推进法》要求提升半导体、蓄电池、永磁体、机床及工业机器人、飞机零部件和船舶相关设备本土产能，以确保关键部件的稳定供应。

专题5-3　日本部分关键零部件供应链存在问题及保供目标

半导体

- **供应链存在的问题**：随着全球半导体需求的增加以及其他国家（地区）积极进行战略投资，日本半导体企业的竞争力持续下降。一部分制造设备和原材料严重依赖国外的商品，以及日本具有一定竞争力的常规半导体、制造设备、零部件和材料等商品，如果政府不提供支持，未来可能面临进一步依赖海外的风险。
- **保供目标**：支持基于《5G促进法》的先进逻辑半导体和存储半导体生产设施的开发，支持基于《经济安全保障促进法案》的确保传统半导体和制造设备及材料的稳定供应。维护并通过加强原材料产能，增强日本国内各类半导体的产能。由此，到2030年日本半导体生产企业的总销售额（半导体相关）将超过15万亿日元，以确保日本国内半导体的稳定供应。

蓄电池

- **供应链存在的问题**：在车载以及固定型蓄电池方面，海外厂商在政府支持下迅速扩大供应，日本的市场份额正在下降。在蓄电池材料方面，虽然日本企业因安全性和性能优势占据一定的份额，但在成本和质量方面国外厂商正在迎头赶上，很多零部件材料出现依赖海外的趋势。随着成本竞争力的下降，日本企业的市场份额将进一步下降，无法确保国内稳定供应的风险不断增加。

- **保供目标：** 政府将在建立国内蓄电池生产基地、确保上游资源、人才培养、下一代技术开发、促进外商引进、改善制造和使用环境等投资支持方面提供综合支持。到2030年，确保日本国内蓄电池生产能力达到150千兆瓦时/年，日本企业的全球生产能力达到600吉瓦时/年，抢占下一代蓄电池市场。

永磁体

- **供应链存在的问题：** 随着需求扩大和国际竞争的加剧，（1）日本国内永磁体的产能无法满足国内需求，出现无法确保稳定供应的风险；（2）作为原材料的稀土对外依存度高；（3）永磁体的商业回收利用未取得显著进展。
- **保供目标：** 到2030年，根据国内需求增加永磁体的日本国内生产能力，维持和加强现有的国际竞争力。到2030年，通过替代磁铁的开发、将循环利用能力提高一倍（相比2020年），以及重稀土资源的开发，降低永磁体的对外依赖度，加强永磁体的稳定供应体系。

机床及工业机器人

- **供应链存在的问题：** 控制系统是影响机床及工业机器人性能的重要零部件。有必要根据数字化转型（DX）和碳中和（CN）等大趋势来应对不断扩大的需求。
- **保供目标：** 为了降低作为未来日本制造业基础的机床及工业机器人的对外依赖风险，政府将加强国内生产能力和技术能力，保持和加强国际竞争力（为满足未来全球不断增长的需求，到2030年机床的国内产能目标为11万台/年，工业机器人约35万台/年。）

飞机零部件

- **供应链存在的问题：** 作为飞机关键零部件的机体、零部件和原材料，尤其是大型锻件、陶瓷基复合材料（CMC）、碳纤维等在飞机制造中占有重要地位。但随着国际形势的变化，这些产品供应中断的风险正在增加。从构建全球供应链和安全的角度来看，飞机零部件及材料技术含量高、认证要求高，替代难度大。

- **保供目标**：自 2023 年起，确保大型锻件的产量以满足国际形势变化带来的新需求，通过建设下一代航空发动机用 CMC 确保稳定供应，并增加产能以应对碳纤维需求的增加。到 2030 年，日本将确立并巩固在国际飞机供应链中的核心地位，维护飞机的正常安全运行。

船舶相关设备

- **供应链存在的问题**：日本、中国和韩国建造了世界上 90%以上的船舶，其中 90%的船用设备在本国采购。为了保持海上运输的自主性，需要在国内确保海洋设备以及船舶的稳定供应，而这种情况仅靠企业自身很难应对。特别是船用发动机（Engines）、导航设备（Sonar）、螺旋桨（Propellers）是关系到船舶设计、建造一体化的核心设备，需要确保这些设备的自主供应。
- **保供目标**：从 2023 年开始，政府将向船用设备制造商提供制造设备等支援，到 2027 年拥有能够满足国内所有需求的船舶相关设备产能，以能够根据全球经济趋势和新船市场趋势和变化来满足预期的需求增长。

举措二："母工厂"模式确保生产关键环节留在国内

20 世纪 80 年代以来，日本企业大规模在东南亚等地布局生产制造，始终坚持"母工厂体制"，坚持"研发在本土、最先进的工厂也留在本土"，形成"研发—制造"相互哺育的策略，确保生产的关键环节留在国内生产基地。佳能公司近年缩减了国外的数码照相机业务，在国内主力工厂进行产品的最终组装，这样可以把有竞争力的零部件厂家、材料厂家也留在日本，从而从新产品的企划阶段就加强合作，开发更好的产品。

三、贯彻"知识产权立国"政策，加强关键技术的保护和研发

举措一：每年实施《知识产权战略推进计划》

知识产权战略总部于 2003 年 3 月 1 日启动。2003 年 3 月 19 日，日本知识产权战略本部召开首次会议，就战略大纲实施提交报告，决定三年内集中对知识产权制度改革。当年 7 月 8 日，日本知识产权战略本部公布了《有关知识产权创造、保护及其利用的推进计划》（日本知识产权界称之为"知识

产权战略推进计划”）。该推进计划是根据《知识产权战略大纲》和《知识产权基本法》制定的，近年来，日本每年发布年度知识产权推进计划。

表 5-1　日本知识产权推进计划

年份	主要目标
2003	电影、游戏软件等信息技术类知识产权是国家的财富； 贯彻“知识产权立国”政策，需要严格保护知识产权，实现其经济价值最大化，并刺激相关企业加大研发投入，形成良好的知识创造的循环
2004	一是改革知识产权制度，使之更适应当代社会； 二是促进日本知识产权制度与国际接轨； 三是改革知识产权管理体制
2005	创新是决定 21 世纪国家能否成功的唯一最重要的因素；知识产权制度是创新的基础设施，应针对提高专利质量和提高审查效率等方面进行具体改革
2006	日本制定了《国际标准综合战略》，首次明确提出，日本要以国家的名义积极参与国际标准的制定，《国际标准综合战略》包括三个视角及五个战略目标； 三个视角是促进创新、加强国际竞争力、为制定国际标准做贡献； 五个战略目标包括提高产业界的标准国际化意识、加强国家在标准国际化战略中的作用、培养标准国际化相关人才、加强同亚洲等各国的合作、为公正的标准化国际规则做出贡献
2007	将知识产权战略与科学技术综合会议、信息化社会推进战略本部、观光立国推进战略会议、革新战略会议、亚洲门户战略会议、“美丽国家建设”企划会议等有机地联系在一起，其重点是知识产权的创造、知识产权的保护、知识产权的利用、创造有文化内涵的内容产品、培养国民的知识产权意识
2008	主题是通过知识产权提高日本战略性产业的国际竞争力
2009	采用“开放式创新”的方式，共同应对基础性技术问题，并确定了五个重点领域，即促进技术创新、知识产权国际化、促进软实力相关的产业增长、确保知识产权制度的稳定性和可预见性以及构建符合使用者需求的知识产权管理系统
2010	要进一步推进标准国际化，并确定了七个标准国际化的重点领域，包括尖端医疗、水资源利用、新一代汽车、高铁、能源管理、新媒体、机器人
2011	提出应对全球网络时代新挑战的知识产权战略。该战略由四部分构成，涉及标准国际化升级、创新竞争、最先进的数字化以及“酷日本”战略
2012	大力推进综合内容战略，将数字时代的来临视为重大的机遇；加快培育新产业、新市场，增强日本经济的活力；推进“酷日本”战略，增强日本的软实力；培育新的经济增长动力
2013	提出四大支柱，即构建全球知识产权体系、增强产业竞争力，加强中小企业和初创企业对知识产权的管理，建设与数字社会相适应的知识产权环境，提高以内容为核心的软实力。还分别制定了短期（1—2 年）、中期（3—4 年）、长期（10 年）计划

续表

年份	主要目标
2014	设立了三个目标：一是改革知识产权制度，吸引国外投资； 二是努力使日本的知识产权制度成为亚洲等地区新兴国家的标准； 三是培养知识产权管理国际化人才
2015	振兴地方经济、打造具有地方特色的可持续发展的社会，涉及三个重点：一是强化有关地方中小企业知识产权的战略，促进农村地区的产学合作；二是完善知识产权纠纷的解决机制；三是支持内容产业的海外扩张
2016	四个重点领域，即以服务第四次工业革命为目标的知识产权创新、加强对国民的知识产权教育、推动内容产业的发展以及知识产权系统的基础设施开发。该年度推进计划还提出，鼓励产学合作推进开放式创新，引导企业加强对自身的知识产权管理及商业机密保护等
2017	确立的重点领域是制定与“社会 5.0”相适应的知识产权制度、通过知识产权领域改革促进创新和振兴地方经济、振兴创意内容部门以及创建数字档案馆
2018	提出了实现“价值设计型社会”的三个支柱：贯彻“摆脱平庸”的理念、鼓励接受挑战，通过融合加快创新，创建更具同理心的环境
2019	实现价值设计社会，有三项重要因素：充分发挥个人优秀的潜在能力和才能；充分融合各项才能，产生新的创意；获得对新创意的共鸣，实现新创意的价值
2020	指出在新冠疫情之后的“新常态”下需要加速数字转型、无形资产创造价值（支持文化产业等）和知识产权保护与利用的平衡，具体措施涉及在创新生态系统中战略性地使用知识产权、实施“酷日本”战略以及建立内容创作生态系统
2021	（1）知识产权作为竞争资源，要扩大资本和金融市场的作用以促进知识产权的投资和利用； （2）促进标准的战略性使用以扩大主导市场； （3）数据使用作为 21 世纪最重要的知识产权，要推动其生态环境的维护； （4）符合数字时代的内容策略； （5）加强在初创企业、中小企业和农业部门中的知识产权利用； （6）加强知识产权体系、运营和人力资源基础以支持知识产权的利用；和 （7）重新打造“酷日本（Cool Japan）”战略
2022	（1）初创企业充分利用知识产权； （2）促进大学知识产权的商业化； （3）促进知识产权和无形资产的投资与利用； （4）促进技术种子和内容的获取； （5）促进知识产权在数字市场和空间的应用； （6）促进标准和数据的战略性利用； （7）以创造优质知识产权为目标的改善措施

根据表 5-1 中日本历年知识产权推进计划，日本的知识产权战略调整体现出四个特点：一是构建应对第四次产业革命的知识产权系统，二是促进特色领域知识产权制度建设知识产权，三是促进农林水产及食品行业创

新，四是积极倡导构建区域知识产权治理体系。从世界银行公布的历年知识产权费用来看，日本的知识产权推进计划的成果也是显著的。2003 年日本知识产权接收费用首次超过了其支付费用，至 2021 年，两者差额已达到 184.6 亿美元。

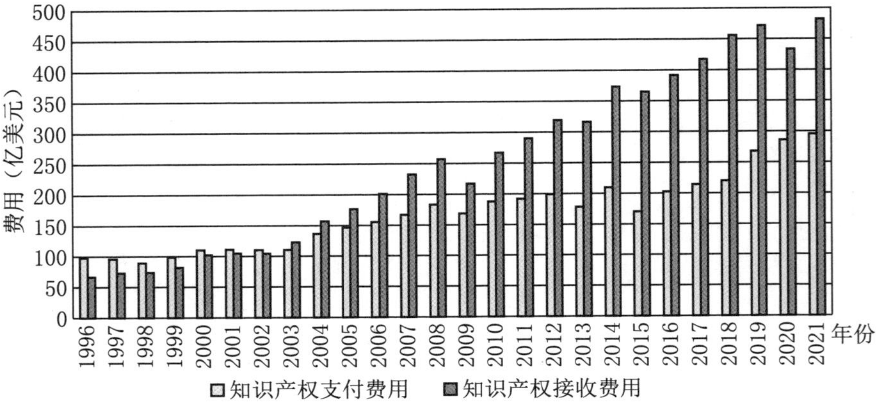

图 5-3　日本历年知识产权费用

数据来源：世界银行。

举措二：加强对关键技术的保护和研发

2004 年 5 月出台的“2004 年知识产权推进计划”提到要“加强保护商业秘密”：加强保护商业秘密和防止技术流出。2021 年 1 月起，日本警察厅设立专门小组，对民间企业和研究机构全面开展宣传活动，防止尖端技术流向海外。《经济安全保障推进法》也加强了对尖端技术的保护，对专利实施保护制度，建立专利申请非公开制度，对敏感技术实施不披露准则；同时，赋予“经济安全保障重要技术培育计划”明确的法律地位，促进尖端技术研发，制定包括信息提供、资金支持、人才培养、素质提升等内容的基本方针，并在宇宙、海洋、量子、生物、人工智能等领域选择日本具有优势的技术加以重点培养。

2002 年 5 月，日美工商伙伴关系（JUCIP）首次部长级会议达成了《半导体合作基本原则》。基于该协议，日本经济产业省同年 7 月决定成立一个新的研发机构，两国共同研究下一代半导体研发的合作。这一机构就是“尖端半导体技术中心”（LSTC）。LSTC是开发下一代半导体量产技术的研发基地，将与美国国家半导体技术中心等海外相关机构合作，建立面向日本及海外的开放式研发平台，布局2纳米甚至更先进的工艺节点的技术开发项目。

举措三：制定外资收购所需要事先申报、满足条件并事后报告以及事后报告的目标上市公司清单

2020年5月8日，日本财务省公布了关于外资收购所需要事先申报、满足条件并事后报告以及事后报告的目标上市公司清单。3800家日本上市公司被列入清单。其中有518家属于核心行业，占清单公司总数的13.6%，涉及汽车、电子、电机、半导体、机器人、化学、制药、电信等行业，包括许多知名企业，如日立、东芝、丰田、本田、田村制造所、京瓷、三菱电机、富士电机、软银集团、日本电信电话等。外资在收购这些企业股份超过1%时需要事先申报。此外，有1584家企业被列入非核心行业，占清单公司总数的41.7%，如发那科、任天堂等。外资在收购这些企业股份超过1%时，虽然不需要事先申报，但必须达到一定条件并且事后报告。

四、确保半导体生产和供给能力

举措一：限制关键的半导体装备出口

2023年5月23日，日本经济产业省正式公布了《外汇法》法令修正案，将先进芯片制造所需的23个品类的半导体设备列入出口管理的管制对象。在此前原有的出口管制条例（2022年12月6日生效）中，部分碳化硅、金刚石、光刻胶等相关半导体材料，高质量的12吋半导体硅片制造、EUV、GAAFET相关EDA软件、32位及以上处理器内核等相关半导体技术，以及高性能计算机及组件也都在出口管制之列。2023年5月23日修正案中新增列入出口管制设备品类包括：3项清洗设备、11项薄膜沉积设备、1项热处理设备、4项光刻设备、3项蚀刻设备、1项测试设备。

举措二：完善国内半导体生产基地建设

2021年6月，日本经济产业省发布《半导体数字产业战略》，旨在加强尖端半导体的制造开发，完善国内数据基础设施，从国家层面确保半导体生产和供给能力。基于此，同年，日本设立了针对微芯片、功率半导体生产企业的产业技术实用化开发事业补助金制度，给予新生产设备或去碳化设备最高150亿日元补助金。2022年3月1日实施的《半导体援助法》明确为半导体企业在日本国内建厂提供补贴，申请企业最高将可获得设备费用50%的补助金，但要求其提出的生产计划符合“持续生产10年以上”“供需紧绷时能增产应对”等条件。根据国际半导体产业协会（SEMI）的数据，日本预计2024年将在晶圆厂设备上投入70亿美元，较2023年增长82%，增幅位居全球之首。

专题5-4　日本补贴美光生产下一代芯片

广岛G7峰会会议上，美国芯片制造商美光科技宣布准备把EUV光刻技术引入日本，投资5000亿日元用于1-Gamma工艺技术，帮助其在日本生产下一代存储芯片。此举将从日本政府获得大约2000亿日元（约合15亿美元）的财政奖励。

美光将利用这笔资金在其日本广岛工厂安装来自光刻机巨头阿斯麦的先进EUV芯片制造设备，以生产DRAM芯片。

专题5-5　政府大力扶持Rapidus量产2纳米芯片

日本半导体企业Rapidus公司成立于2022年8月，由日本的索尼集团、丰田汽车、软银、铠侠、日本电装等八家日企共同投资设立。该公司刚成立之初，日本政府提供了700亿日元补助金作为其研发预算。

Rapidus公司计划最早于2025年上半年建成一条2纳米原型线，2022年末已与美国IBM签署了技术授权协议。日本经济产业省对日本芯片企业Rapidus公司在日量产2纳米芯片寄予厚望，向Rapidus公司额外再提供3000亿日元资金，用于在北海道兴建一座半导体工厂。

五、加强国家对民间企业的干预，重视经济安全保障

举措一：实施《经济安全保障推进法》

2022年5月11日本通过《经济安全保障推进法》，该法案主要包括四大部分，即确保特定重要物资供应稳定、确保特定重要基础设施设备稳定、支持促进关键技术的研发以及秘密专利保护制度。

第一部分是**确保特定重要物资供应稳定**。法案指定了11类重要物资，要求确保其供应稳定。个人或企业可制定“安全供应计划”，包括建造新的生产设施、供应来源多样化、储存、生产技术开发和/或替代材料开发，安全供应计划并经过认证后，将对个人或企业提供政府补贴、金融优惠、信用保险等支持措施。当民营企业无法确保物资稳定供应时，相关部门将采取必要措施（如强制储藏等）来确保特定重要物资的稳定供应。

第二部分是**确保特定重要基础设施设备稳定**。法案将金融、电力等14个部门列为审查领域，这14个部门的经营者将受到相关部门的审查，审查内容基于经营者的供应商、外包承包商、设备供应链和分包商的信息，如果检查后发现特定重要基础设施设备可能存在安全隐患，将要求经营者变更订购对象或取消订单。

第三部分是**支持促进关键技术的研发**。法案目前认为太空、海洋、量子和人工智能技术是“特定关键技术”，要求政府为特定关键技术的研究和开发提供必要的信息和资金支持。该法案还规定建立一个新的智库进行相关研究，以促进特定关键技术的发展和研究成果的转化。

第四部分是**秘密专利保护制度**。法案规定，“特定技术领域”（部分先进技术，如核技术、先进武器技术以及可能损害国家和人民安全的技术），将通过两次审查决定是否允许技术专利公开。如果专利经审查后不允许公开，政府将给予专利保护指定，保护期限为1年，在保护期限内不允许专利公开，在保护期结束前政府需再次审查，以决定是否延长保护期，对于因此可能造成的损失，政府将以支付“正常发生的损失”的形式对申请人的这些限制进行补偿。

举措二：推动企业完善抗风险能力体系

制定提升供应链韧性的“业务可持续性计划”（BCP）。BCP的目标确定并减少危险带来的损失，有效保障业务的可持续性。为提升日本中小企业应对风险事件的能力，日本政府从2019年开始推出“业务持续性强化计划认定制度”，通过综合运用财政税收、金融贷款、补助金等产业政策措施，促进日本中小企业制定BCP。新冠疫情冲击下，日本政府加大“业务持续性强化计划认定制度”的实施力度。希望申请的中小企业需要根据日本政府的要求，制定“业务持续性强化计划”。

专题 5-6 东芝集团的 BCP 风险管理

如果对地震、风水灾害等大规模灾害的对策不充分，可能会长期陷入停工，在遭受巨大损失的同时，对利益相关者造成巨大影响。东芝集团除了确保员工及其家属的安全、保护事业场所和工厂等防灾对策之外，还从事业继续发展的观点出发推进对策，以便在受到损害、损害的情况下也能继续或早期重启产品和服务的提供。

东芝集团自 2007 年以来制定业务可持续性计划（BCP）。以对社会、经济影响较大的重要事业为中心，确定了假设巨大地震和新型流感的 BCP，并为了维持和提高其实效性而不断进行改善。

针对新型冠状病毒感染症，从 2020 年 2 月开始，以“维持事业和完成社会责任”和“确保员工和社会安全”两大轴心实施紧急体制，在全公司实施彻底控制上班和大胆变更公司日程等，做好最坏的准备和保护生命的前所未有的对策。同时，与供应商合作确保供应，努力将对业务的影响降至最低。具体来说，就是评估感染扩大地区的企业活动状况和物流状况等风险，采取措施将对事业的影响控制在最小限度。

专题 5-7 三菱商事集团 BCP 风险管理

三菱商事集团专设危机管理室作为风险处理司令塔，旗下 1700 余家子公司已制定 BCP，重点监督 80 余家重点公司的 BCP 制定和实施，以掌握集团供应链风险点并调整应对方案。通过制定 BCP，部分日企发现了供应链安全隐患，采取了缩短供应链长度、将生产地放在消费地附近、构建多个供给途径等措施。

六、积极主导国际合作，建多元化海外供应链体系

举措一：国际合作关系以美日同盟为主轴

日本对全球供应链的高度依赖，让日本政府一直十分重视推动供应链国

际合作。2018年生效的《全面与进步跨太平洋伙伴关系协定》（CPTPP）中涉及亚太区域供应链合作，如借助生产一体化以降低供应链的成本，协助中小企业参与区域供应链合作等。同年，日本与欧盟签署《日本—欧盟经济伙伴关系协定》中就供应链国际合作达成共识，双方共同发展供应链风险管理技术，联手提升供应链安全水平。

2020年新冠疫情暴发后出现的供应链断裂激发了日本的忧患意识，日本政府开始以价值观为选择标准，强化供应链国际合作，初步形成了“以日美同盟为主轴、以高新技术为核心、聚焦印太”的海外供应链战略。

日美双边供应链合作不断加深。2022年1月，美日印澳四方协调会上，日美共同呼吁“规划全球行动计划中的供应链蓝图”。同年5月，日本经济产业大臣荻生田光访美，就发挥美国半导体设计、日本半导体原材料和制造设备优势共同建设地区半导体供应链达成一致，计划共同加强人才培养、研发2纳米以下尖端半导体、制定出口管制合作计划等。5月下旬，拜登访日并正式启动“印太经济框架”（IPEF），提出构建“有韧性的经济”（即供应链韧性）这一目标，日本积极回应并参与“构建针对半导体等战略物资”的库存与产能信息共享机制。

推动“印太”供应链多边合作。2021年3月，日美澳印发表“关键技术供应链共同原则声明”，提出“确保产品设计安全、建立高透明度供应网、评估供应商是否诚信”。2021年4月，日本、澳大利亚、印度发表了“供应链强韧化倡议”。2022年5月，日本公布了“印太地区供应链韧性计划”8个批准项目，其中印度6个、澳大利亚2个，这些项目将于2023年3月实施，帮助日企实现供应链可视化、物流升级、生产基地多样化等。同时，岸田出访东南亚并发表声明，倡导“亚洲未来投资计划”以提升区域供应链韧性。同年7月19日，日本参加了美国主导的“2022年供应链部长级论坛”，论坛声明了“国际伙伴关系”基础上的“透明、多样、安全、可持续”四原则，剑指“印太”供应链。

专题 5-8　供应链弹性倡议

2020 年 9 月 1 日，日本、印度和澳大利亚联合启动“供应链弹性倡议”，强调“印度—太平洋”地区对供应链弹性区域合作的迫切需求。该倡议最初由日本提出。

2021 年 4 月 27 日，三国正式发表联合声明，指出新冠疫情大流行暴露了全球和地区供应链的脆弱性。同时，考虑到后疫情时代全球经济秩序可能发生变化，需要以印太地区为中心，建立有弹性的供应链，以期最终在该区域实现强劲、可持续、平衡和包容性增长。该倡议旨在试图调整和建立区域内新的供应链网络，以最大程度减少对中国供应链的依赖。

具体来说，“供应链弹性倡议”鼓励企业将其生产基地从中国转移到“印度—太平洋”地区的其他国家。这一举措使得日本、印度及澳大利亚的贸易和投资多样化，能够有效减少因依赖过度单一的供应来源而造成供应链中断风险。具体措施包括：供应链的数字化可视化，供应商、分销和生产基地的多样化，确保物流的顺畅以及法规和标准的协调。在这一倡议中，日本还提出要吸引外国直接投资，并在伙伴国家之间建立起供应链互补的关系。这一倡议后期还计划向东盟开放。

举措二：构建多元化海外供应链体系

日本制造业的海外供应链具有较高的集中度，集聚发展有助于实现规模经济和协同效应，同时也蕴含着较大的风险。2018 年，日本就开始关注地缘风险上升背景下供应链的多元化发展问题。新冠疫情暴发初期的供应链中断进一步坚定了日本政府推动海外供应链多元化发展的决心。日本政府设立“海外供应链多元化项目”，对生产高度集中在特定国家的产品和对国民健康生活极为重要的产品，支持企业对供应链进行多元化和分散化，将生产从特定国家迁往以东南亚为中心的国家，并对赴东盟各国投资的企业进行补贴，以降低供应中断风险从而增强供应链韧性。在 2020 年度第一次补充预算和第三次补充预算中分别拨款，用于该项目的推进。截至 2021 年 6 月，共开展了4个批次的海外供应链多元化项目，其中有92项被采纳。从项目涉及的行业看，大部分是医疗相关工厂的转移，转移目的地集中在越南、泰国等国。为了推进上述计划的落地实施，日本政府制定了详细的财政预算及相应的企业补助等级。根据日本财务省2020财年补充预算，依据企业规模的差异，补助的比率也不尽相同，企业的规模越小，获得补助的比率就越高。

七、建立高效物流保障体系，增强抵御供应链风险能力

作为生产基地的连接桥梁，物流扮演着十分关键的角色，因此高效的物流保障体系也是增强供应链韧性的重要内容。日本物流系统协会提出"物流概念2030倡议"，借助信息技术手段开发"同行业一体化"物流平台，以实现物流流程的模块化和相互渗透。风险发生时，可以最快速度调整供应链，转换运输线和生产线，增强抵御供应链风险能力。例如，2021年日立物流建设了新一代物流中心，该物流中心引入了人工智能、机器人以及无人搬运车，实现了共同物流服务。此外，随着供应链安全需求提升，部分日企开始建立属于自己的物流部门。日本经济产业省发布的《2021年版制造业白皮书》也指出，必须稳步开展提高物流效率的工作，以增强制造业的供应链韧性。

专题5-9　稳步提高物流效率

日本《2021年版制造业白皮书》指出，必须稳步开展提高物流效率的工作，以增强制造业的供应链韧性。要提升物流效率，一方面要提升日本企业对于物流和供应链管理的认识，"将物流和供应链管理作为管理战略"。另一方面，提升供应链整体的物流效率不能仅仅依靠单个企业的努力，要发挥企业协同的作用。对此，《2021年版制造业白皮书》提出了3种措施来提高物流效率，分别是通过数据共享实现效率化、通过联合运输和巡回收货实现效率化以及通过规范运输材料的尺寸和业务流程来提高效率。其中，数据共享主要侧重于改善以往同一供应链上多家企业间数据不互通的状况；联合运输旨在实现企业协同，通过联合运输以提高卡车的货物装载率；巡回收货是指制造商按照与各个供应商约定的数量

和时间一次性将货物取回而不需要各个供应商分别运输货物，主要用于解决以往供应商向制造商交付原材料和零部件的运输问题；规范运输材料的尺寸主要通过对运输材料的尺寸进行标准化来提高卡车的装载率；规范业务流程则主要指货物处理和储存程序及方法的标准化，通过业务流程的标准化可以有效改善物流设施的业务效率。

▶▶▶ 第三部分　产业链供应链韧性评估框架的构建及应用

第六章

产业链供应链韧性评估框架

第一节　产业链供应链的影响因素

一、产业链韧性的影响因素

产业链供应链韧性是产业韧性的一部分，可以理解为在面对内外部风险和挑战时，产业链供应链各个环节所表现出的维持自身系统稳定、防止断裂和抗冲击的能力。联合国工业发展组织在《将弹性维度添加到产业政策：新冠疫情的教训》（*Adding the Resilience Dimension to Industrial Policy*：*Lessons from COVID-19*）报告中指出，随着国际贸易的发展，制造业的产业链供应链变得更加复杂且相互依赖，地理上也更加分散。许多产业的生产设施、供应商和客户都分布在世界各地。这使得制造业的全球产业链供应链特别容易受到破坏性事件的影响。产业链供应链中关键核心产品的中断可能导致全球汽车、航空航天、电子信息等行业面临短缺。

现代产业体系中的几个潜在特征或对产业链供应链的韧性带来风险：

大多数制造企业被整合到复杂的、相互依赖的供应链中；供应链已经为生产力和效率的提升进行了优化；制造业企业已经变得高度依赖全球信息和通信系统，因此更容易暴露于网络安全威胁之下；全球化和外包业务已经将国家制造商与外国供应商联系在一起；制造业企业严重依赖外部资源供应商（如：电力、热能、原材料等）。

此外，由于各产业具有其自身的特点，因此不同产业面临的风险不尽相同，例如：

（1）许多劳动密集型产业，如纺织服装，特别容易受到大流行病的影响，此外，热应激、洪水和其他影响劳动力的因素对产业链的影响较大；

（2）食品、饮料和预制金属在国际贸易中面临的风险冲击较低，因为它们是交易最少、最面向区域价值链的产业。但是这些产业可能容易受到其他风险的干扰（比如：干旱和洪水可能对粮食供应链产生重大影响）；

（3）药品和医疗器械产业的外向度较高，产业链供应链面临风险不仅与流行病等相关，还涉及贸易壁垒和产品需求的竞争。

二、产业链供应链韧性测度

产业链供应链韧性的评估主要是对潜在的突发事件的事前准备、在中断发生后的快速响应并从中恢复的适应能力进行评估。随着研究的不断深入，如何有效度量供应链韧性也成为学者们的一个研究重点。目前已有的供应链韧性测度与评价的方法主要可分为四类：

（1）用核心要素测度韧性。将供应链韧性分解成几个核心要素，并用调查表的方式对这些核心要素进行打分。最常见的核心要素包括灵活性、冗余性、敏捷性等。

（2）用直接的定量指标测度韧性。这类方法所用的定量指标包括供应链受到扰动后恢复到原有状态或更加理想状态所需要的时间、恢复的程度以及恢复期内供应链绩效的损失程度等。

（3）用具体的供应链绩效评价的定量指标测度韧性。学者们用一个或者多个供应链绩效评价指标，如客户服务水平、订单满足率等，并通过模拟等方法对韧性进行评价。

（4）用拓扑指标测度韧性。这类指标主要是从复杂网络的视角来对韧性进行测度，常用的指标包括密度、复杂度、节点关键性、平均路径长度等。

第二节　产业链供应链韧性的评估思路

一、评估原则

根据产业发展的实际情况，产业链供应链韧性评估工作应当遵循以下原则，即科学性原则、规范性原则、可比性原则、操作性原则、主动性原则和阶段性原则。

科学性原则。产业链供应链韧性评估必须要有充分的理论依据，同时又能客观反映出研究对象的实际情况，使得最终的评价结果能反映出研究对象的本质特征，在概念界定和逻辑结构上科学周密。

规范性原则。在执行产业链供应链韧性评估时，应制定详细的操作流程、评分细节等方面的规定，切实做到公平、公正、公开。

操作性原则。产业链供应链韧性评估指标体系内每一个指标做到概念清晰、表达方式简单易懂、数据来源易于取得，使指标易于量化，以方便后续的定量和定性研究。

阶段性原则。构建产业链供应链韧性评估体系时要充分考虑到产业自身的要素禀赋和产业结构特点，并根据经济和社会发展轨迹不断地进行调整和修正，动态地进行分析。

二、评估框架

通过对国内外产业链供应链韧性提升工作的分析，产业链供应链韧性的评估框架可以从上中下游的影响、产业环境和贸易环境的双重视角展开。具体评估内容往往包括上游的研发、原材料、知识产权等，中游的人才、投资、生产、中间品、设备等，下游的贸易措施、市场准入、消费等，以及面

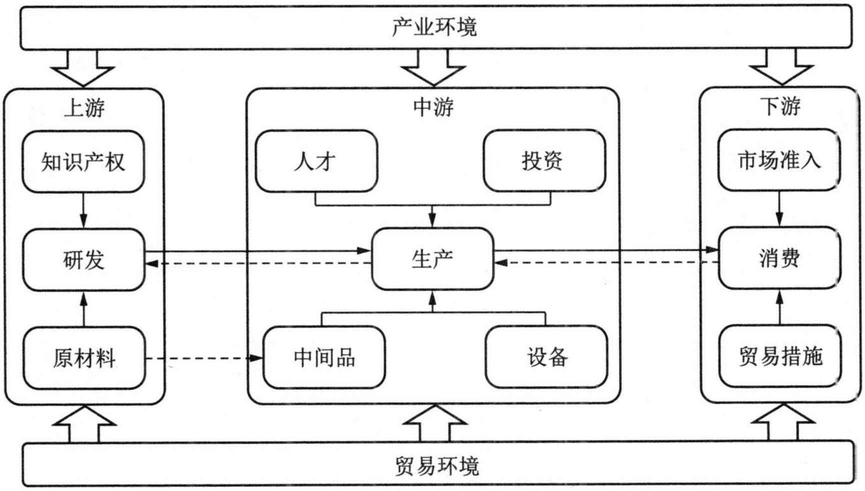

图 6-1　产业链供应链韧性评估框架

向全产业链的产业发展环境和国际贸易环境（如图 6-1）。各级评估管理机构在实践过程中，立足评估对象的特征及政策需求，根据实际情况可不断细化或调整评估内容。

评估环节及各环节的评估要点说明见表 6-1。

表 6-1　产业链供应链韧性评估指标体系

链条	环节	评估要点	指标说明
上游	研发	研发创新能力	评估区域内该产业基础研究的实力、自主创新能力
	原材料	原料、辅料	评估原材料价格波动、原材料流通、供应是否稳定
	知识产权	专利、标准	评估区域在评估期限内相关知识产权申请数量
中游	人才	人才引进和自主培养	评估海外人才引进难度、本土人才培养难度
	投资	投融资	评估国外企业、机构和个人在区域内投融资情况，或区域内企业对外投资情况
	生产	目标产品或行业的整体规模	评估目标产品或行业在指定时间的产量、产值、市场份额
	中间品	中间产品供应	评估产业链中涉及的中间品是否可以稳定生产
	设备	关键设备的可得性	评估关键设备是否可以稳定供应
下游	贸易措施	出口贸易进行管制的体系和制度	评估出口管制清单、出口许可政策
	市场准入	产品进入市场	评估产品市场准入标准、监管政策
	消费	消费需求	评估区域内市场主体对商品的消费欲望
全产业链	产业环境	产业政策	评估国家或区域政府部门出台的产业支持政策完善性
		金融政策	评估国家或区域政府部门出台的金融支持政策完善性
		人才政策	评估国家或区域政府部门出台的人才支持政策完善性
	贸易环境	贸易政策	评估政府、机构或组织为达成某些目标而订立的计划，如国家或地区的贸易政策、贸易标准
		法律环境	评估商品在货物运输、保险、支付与结算、调解与仲裁等方面的法律规范，宜包括与国际贸易相关的国际公约与区域性条约、国际双边协定、国际贸易惯例、国家或地区内部有关贸易方面的法律规定、国际组织发表的宣言与决议、跨国公司及同业公会制定的标准合同
		突发事件	评估突然发生的、造成或可能造成重大经济损失、危及公共安全的紧急事件

三、评估方法

产业链供应链韧性评估通常采用定量数据分析加定性评估相结合的方法，常用的方法主要有专家评分法、专家会议法和德尔菲法。

（一）专家评分法

专家评分法是一种定性描述并量化的方法。它首先根据产业链供应链韧性评估对象的具体要求选定若干个评估维度；再根据具体评估项目制定韧性测度标准；然后采用不记名的方式采访相关专家，并对专家所提建议进行客观的归纳总结和研究；之后对无法运用科学方法实施定量研究的因素进行较为准确的估算；最后经多次的采访整理和总结，获得对产业现状及未来发展的评价。

专家评分法首先要确定专家，明确影响产业链供应链韧性的因素，制定征求意见的表格。让专家了解产业现状，并采用不记名方式获得专家意见。总结专家意见，并将结果汇报给各位专家。专家按照反馈结果不断改进所提意见。经历多次匿名征询和意见反馈之后，产生最后的分析结果。

（二）专家会议法

专家会议法是指依靠一些专家，对该产业的安全状况作出判断而进行的一种集体研讨。召开专家会议，专家们可以相互交流、相互启发，通过讨论与辩论，取长补短、求同存异。同时由于会议有多人参加，占有的资料信息多，考虑因素也较为全面，有利于得出较为争取的结论，也可以通过内外信息的交流与反馈，将产生的创造性思维活动集中于目标，为待评估的产业链供应链运行状况提供依据。

（三）德尔菲法

德尔菲（Delphi）法是在专家个人经验判断和专家会议方法的基础上发展起来的一种新型且较为直观的预警方法。它采用不记名方式通过数次函询，向各相关专家询问意见。组织人员对各次意见归纳总结后将结果反馈给专家，从而使他们继续改进自己所提出的意见。如此实施数次之后，专家所提意见逐渐趋向相同，所获得的结果也将更为准确。德尔菲法所适合运用的领域包括人口发展、医疗行业、生产经营、教育培训、方案制订和实施、数据分析及各种科学发展规划等。德尔菲法的特征是不记名、反复反馈及归纳总结预测数据。德尔菲法运用的流程：确定调查表，并提供所需资料，使表格易于答复，并且数据深具客观性→选取较具权威性和代表性的专家→向各参与专家反馈调查分析结果。

经典的德尔菲法通常分四轮实施。第一轮：向专家提供的调查表不包括任何框架，只明确其中的主题。预测工作人员对专家填写的调查表内容进行归纳总结，对其中的次要事件予以舍弃，而同类事件则予以采纳，并用正确的术语制定好第二轮调查表，将此表提供给专家。第二轮：专家对此次调查表中所包括的各个事件进行预测，并给出恰当的解释。调查小组则再次归纳总结调查表内容。第三轮：按照第二轮的统计数据，专家再次实施评价，并给出相关解释。某些评价结果只需持有不同意见的专家阐明具体看法，因为这些看法和依据往往为其余专家不注重的因素或未曾涉猎的范围，并且很有可能在很大程度上改变其余专家的意见。第四轮：根据上一轮总结的内容，参与的专家又一次实施评价。按照调查小组的期望，部分成员需要另作论证。通过以上四轮的调查分析，专家所提的意见往往趋向一致。

四、评估测度的基本依据

产业链供应链韧性往往被赋予了战略性、动态性和相对性等特征。其中，战略性是指产业链供应链韧性关系国计民生和国家经济的长远发展，是国家经济安全在中观产业层面的体现，必须从战略高度重视产业链供应链韧性问题；动态性是指产业链供应链韧性不是一成不变的，而是会随着内外部环境的变化而发生动态调整和变化，不同发展阶段对产业链供应链韧性的重视程度和要求也会有所不同。一些产业链供应链韧性在当前可能是相对较高的，随着风险的不断积累或各种要素和条件的变化，该产业可能会处于韧性较弱的状态；相对性是针对产业链供应链韧性的界定标准而言，不同行业间的评判标准往往并不固定统一，同一时间段内不同产业间的关联对比，同一产业在不同时间段内的状况对比往往决定着产业链供应链韧性的整体走向。

针对前述的指标，在评估时间和区域内，每个指标均可以从强、中、弱的指标加以评估，具体的评价标准如图 6-2。

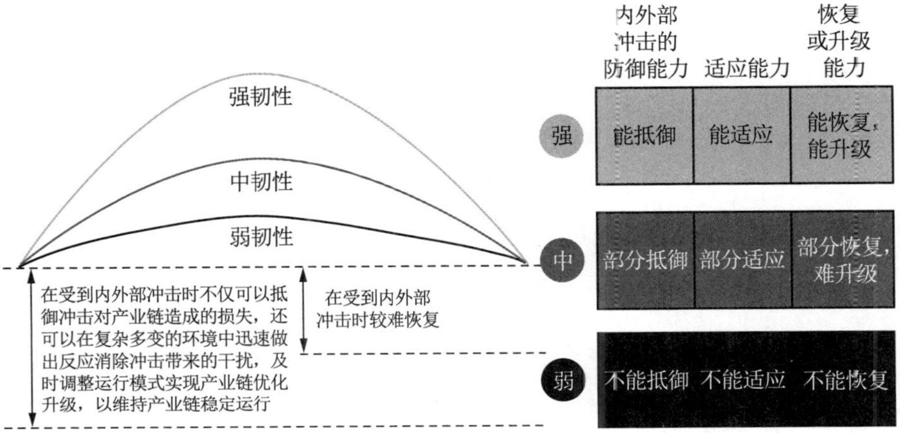

图 6-2　产业链供应链韧性评估测度

（一）产业链供应链韧性“强”的评价标准

在受到内外部冲击时不仅可以抵御冲击对产业链供应链造成的损失，还可以在复杂多变的环境中迅速做出反应消除冲击带来的干扰，及时调整运行模式实现产业链优化升级，以维持产业链稳定运行。具体表现为：产业创新能力强，产业国际竞争力处于较高水平；上游供应链通畅，全球合作研发有序开展；国内产业稳步提升，产品迭代及贸易增速发展较快；国际国内政策环境稳定向好。

（二）产业链供应链韧性“中”的评价标准

在受到内外部冲击时具有一定的抵御冲击对产业链供应链造成的损失的能力，还可以在复杂多变的环境中做出反应消除冲击带来部分干扰，调整运行模式实现产业链部分恢复，以维持产业链基本运行。具体表现为：产业创新能力一般、产业国际竞争力处于中等水平；上游供应部分受阻，部分货物紧缺，新供应商的产品品质不如从前；重点产品生产秩序受到一定影响；国际贸易环境或国内监管政策面临调整变化。

（三）产业链供应链韧性“弱”的评价标准

在受到内外部冲击时，无法抵御冲击对产业链供应链造成的损失，受到冲击后无法采取有效的措施消除冲击带来的干扰，也无法通过调整运行模式等手段实现产业链的恢复或升级。具体表现为：产业创新能力弱、国际竞争力处于较低水平；上游设备原料供应链断裂，且国内人才、技术水平较弱，无可替代的供应商；重点产品生产停滞，出口明显受阻；国内外贸易消费环境显著恶化等。

第七章

集成电路产业链供应链韧性评估

集成电路是采用特定的加工工艺，把一个电路中所需的晶体管、电阻、电容和电感等元件及布线互连一起，制作在一小块或几小块半导体晶片或介质基片上，然后封装在一个管壳内，成为具有所需电路功能的微型结构①。

随着技术的快速发展，集成电路产业已经成为全球经济发展的重要支柱。得益于我国集成电路产业链供应链的相对完备性，集成电路产业集群在受到外部冲击后仍能呈现产业链上下游各环节环环相扣、供应链前后端供给需求关联耦合、动态平衡的向好状态，但我国集成电路产业链仍面临产业基础能力薄弱导致产业链不完整、要素市场化程度低导致产业链不稳定和基础创新能力不足导致产业链不强健等安全挑战。开展全面翔实的产业链供应链韧性评估，识别主要的风险环节和风险点，从而稳定创新主体对经营的预期与风险的控制力，加快产品更新换代，提升快速响应市场需求的竞争力，重构产业链价值分配体系，增强对集成电路关键领域核心技术的自主可控。

目前，全球集成电路市场规模保持稳定增长，增速正在由疾转缓。从整体半导体领域来看，美国半导体行业协会（SIA）的统计数据显示（如图 7-1），2021 年全球半导体市场规模 5559 亿美元，增长 26.2%，2022 年则增长至 5735 亿美元，同比增长 3.2%，增速与 2021 年增速相比出现急速下滑。从半导体设备出货金额来看，2022 年北美市场的出货金额为 104.8 亿美元，增幅

① 郭炜、郭筝、谢憬：《SoC 设计方法与实现》，电子工业出版社 2007 年版。

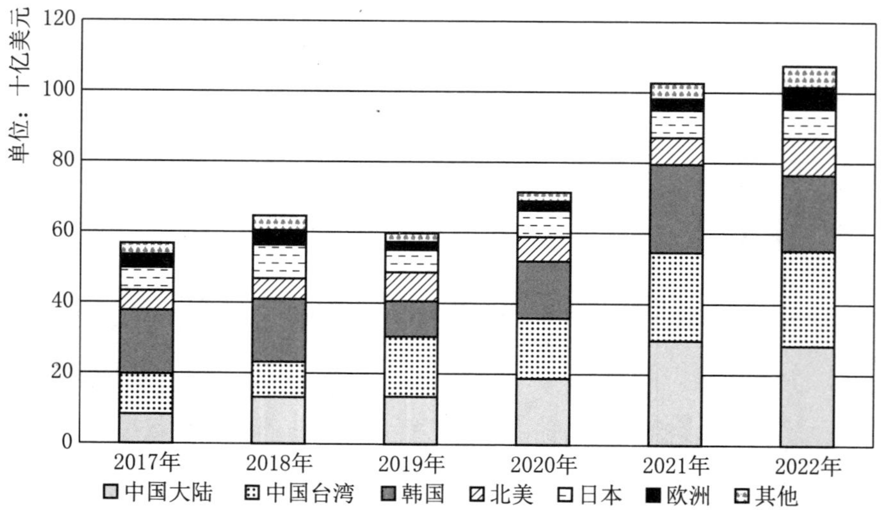

图 7-1　全球半导体设备出货金额（2017—2022 年）

数据来源：国际半导体产业协会（SEMI）。

为 38%，而欧洲市场增长幅度最大，高达 93%，中国虽仍是全球最大的半导体市场，但与 2021 年相比下降 5%。

第一节　集成电路产业链供应链内涵

集成电路产业链供应链是指涵盖了从芯片设计、制造、封装测试到最终产品的整个生产和供应链环节。它包括了多个环节和参与者，如芯片设计公司、晶圆代工厂、封装测试厂商、系统集成商、电子产品制造商等。随着全球化的趋势加强，集成电路产业链供应链也逐渐向全球扩展，产业链中各个环节和参与者也随之发展和变化。

一、集成电路生产主要环节

根据集成电路产业链供应链韧性评估的需要，可将集成电路产业分为上游材料及设备、中游制造以及下游应用（如图 7-2）。其中，集成电路中游制造是集成电路生产的主要环节，包括了芯片设计、制造、封装测试三大步骤，芯片设计是一个将系统、逻辑与性能的设计要求转化为具体的物理版图的过程，主要包含逻辑设计、电路设计和图形设计等；制造分为晶圆制造和晶圆加工两部分，前者是指运用二氧化硅原料逐步制得单晶硅晶圆的过程，主要包含硅的纯化、多晶硅制造、拉晶、切割、研磨等，对应的设备分别是熔炼炉、CVD设备、单晶炉和切片机等；晶圆加工则是指在制备晶圆材料上构建完整的集成电路芯片的过程，主要包含镀膜、光刻、刻蚀、离子注入等工艺；封装测试是半导体设备制造过程中的最后一个环节，主要包含减薄/切割、贴装/互联、封装、测试等过程，分别对应切割减薄设备、引线机、键合机、分选测试机等。

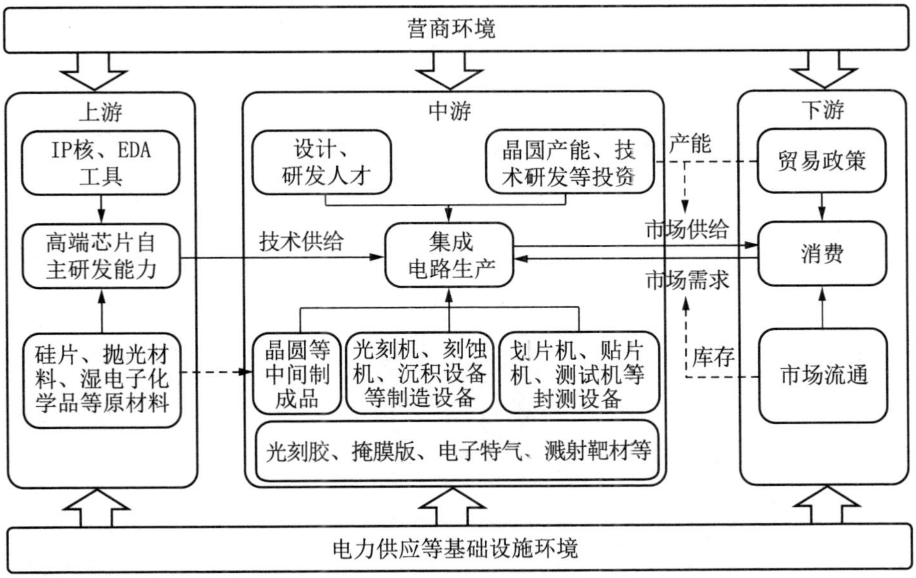

图 7-2　集成电路产业链供应链分析框架

（一）集成电路上游环节

集成电路上游环节主要涉及关键设计工具、半导体材料及设备等，集中了大量资本投资，依赖原材料和关键设备的供给，也是受国际产业政策变化后波动最明显的环节，它将直接影响下游产业链的产能效益。

1. IP 核

知识产权（Intelligent Property，IP）：知识产权，是指已验证的、可以重复使用的具有某种确切功能的集成电路设计模块。IP分为软核、硬核以及固核。软 IP 是用 Verilog/VHDL 等硬件描述语言描述的功能块，但是并不涉及用什么具体电路元件实现这些功能。固 IP 是完成了综合的功能块。硬 IP 提供设计的最终阶段产品，即掩膜。

软核（Soft IP Core）：软核在电子设计自动化（EDA）设计领域指的是综合之前的寄存器传输级（RTL）模型；具体在 FPGA（Field Programmable Gate Array，现场可编程逻辑门阵列）设计中指的是对电路的硬件语言描述，包括逻辑描述、网表和帮助文档等。软核只经过功能仿真，需要经过综合以及布局布线才能使用。其优点是灵活性高、可移植性强，允许用户自配置；缺点是对模块的预测性较低，在后续设计中存在发生错误的可能性，有一定的设计风险。IP 软核通常是用硬件描述语言文本形式提交给用户，它经过基本语句为连续赋值语句（RTL 级）设计优化和功能验证，但其中不含有任何具体的物理信息。据此，用户可以综合出正确的门电路级设计网表，并可以进行后续的结构设计，具有很大的灵活性，借助于电子设计自动化（EDA）综合工具可以很容易地与其他外部逻辑电路合成一体，根据各种不同半导体工艺，设计成具有不同性能的器件。软 IP 内核也称为虚拟组件（VC-Virtual Component）。

硬核（Hard IP Core）：硬核在电子设计自动化（EDA）设计领域指经过验证的设计版图；具体在 FPGA 设计中指布局和工艺固定、经过前端和后端验证的设计，设计人员不能对其修改。不能修改的原因有两个：首先是系统设计对各个模块的时序要求很严格，不允许打乱已有的物理版图；其次是保护知识产权的要求，不允许设计人员对其有任何改动。IP 硬核的不许修改特点使其复用有一定的困难，因此只能用于某些特定应用，使用范围较窄。IP 硬核是基于半导体工艺的物理设计，已有固定的拓扑布局和具体工艺，并已经过工艺验证，具有可保证的性能。其提供给用户的形式是电路物理结构掩模版图和全套工艺文件，是可以拿来就用的全套技术。

固核（Firm IP Core）：固核在电子设计自动化（EDA）设计领域指的是带有平面规划信息的网表；具体在 FPGA 设计中可以看做带有布局规划的软核，通常以寄存器传输级（RTL）代码和对应具体工艺网表的混合形式提供。将寄存器传输级（RTL）描述结合具体标准单元库进行综合优化设计，形成门级网表，再通过布局布线工具即可使用。和软核相比，固核的设计灵活性稍差，但在可靠性上有较大提高。IP固核的设计程度则是介于软核和硬核之间，除了完成软核所有的设计外，还完成了门级电路综合和时序仿真等设计环节。一般以门级电路网表的形式提供给用户。

2. 电子设计自动化（EDA）工具

电子设计自动化（EDA）工具是一种计算机软件，用于帮助电子工程师设计、分析和验证电子电路。这些工具涵盖了从初始设计到最终制造的整个流程。EDA工具可以帮助设计师在设计过程中进行仿真、优化、布局、布线、验证和测试电路，从而提高设计的质量和效率。EDA工具包括了各种软件，如原理图绘制工具、仿真器、布局和布线工具、设计验证和自动测试工具等。EDA工具在电子设计行业中得到广泛应用，包括集成电路设计、系统级设计、印刷电路板设计等领域。

EDA技术在最近几年获得了飞速发展，应用领域也变得越来越广泛，其发展过程是现代电子设计技术的重要历史进程，主要包括以下几个阶段：

早期阶段，即CAD阶段。20世纪70年代左右已经存在中小规模的集成电路，当时人们采用传统的方式进行制图，设计印刷电路板和集成电路，不仅效率低、花费大，而且制作周期长。人们为了改善这一情况，开始运用计算机对电路板进行PCB设计，用CAD这一崭新的图形编辑工具代替电子产品设计中布图布线这类重复性较强的劳动，其功能包括设计规则检查、交互图形编辑、PCB布局布线、门级电路模拟和测试等。

发展阶段，即CAE阶段。20世纪80年代左右，EDA技术已经到了一定的发展和完善阶段。由于集成电路规模逐渐扩大，电子系统变得越发复杂，为了满足市场需求，人们开始对相关软件进行进一步的开发，在把不同CDA工具合成一种系统的基础上，完善了电路功能设计和结构设计。EDA技术在此时期逐渐发展成半导体芯片的设计，已经能生产出可编程半导体芯片。

成熟阶段。在20世纪90年代以后，微电子技术获得了突飞猛进的发展，集成几千万乃至上亿的晶体管只需一个芯片。这给EDA技术带来了极大的挑战，促使各大公司对EDA软件系统进行更大规模的研发，以高级语言描述、系统级仿真和综合技术为特点的EDA就此出现，使得EDA技术获得了极大的突破。

3. 硅片

常见的半导体材料包括硅（Si）、锗（Ge）等元素半导体及砷化镓（GaAs）、氮化镓（GaN）等化合物半导体。相较于锗，硅的熔点为1415 ℃，高于锗的熔点937 ℃，较高的熔点使硅可以广泛应用于高温加工工艺中；硅的禁带宽度大于锗，更适合制作高压器件。相较于砷化镓，硅安全无毒、对环境无害，而砷元素为有毒物质；并且锗、砷化镓均没有天然的氧化物，在晶圆制造时还需要在表面沉积多层绝缘体，这会导致下游晶圆制造的生产步骤增加从而使生产成本提高。

硅基半导体材料是目前产量最大、应用最广的半导体材料，90％以上的半导体产品是用硅基材料制作的。硅在地壳中占比约27％，是除了氧元素之外第二丰富的元素，硅元素以二氧化硅和硅酸盐的形式大量存在于沙子、岩石、矿物中，储量丰富并且易于取得。通常将95％—99％纯度的硅称为工业硅。沙子、矿石中的二氧化硅经过纯化，可制成纯度98％以上的硅；高纯度硅经过进一步提纯变为纯度达99.9999999％至99.999999999％的超纯多晶硅；超纯多晶硅在石英坩埚中熔化，并掺入硼（P）、磷（B）等元素改变其导电能力，放入籽晶确定晶向，经过单晶生长，制成具有特定电性功能的单晶硅锭。熔体的温度、提拉速度和籽晶/石英坩埚的旋转速度决定了单晶硅锭的尺寸和晶体质量，而熔体中的硼（P）、磷（B）等杂质元素的浓度决定了单晶硅锭的电特性。

单晶硅锭经过切片、研磨、蚀刻、抛光、外延（如有）、键合（如有）、清洗等工艺步骤，制造成为半导体硅片。在生产环节中，半导体硅片需要尽可能地减少晶体缺陷，保持极高的平整度与表面洁净度，以保证集成电路或半导体器件的可靠性。

根据尺寸分类，半导体硅片的尺寸（以直径计算）主要有50毫米（2英寸）、75毫米（3英寸）、100毫米（4英寸）、150毫米（6英寸）、200毫米

(8 英寸）与 300 毫米（12 英寸）等规格。

1965 年，戈登摩尔提出摩尔定律：集成电路上所集成的晶体管数量，每隔 18 个月就提升一倍，相应的集成电路性能增强一倍，成本随之下降一半。对于芯片制造企业而言，这意味着需要不断提升单片硅片可生产的芯片数量、降低单片硅片的制造成本以便与摩尔定律同步。

半导体硅片的直径越大，在单片硅片上可制造的芯片数量就越多，单位芯片的成本随之降低。在摩尔定律的影响下，硅片正在不断向大尺寸的方向发展。硅片的尺寸越大，相对而言硅片边缘的损失会越小，有利于进一步降低芯片的成本。

4. 湿电子化学品

湿电子化学品，也通常被称为超净高纯试剂，是指用在半导体制造过程中的各种高纯化学试剂。按照用途可以被分为通用化学品和功能性化学品，其中通用化学品一般是指高纯度的纯化学溶剂，例如高纯的去离子水、氢氟酸、硫酸、磷酸、硝酸等较为常见的试剂。在制造晶圆的过程中，主要使用高纯化学溶剂去清洗颗粒、有机残留物、金属离子、自然氧化层等污染物。功能性化学品是指通过复配手段达到特殊功能、满足制造过程中特殊工艺需求的配方类化学品，例如显影液、剥离液、清洗液、刻蚀液等，经常使用在刻蚀、溅射等工艺环节。

（二）集成电路中游环节

集成电路中游主要涉及集成电路设计、制造以及封装测试等环节（如表 7-1），集中了大量的知识产权、核心技术团队、技术投资，是最为依赖人才、资金的投入的产业链环节。

1. 光刻

光刻（Lithography）技术是指光刻胶在特殊波长光线或者电子束下发生化学变化，通过曝光、显影、刻蚀等工艺过程，将设计在掩膜上的图形转移到衬底上的图形精细加工技术。自 1959 年集成电路成功发明至今的 60 多年中，其图形线宽缩小了约四个数量级，电路集成性提高了六个数量级以上。这些技术的飞速进步主要归功于光刻技术的发展。

表 7-1　集成电路制造环节所需设备及工艺

生产环节	工艺	设备	所需材料
光刻	涂胶	涂胶/显影设备	光刻胶
	测量	CD SEM（关键尺寸量测设备）等	—
	光刻	光刻机	掩膜版、特种气体
	显影	涂胶/显影设备	显影液
刻蚀	干法刻蚀	等离子体刻蚀机	特种气体
	湿法刻蚀	湿法刻蚀设备	刻蚀液
	去胶	等离子去胶机	特种气体
	清洗	清洗设备	清洗液
离子注入	离子注入	离子注入机	特种气体
	去胶	等离子去胶机	特种气体
	清洗	清洗设备	清洗液
薄膜沉积	化学气相沉积（CVD）	CVD设备	特种气体
	物理气相沉积（PVD）	PVD设备	靶材
	快速热处理（RTP）	RTP设备	特种气体
	原子层沉积（ALD）	ALD设备	特种气体
	清洗	清洗设备	清洗液、特种气体
抛光	化学机械抛光（CMP）	CMP设备	抛光液、抛光垫
	刷片	刷片机	—
	清洗	清洗设备	清洗液、特种气体
	测量	测量设备	—

一般的光刻工艺要经历硅片表面清洗烘干、涂底、旋涂光刻胶、软烘、对准曝光、后烘、显影、硬烘、刻蚀、检测等工序。涉及的主要设备和材料分别是光刻机以及光刻胶、掩膜版等。

光刻机是半导体生产制造的主要生产设备之一，也是决定整个半导体生产工艺水平高低的核心技术机台。半导体技术发展都是以光刻机的光刻线宽为代表。光刻机通常采用步进式（Stepper）或扫描式（Scanner）等，通过近紫外光（Near Ultra-Vi-olet，NUV）、中紫外光（Mid UV，MUV）、深紫外光（DeepUV，DUV）、真空紫外光（Vacuum UV，VUV）、极短紫外光（Extreme UV，EUV）、X-光（X-Ray）等光源对光刻胶进行曝光，使得晶圆内产生电路图案。一台光刻机包含了光学系统、微电子系统、计算机系统、精密机械系统和控制系统等构件，这些构件都使用了当今科技发展的尖端技术。

光刻胶是图形转移介质，其利用光照反应后溶解度不同将掩膜版图形转移至衬底上。目前广泛用于光电信息产业的微细图形线路加工制作，是电子制造领域关键材料。光刻胶一般由感光剂（光引发剂）、感光树脂、溶剂与助剂构成，其中光引发剂是核心成分，对光刻胶的感光度、分辨率起到决定性作用。光刻胶根据化学反应原理不同，可以分为正型光刻胶与负型光刻胶。以半导体光刻胶为例，在光刻工艺中，光刻胶被均匀涂布在衬底上，经过曝光（改变光刻胶溶解度）、显影（利用显影液溶解改性后光刻胶的可溶部分）与刻蚀等工艺，将掩膜版上的图形转移到衬底上，形成与掩膜版完全对应的几何图形。光刻工艺约占整个芯片制造成本的35%，耗时占整个芯片工艺的40%—60%，是半导体制造中最核心的工艺。

掩膜版通常也被称为光罩、光掩膜、光刻掩膜版，是半导体芯片光刻过程中的设计图形的载体，通过光刻和刻蚀，实现图形到硅晶圆片上的转移。掩膜版通常根据需求不同，选择不同的玻璃基板，一般是选择低热膨胀系数、低钠含量、高化学稳定性及高光穿透性等性能的石英玻璃为主流，在上面镀厚约100纳米的不透光铬膜和厚约20纳米的氧化铬来减少光反射。

2. 刻蚀

刻蚀（Etch）是利用化学或者物理的方法将晶圆表面附着的不必要的材质进行去除的过程。刻蚀工艺顺序位于镀膜和光刻之后，即在晶圆上先将用于刻画电路的材料进行薄膜沉积，其上沉积光刻胶。然后根据掩膜版的电路设计，通过光照对晶圆进行光刻，受光刺激的光刻胶留存，其他地方则将需要刻蚀的材料暴露在外，该步骤称作显影。随后即利用刻蚀步骤，对暴露在外的材质进行去除，留下晶圆所需要的材质和附着在其上的光刻胶，然后再将光刻胶通过刻蚀去除。此后多次重复上述步骤，得到构造复杂的集成电路。刻蚀还可分为湿法刻蚀和干法刻蚀。

湿法刻蚀工艺主要是将刻蚀材料浸泡在腐蚀液内进行腐蚀，该刻蚀方法会导致材料的横向纵向同时腐蚀，会导致一定的线宽损失。

干法刻蚀：主要利用反应气体与等离子体进行刻蚀，利用等离子体与表面薄膜反应，形成挥发性物质，或者直接轰击薄膜表面市值被腐蚀的工艺。干法刻蚀的最大优势在于能够实现各向异性刻蚀，即刻蚀时可控制仅垂直方向的材料被刻蚀，而不影响横向材料，从而保证细小图形转移后的保真性。因此在小尺寸的先进工艺中，已经基本采用干法刻蚀工艺。

刻蚀环节主要涉及的设备是刻蚀机。

刻蚀机的工作原理是感应耦合等离子体刻蚀法（InducTIvely Coupled Plasma Etch，简称 ICPE）是化学过程和物理过程共同作用的结果。它的基本原理是在真空低气压下，电感耦合（ICP）射频电源产生的射频输出到环形耦合线圈，以一定比例的混合刻蚀气体经耦合辉光放电，产生高密度的等离子体，在下电极的射频作用下，这些等离子体对基片表面进行轰击，基片图形区域的半导体材料的化学键被打断，与刻蚀气体生成挥发性物质，以气体形式脱离基片，然后从真空管路被抽走。

3. 离子注入

离子注入是一种向衬底中引入可控制数量的杂质，以改变其电学性能的方法。它是一个物理过程，不发生化学反应。离子注入在现代硅片制造过程中有广泛应用，其中最主要的用途是掺杂半导体，离子注入能够重复控制杂质的浓度和深度。离子注入环节主要涉及的设备和材料分别是离子注入机和特种气体。

离子注入机主要由离子源、磁分析器、加速管或减速管、聚焦和扫描系统、工艺腔（靶室和后台处理系统）五部分组成。设备工作时，从离子源引出的离子经过磁分析器选择出需要的离子，分析后的离子经加速或减速以改变离子的能量，再经过两维偏转扫描器使离子束均匀地注入到材料表面，用电荷积分仪可精确的测量注入离子的数量，调节注入离子的能量可精确地控制离子的注入深度。根据离子束电流和束流能量范围的不同，通常可以把离子注入机分为低能大束流离子注入机、中低束离子注入机和高能离子注入机。不同类型的离子注入机运行原理基本相同，由于离子束电流和束流能量范围不同，在工艺中的主要应用各有不同。

特种气体是在半导体芯片制备过程中需要使用到的各种特种气体，按照气体的化学成分可以分为通用气体和特种气体。另外按照用途也可以分为掺杂气体、外延用气体、离子注入气、发光二极管用气、刻蚀用气、化学气相沉积气和平衡气。与高纯试剂类似，电子特气对气体纯度的要求也极高，基本上都要求万亿分之一（ppt）级别以下的杂质含量。这是因为IC电路的尺寸已经达到纳米级别，气体中任何微量残存的杂质都有可能造成半导体短路或者线路损坏。半导体芯片的单元器件内部由衬底、绝缘层、介质层、导体层及保护层等组成，其中，介质层、导体层甚至保护层都要用到溅射镀膜工艺。集成电路领域的镀膜用靶材主要包括铝靶、钛靶、铜靶、钽靶、钨钛靶等，要求靶材纯度很高，一般在5N（99.999%）以上。

4. 薄膜沉积

薄膜沉积是半导体器件制造过程中的一个重要环节，通过薄膜沉积工艺可以在晶圆上覆盖各种导电薄膜层和绝缘薄膜层，为后续工艺打下基础。根据工作原理不同，薄膜沉积工艺可分为物理气相沉积（PVD）、化学气相沉积（CVD）和原子层沉积（ALD）三大类，所需的设备是薄膜沉积设备。

物理气相沉积（PVD）指将材料源表面气化并通过低压气体/等离子体在基体表面沉积，包括蒸发、溅射、离子束等；化学气相沉积（CVD）是指在真空高温条件下，两种或两种以上的气态原材料导入一个反应室内，气态原材料相互之间发生化学反应，形成一种新的材料，沉积到晶片表面上。特点是用途广泛、不需要高真空、设备简单、可控性和重复性好、适合大批量生产。主要用于介质/绝缘材料薄膜的生长。包括低压CVD

（LPCVD）、常压 CVD（APCVD）、等离子体增强 CVD（PECVD）、金属有机物 CVD（MOCVD）、激光 CVD（LCVD）等。原子层沉积（ALD）是一种可以将物质以单原子膜形式一层一层地镀在基底表面的方法，是一种原子尺度的薄膜制备技术，本质属于 CVD 的一种，特点是可以沉积均匀一致，厚度可控、成分可调的超薄薄膜，ALD 方法既可以沉积介质/绝缘薄膜，也可以进行金属薄膜的沉积。随着纳米技术和半导体微电子技术的发展，器件和材料的尺寸要求不断地降低，同时器件结构中的宽深比不断增加，这样就要求所使用材料的厚度降低至十几纳米到几个纳米数量级。相对于传统的沉积工艺，ALD 技术具有优异的台阶覆盖性、均匀性和一致性，可沉积宽深比达 2000：1 的结构，因此逐渐成为了相关制造领域不可替代的技术，具有很大发展潜力和应用空间。

薄膜沉积环节主要涉及材料是溅射靶材、电子特气等。

溅射靶材的使用原理是利用离子源产生的离子，在高真空中经过加速聚集，而形成高速度能的离子束流，轰击固体表面，离子和固体表面原子发生动能交换，使固体表面的原子离开固体并沉积在基底表面，被轰击的固体是用溅射法沉积薄膜的原材料，因此称为溅射靶材。

5. 抛光

化学机械抛光（CMP）是集成电路制造过程中实现晶圆表面平坦化的关键工艺。与传统的纯机械或纯化学的抛光方法不同，CMP 工艺是通过表面化学作用和机械研磨的技术结合来实现晶圆表面微米/纳米级不同材料的去除，从而达到晶圆表面纳米级平坦化，使下一步的光刻工艺得以进行。CMP 的主要工作原理是在一定压力下及抛光液的存在下，被抛光的晶圆对抛光垫做相对运动，借助纳米磨料的机械研磨作用与各类化学试剂的化学作用之间的高度有机结合，使被抛光的晶圆表面达到高度平坦化、低表面粗糙度和低缺陷的要求。抛光环节主要涉及的设备和材料是 CMP 抛光设备以及 CMP 抛光液、抛光垫。

CMP 设备是抛光头将晶圆待抛光面压抵在粗糙的抛光垫上，借助抛光液腐蚀、微粒摩擦、抛光垫摩擦等耦合实现全局平坦化。抛光盘带动抛光垫旋转，通过先进的终点检测系统对不同材质和厚度的磨蹭实现 3—10 纳米分辨率的实时厚度测量防止过抛。

半导体中的抛光材料一般是指 CMP 化学机械抛光（Chemical Mechanical Polishing）过程中用到的材料，CMP 包括三道抛光工序，主要运用到的材料包括抛光垫、抛光液、蜡、陶瓷片等。不同工序根据目的的不同，分别需要不同的抛光压力、抛光液组分、pH 值、抛光垫材质、结构及硬度等、CMP 抛光液和 CMP 抛光垫是 CMP 工艺的核心要素，二者的性质影响着表面抛光质量。CMP 抛光液由研磨料、pH 值调节剂、氧化剂、分散剂还有表面活性剂组成，介质复杂度很高。高品质抛光液的关键在于控制磨料的硬度、粒径、形状等因素，同时使得各成分达到合适的质量浓度，以达到最好的抛光效果。抛光垫会在抛光的过程中会不断消耗，因而其使用寿命成为衡量抛光垫重要技术指标，越长的寿命越有利于晶圆厂维持稳定生产。此外，缺陷率对于抛光垫也同样重要，这一指标在纳米制程的晶圆生产中尤为重要。抛光垫的性质直接影响晶片的表面质量，是关系到平坦化效果的直接因素之一。

6. 其他设备

减薄机：由于制造工艺的要求，对晶片的尺寸精度、几何精度、表面洁净度以及表面微晶格结构提出很高要求。因此在几百道工艺流程中只能采用一定厚度的晶片在工艺过程中传递、流片。通常在集成电路封装前，需要对晶片背面多余的基体材料去除一定的厚度。这一工艺过程称之为晶片背面减薄工艺，对应装备就是晶片减薄机。减薄机是通过减薄/研磨的方式对晶片衬底进行减薄，改善芯片散热效果，减薄到一定厚度有利于后期封装工艺。

划片机：划片机包括砂轮划片机和激光划片机两类。其中，砂轮划片机是综合了水气电、空气静压高速主轴、精密机械传动、传感器及自动化控制等技术的精密数控设备。主要用于硅集成电路，发光二极管，铌酸锂，压电陶瓷，砷化镓，蓝宝石，氧化铝，氧化铁，石英，玻璃，陶瓷，太阳能电池片等材料的划切加工。国内也将砂轮划片机称为精密砂轮切割机。

激光划片机：利用高能激光束照射在工件表面，使被照射区域局部熔化、气化、从而达到划片的目的。因激光是经专用光学系统聚焦后成为一个非常小的光点，能量密度高，因其加工是非接触式的，对工件本身无机械冲压力，工件不易变形。热影响极小，划精度高，广泛应用于太阳能电池板、薄金属片的切割和划片。

测试机：测试机是检测芯片功能和性能的专用设备。测试时，测试机对待测芯片施加输入信号，得到输出信号与预期值进行比较，判断芯片的电性性能和产品功能的有效性。在 CP、FT 检测环节内，测试机会分别将结果传输给探针台和分选机。当探针台接收到测试结果后，会进行喷墨操作以标记出晶圆上有缺损的芯片；而当分选器接收到来自测试机的结果后，则会对芯片进行取舍和分类。

分选机：分选设备应用于芯片封装之后的 FT 测试环节，它是提供芯片筛选、分类功能的后道测试设备。分选机负责将输入的芯片按照系统设计的取放方式运输到测试模块完成电路压测，在此步骤内分选机依据测试结果对电路进行取舍和分类。分选机按照系统结构可以分为三大类别，即重力式（Gravity）分选机、转塔式（Turret）分选机、平移拾取和放置式（Pickand Place）分选机。

探针机：探针台用于晶圆加工之后、封装工艺之前的 CP 测试环节，负责晶圆的输送与定位，使晶圆上的晶粒依次与探针接触并逐个测试。探针台的工作流程为：通过载片台将晶圆移动到晶圆相机下，随后通过晶圆相机拍摄晶圆图像，确定晶圆位置，随后将探针相机移动到探针卡下，确定探针头位置，然后将晶圆移动到探针卡下，最后通过载片台垂直方向运动实现对针。

（三）成电路下游环节

集成电路下游应用领域主要涉及计算机、通信、汽车、消费电子、工业等，主要以计算机、通信为主，汽车领域 2022 年增速最高且未来增长潜力大。下游受消费政策刺激、全球经济水平以及产品技术迭代影响需求变化，从而影响上中游的供给水平。

1. 汽车电子

汽车电子是应用于车体控制装置、车载监测装置和车载电子控制装置的半导体，主要分布于车身控制模块、车载信息娱乐系统、动力传动综合控制系统、主动安全系统、高级辅助驾驶系统等，半导体在新能源汽车上的应用相较于传统燃油车更为广泛，新增了电动机控制系统、电池管理系统等应用场景。按功能种类划分可大致可分为主控/计算类芯片、功率半导体、传感器、无线通信及车载接口类芯片、车用存储器等。

我国汽车电子市场空间广阔，作为汽车生产大国占据四分之一市场，汽车产量连续 14 年全球第一，对汽车半导体需求旺盛，预计 2030 年中国汽车半导体市场规模为 290 亿美元，占全球市场比重 28%。车规级半导体对产品的可靠性、一致性、安全性、稳定性和长效性要求较高，产品整体研发周期长、投资规模大，企业需要较长时间的技术积累和经验沉淀实现技术突破，形成了较高的行业壁垒。

2. 消费电子

消费电子主要是面向大众消费市场的电子整机产品，包括个人计算机、手机和彩电等。我国消费电子产业快速发展，已成为全球领先的消费电子产品前沿市场。未来随着 5G、物联网、人工智能、虚拟现实、新型显示等新兴技术与消费电子产品的融合，将会加速产品更新换代，催生新的产品形态。

从消费电子主要细分市场来看，在经历了 2017 年之前的高速发展后，中国智能手机出货量呈现下降趋势，市场逐渐饱和，消费者对于智能手机的需求逐渐减弱，智能手机出货量连续下滑，2022 年中国智能手机市场出货量约 2.86 亿台，同比下降 13.2%，创有史以来最大降幅；平板电脑是一种小型、方便携带的个人电脑，以触摸屏作为基本的输入设备。2022 年我国平板电脑出货量同比增长 5.2%，自 2019 年以来连续四年实现增长；可穿戴设备是指直接穿在身上或整合到用户的衣服或配件的一种便携式设备，可以通过软件支持以及数据交互、云端交互来实现强大的功能。2022 年中国可穿戴市场出货量超 1.6 亿台，同比增长 18.5%。

二、产业链演变

集成电路产业自20世纪50年代发展至今，技术的进步和需求的变化推动了集成电路产业的蓬勃发展（如表7-2）。

表7-2　集成电路产业演变历程

时间	20世纪50—70年代	20世纪70—80年代	20世纪80年代—21世纪初	21世纪初—21世纪10年代	21世纪20年代
时代	起源	家电时代	个人电脑时代	移动互联网时代	AIoT时代
产业转移路径	美国	日本	韩国—中国台湾		中国大陆
生产模式	传统厂商	系统厂商与IDM模式共存	IDM模式与设计—制造—封测分工模式并存		全球分工进一步细化
晶圆尺寸		2英寸→3英寸晶圆	3英寸→6英寸晶圆	8英寸晶圆	12英寸晶圆
芯片尺寸		4微米	2微米→1微米	0.25微米→0.13微米	70纳米
制程工艺				28纳米→7纳米	5纳米

诞生阶段（20世纪50年代至70年代）：集成电路产业起步于20世纪50年代，1947年贝尔实验室采用锗材料研制出了第一只点接触三极管，奠定了微电子工业的基础，标志着IC产业的诞生。60年代中期，仙童半导体将硅表面的氧化层做成绝缘薄膜，发展出扩散、掩膜、照相和光刻于一体的平面处理技术，并实现了集成电路的规模化生产，英特尔（Intel）创始人之一的戈登·摩尔提出了著名的“摩尔定律”。摩尔定律的提出，为后面几十年半导体行业的发展指明了方向，半导体行业也开启了高速发展的历程。这一时期，主要由系统厂商主导，企业内设有集成电路产业所有的制造部门，仅用于满足企业自身产品的需求，IBM、TI、Intel、AMD等知名公司相继诞生。

初级阶段（20世纪70年代至80年代）：集成电路产业转变为IDM（Integrated Device Manufacture，集成器件制造）垂直模式，即负责从设计、制造到封装测试所有的流程。美国将装配产业转移到日本，家电的兴起，促进半导体行业快速发展，日本孵化了日立、三菱、索尼等厂商。主流晶圆尺寸 3—4 英寸，制程 1.2 微米—0.5 微米，助推了日本半导体行业的发展。

发展阶段（20 世纪 80 年代至 21 世纪 10 年代）：随着下游应用拓展到 PC、移动互联网领域，垂直化分工成为 IC 行业主要趋势，无生产线的 IC 设计公司（Fabless）与标准工艺加工线（Foundry）相结合的方式开始成为集成电路产业发展的新模式，开始形成了设计业、制造业、封装业、测试业独立成行的局面。代工模式的兴起导致产业分工转移到韩国及中国台湾地区，孕育出三星、海力士、台积电等厂商，主流晶圆尺寸发展为 6—8 英寸，制程发展到 40 纳米，也造就了东亚地区半导体行业的繁荣。

高级阶段（21 世纪 10 年代至今）：5G，AI，大数据/云，IoT 的时代在消费端需求及技术进步的双重驱动下，产业分工进一步细化，中国大陆半导体行业开始崛起，更多的应用趋势正在推动集成电路行业的进一步发展，主流晶圆尺寸 8—12 英寸，制程发展到了惊人的 5 纳米甚至 3 纳米，依然在不断进化。

自 20 世纪 70 年代集成电路产业在美国起源后，伴随地缘政治、地区产业政策、制造模式变革等多种因素，经历了三次产业重心的转移，这三次转移的主体产业链环节有所不同，但每次变迁过程都带动了当地科技与经济的快速发展。

第一次转移，从创新国美国到日本。1976 年 3 月，日本政府以富士通、日立、三菱、NEC 和东芝五家公司为核心，合日本工业技术研究员、电子综合研究所和计算机综合研究所共同实“超大规模集成电路研究计划”（VSI），该计划取得了巨大成功，日本超越美国、一跃成为世界第一的 DRAM 大国，半导体主要市场从美国转移至日本。

第二次转移，从日本到韩国及中国台湾地区。1969 年，韩国电子工业振兴法及电子工业振兴 8 年计划的出台为扩大电子产品的生产确立了强有力的政府支援体制。此后，三星电子、LG、现代电子开始致力于半导体产品的生产。

第三次转移，从韩国及中国台湾地区向中国大陆转移。2001 年后，随着加入世界贸易组织，中国大陆逐渐深度参与到全球产业中。半导体下游应用从台式机逐渐拓展到笔记本电、手机等各类电子设备，终端产品更加复杂多样。

未来第四次转移，伴随国际地缘格局和产业环境等变化，全球集成电路产业呈现出部分向东南亚等地区迁移的趋势。而其具体表现为包括各行业巨头在内的众多玩家纷纷在东南亚地区布局，同时中国大陆部分集成电路产业链环节逐步迁至东南亚。

三、供应链格局

集成电路供应链的全球化得到不断发展，由于对技术知识和规模的需求，集成电路行业衍生出高度专业分工的全球供应链，各地区凭借各自优势拥有不同分工。美国有世界一流的大学、庞大的工程人才库和市场驱动的创新生态系统，在电子设计自动化（EDA）、核心知识产权（IP）、晶片设计和先进制造设备等研发密集型活动方面处于领先地位。东亚则是在晶圆制造上处于领先，这需要大量的资本投资、政府鼓励，以及强大的基础设施和熟练的劳动力。中国大陆相对而言在技术和资本密集度较低的组装、封装和测试方面居于领先，同时正积极投资以扩大在价值链上的布局。

具体来看，美国长期以来一直是全球半导体行业的领导者。半导体是美国的主要出口产品之一。根据美国半导体协会（SIA）公布，2022 年，美国占据了 48%的全球芯片市场，韩国位居第二，为 19%。同时，2022 年美国半导体行业研发投资总额为 588 亿美元，占所有营收的 21%左右，比例全球第一。

亚太地区正在发展成为全球半导体行业的“基石”。韩国、日本、中国大陆以及台湾地区主导了亚太地区的半导体产业发展。2020 年，亚太地区在全球半导体产业中的市场占比为 40%。到 2030 年，预计将攀升至 55%。不同地区半导体的发展策略各有不同。其中，韩国致力于 AI 和 5G 技术相关半导体产品的研究和开发；日本占据材料和市场的上游优势，大力延伸发展中下游产业；中国大陆在巨大市场需求的驱动下，全力实现自给自足的半导体行业发展目标。中国台湾在半导体制造业方面的优势地位比较稳固，试图打造完整的半导体产业链体系。

中国、韩国、日本在全球半导体产业链中占据重要的地位且重要性不断攀升。制造环节：中国台湾与韩国双雄相争格局。台积电、三星占据超过70%的半导体制造市场，且在持续加大对先进制程的投入力度。中国台湾的晶圆代工产业产值全球第一；封测环节：呈现两岸引领格局。中国台湾 IC 封测产业产值全球第一。中国大陆近年来大力发展半导体封测，市场占比接近20%，但先进封装占封装总营收比例不足 30%，离国际领先水平还有一定的差距；设计环节：韩国、中国台湾实力较强但亚太整体处于全球第二梯队。美国和德国的半导体设计企业占据全球大部分市场份额，亚太地区的设计相对于制造而言处于第二梯队；材料：日本拥有绝对优势。日本企业拥有超过 50%的全球市场份额。中国台湾和韩国得益于良好的半导体产业基础，材料领域也在持续发展。中国大陆半导体材料市场占比接近 20%，但半导体制造环节国产材料使用率不足 15%，在先进制程、先进封装领域的国产化率更低；设备：日本较强但亚太整体较弱。日本在涂布显影设备、热处理设备、单片式和批量式清洗设备、测长 SEM 等设备领域具有较高的市占率。

第二节　集成电路产业链供应链韧性的评估框架

集成电路产业链供应链韧性评估需要基于上、中、下游各主要环节的表现进行综合评定（如表 7-3）。影响集成电路产业链供应链上游韧性的因素包括芯片知识产权、基础设施等供给以及硅片、靶材等原材料的供给。

影响芯片产业链供应链中游韧性制造环节的因素主要是芯片技术研发能力、人才团队、研发投资规模、关键制造设备供给、主要产品市场订单波动等。

影响芯片产业链供应链下游韧性主要集中在国际贸易政策影响、消费电子需求影响、贸易限制、消费规模以及社会经济发展水平。

表 7-3　集成电路产业链供应链韧性评估表

链条	环节	评估维度	评估指标
上游	原材料	制造材料	包括掩膜版、光刻胶、电子特气、抛光材料、溅射靶材、湿电子化学品等材料的进口依赖程度以及国产化制造能力
		基体材料	包括硅晶圆、化合物半导体等材料的进口依赖程度以及国产化制造能力
		封装材料	包括粘结材料、陶瓷封装材料、引线框架、封装基板、切割材料的进口依赖程度以及国产化制造能力
	基础设施	电力能源等供应	电力的稳定供应程度
		物资运输	物流运输的稳定供应程度
	知识产权与集成电路设计	IP 核	IP 核（软核、硬核、固核）依赖外部授权程度以及国产化开发能力
		EDA 设计工具	EDA 设计工具对外依赖程度以及国产化开发能力
		芯片设计	芯片设计水平在全球市场地位
中游	设备	光刻机	光刻机进口依赖程度
		刻蚀机	刻蚀机进口依赖程度
		物理/化学气相沉积设备	物理/化学气相沉积设备进口依赖程度
		离子注入机	离子注入机进口依赖程度
		划片机、切片机等封装设备	划片机、切片机等封装设备进口依赖程度
	中间制成品	晶圆	高端晶圆的进口依赖程度
			中低端晶圆的代工能力
	生产	芯片	芯片自给率
	技术	制程成熟度	28 纳米制程供应能力；14 纳米制程供应能力；7 纳米制程攻克进展
下游	市场流通	产品进出口量	产品在市场的流通程度
	消费需求	产品出货量、销售量	消费需求程度
综合	人才	人才数量	产业链各环节人才缺口数量
	贸易	贸易政策数量	贸易政策影响力度
	投资	产能投资	晶圆产能投资金额增长率
		技术研发投资	技术研发投资金额增长率

一、原材料

集成电路原材料贯穿于整个晶圆制造各环节，按品类来区分可以分为硅片、光刻胶、掩膜版、湿化学品、抛光液、靶材、电子特气等，对于半导体生产制造起到重要影响，决定着工艺的良率。

当前全球市场中，2022 年全球半导体材料市场销售额增长 8.9%，达到 727 亿美元，晶圆制造材料和封装材料的销售额分别达到 447 亿美元和 280 亿美元，分别增长 10.5%和 6.3%。硅、电子气体和光掩模领域在晶圆制造材料市场增长迅猛，而有机衬底领域在很大程度上推动了封装材料市场的增长。

从国家/地区来看，电子气体、光掩膜、光刻胶配套化学品、抛光材料、光刻胶、溅射靶材等多种关键半导体材料的生产都高度依赖日本企业。就硅片市场而言，日本企业信越和胜高几乎垄断大尺寸硅片市场，在该领域占据全球份额的 60%左右。在光刻胶领域，日本厂商同样处于垄断地位，在全球前五大光刻胶龙头企业中独占四席，占据了光刻胶 70%的市场份额。在光刻胶的细分领域 Arf 光刻胶中，日本企业占据 93%左右的市场份额，呈现高度寡头垄断格局。

目前境内的厂商生产能力主要集中于 PCB 光刻胶、TN/STN-LCD 光刻胶等中低端产品。高端领域的 KrF、ArF、EUV 光刻胶在技术、产品、产能方面与境外龙头企业存在较大差距，行业主要依赖进口。

境内半导体光刻胶企业主要包括晶瑞电材（苏州瑞红）、彤程新材（北京科华）、上海新阳、南大光电等。境内光刻胶产品主要集中在 g/i 线市场，而 KrF 和 ArF 光刻胶仍处于技术积累和市场开拓期。不过，境内企业已在 KrF 以上级别产品中有所突破。

二、基础设施

全球集成电路制造地区对基础设施配套要求随着技术的发展和市场需求的增长而不断提升，集成电路的基础设施包括了能源保供、物资运输、产业配套等方面，是促进集成电路产业发展的基石。

（1）**稳定的能源供应。**由于集成电路制造过程对电力的需求较大，稳定的供电是确保生产线运行的关键。因此，集成电路制造地区通常会建立可靠的电力供应系统，以确保生产的连续性。可靠的网络连接在数据的传输和处理非常重要。因此，投资建设高速网络基础设施，以满足生产过程中的数据传输需求。

（2）**完善的物流和交通系统。**集成电路制造涉及大量的原材料和成品的运输，因此，高效的物流和交通系统对于降低生产成本和提高生产效率非常重要。

（3）**完善的研发和人才培养环境。**集成电路制造是一个高度技术密集的行业，对于研发能力和高素质的人才有很高的要求。因此，这些地区通常会建立研发中心和提供相关教育培训，以吸引和培养人才。

全国目前已经形成了长三角、京津冀、珠三角以及中西部区域四个集成电路产业集聚区。集成电路产业覆盖设计、芯片制造、封装与测试、装备与材料和 EDA 等多个领域，已经具备了完善的基础设施配套。

上海成立了中国大陆第一条 8 英寸生产线、第一条完全由国资控股的 12 英寸生产线、境内第一家集成电路上市公司的诞生，其 IC 设计、制造、装备、材料、封测等领域的发展在全国名列前茅，离不开完善的产业基础设施配套，目前张江科学城等核心区域建设上海集成电路设计产业园，为各类企业提供从孵化加速到研发办公的全产业品线空间载体。

三、 知识产权与集成电路设计

随着集成电路技术的不断发展，集成电路设计的复杂度不断提升，在设计新的系统级芯片时重复使用预先设计并验证过的知识产权模块可以极大地减轻集成电路设计企业的工作量，达到缩短开发周期、降低芯片研发成本的目的，对于新的芯片产品尽快市抢占市场起到极大的帮助作用。因此，集成电路产业可持续发展的根基十分依赖先进、丰富的知识产权资源。

1. IP 核

IP 核业务在过去十年的增长主要依靠智能手机，其市场规模的年复合增长率超过 10%，远高于 EDA 和全球半导体行业的增长，而在未来几年中，

IP 核收入的增长来源将是高性能计算和数据中心、有线和无线网络，对 IP 产品种类的需求从通用 IP（如 CPU，DSP，基础 IP）转向更多特定应用 IP 的趋势。先进、丰富的 IP 资源是集成电路产业可持续发展的根基。

目前中国大陆的半导体知识产权份额虽然在市场中的占比较低，目前全球半导体 IP 核主要由为安谋控股（ARM）、楷登电子（Cadence）与新思科技（Synopsys）三家垄断，全球半导体知识产权行业高度集中，境内自给率较低。境内企业中，芯原股份、苏州国芯科技有限公司正在不断突破半导体知识产权被境外企业垄断的局面。

2. EDA 工具

电子设计自动化（EDA）是辅佐完成芯片设计的工业软件，随着集成电路设计的复杂程度日益提高，芯片的验证无疑是决定芯片流片是否成功的最关键环节之一，而电子设计自动化工具是验证环节中不可或缺的重要环节。

美国为主的西方公司几乎垄断了全球电子设计自动化市场，全球已形成了新思科技（Synopsys）、铿腾电子（Cadence）和西门子 EDA（Siemens）三足鼎立的局势。2022 年全球 EDA 市场达 111 亿美元①，其中美国占有 48%的市场份额，中国大陆占有 16%的市场份额（约 160 亿元），其中在中国大陆的 EDA 市场中，该三大电子设计自动化公司占据了合计近 70%的市场份额，境内市场 EDA 软件自给率较低，华为等绝大多数国内芯片厂商，此前所使用的都是美国公司的 EDA 软件。2022 年 8 月，美国商务部工业和安全局限制可以被用于 3 纳米及以下先进半导体制程工艺芯片设计的电子设计自动化软件的对华出口，中国大陆开发国产电子设计自动化软件的进程亟须加快，目前境内企业华大九天、华为等正在不断探索电子设计自动化领域的技术限制。

3. 集成电路设计

集成电路设计是一项高度技术密集型的工作，它涉及电子工程、半导体物理、逻辑设计、集成电路布局等多个领域的知识和技能，处于产业链的前端，其设计水平决定了芯片的性能、功能、成本等核心因素。在技术创新和

① GRAND VIEW RESEARCH：《2023—2030 年全球 EDA 软件市场规模、份额和趋势预测》，https://www.researchandmarkets.com/report/electronic-design-automation-software#sp-pos-2。

市场需求的推动下，集成电路设计行业不断发展壮大，成为推动信息技术进步和经济增长的重要力量。

目前全球芯片设计行业中，美国芯片设计领域规模最大，市场份额为60%左右，营收超过 1300 亿美元。中国台湾地区的集成电路设计业为全球第二大，市场占有率达 18%，营收接近 400 亿美元。中国大陆位居第三，市场份额接近 15%，在芯片设计领域，依然是美国占主导地位，在芯片设计技术上中国大陆位于全球前列，但依然需要追赶。

2022 年，联发科、瑞昱和联咏是进入全球营收前十的 3 家中国台湾地区集成电路设计公司。中国大陆企业华为海思、清华紫光在集成电路设计领域同样具有显著优势。

四、设备

集成电路制造设备在集成电路制造过程中起着至关重要的作用，确保芯片制造的精确性、质量和可靠性。随着技术的发展，集成电路制造设备也在不断创新和演进，以满足不断增长的需求和提高制造效率。

1. 光刻机

随着集成电路制造工艺的不断进步，光刻机技术也在不断发展，以实现更高的分辨率和更大的制造能力。多重曝光、多重层次和深紫外（DUV）光刻技术等创新，推动了芯片制造工艺的发展，使得制造更小、更复杂的芯片成为可能。

世界光刻机设备生产商主要有荷兰的阿斯麦、日本的尼康和佳能，但先进光刻机仅有阿斯麦可以制造。中国大陆的上海微电子作为光刻机设备生产商，和世界领先水平依然存在差距，制造的光刻机仅能生产 28 纳米及以上的芯片，在普通光刻机中还属于低端产品，目前不断投入研发突破前端技术。

2. 刻蚀机

在集成电路制造业中，蚀刻指在薄膜上雕刻图案。图案使用等离子体喷涂而成，形成每个工艺步骤的最终轮廓。它的主要目的是根据布局完美呈现精确图案，在任何条件下都保持统一一致的结果。在集成电路制造过程中，刻蚀对于确定总体良品率和产品质量至关重要。

刻蚀设备目前由境外龙头主导，全球刻蚀企业前三大分别是柯林研发、东京电子、应用材料，全球市占率合计 91％。境内刻蚀业务前三大企业分别为中微公司、北方华创、屹唐半导体。境内的刻蚀龙头企业中微公司、北方华创的刻蚀业务都取得较高收入增长，并在规模体量逐步接近全球前五大厂商。

3. 沉积设备

薄膜沉积设备主要负责各个步骤当中的介质层与金属层的沉积，包括化学气相沉积设备，物理气相沉积设备等。

2022 年全球物理气相沉积真空镀膜设备市场规模大约为 241 亿元，预计 2029 年将达到 316 亿元，全球 PVD 真空镀膜机制造商排名前两位的是应用材料和爱发科。这两家公司占全球市场份额的 45％以上。从地域上看，亚太地区是最大的市场，占总市场份额的一半以上。

在化学气相沉积市场中，应用材料全球占比约为 30％，泛林半导体和东京电子占比约为 20％，三大厂商合计达 70％。

境内市场绝大部分份额仍然被美国及日韩厂商占据，境内沈阳拓荆、北方华创是该领域的主要企业。

4. 离子注入机

离子注入机是芯片制造不可或缺的重要设备，其应用是对硅晶圆表面进行几百千电子伏能量的离子注入，以此改变硅晶圆的载流子浓度和导电类型。作为芯片制程前期的重要环节之一，有效、精确的离子注入能够提高逻辑芯片电路的集成度、提高芯片的性能、良品率和使用寿命，同时降低芯片制造的成本、功耗。

目前，全球离子注入机根据其下游应用不同，可以分为 IC 离子注入机和光伏离子注入机，IC 离子注入机方面，呈现寡头垄断的局面，美国的应用材料几乎垄断了市场，其次为亚克士等企业。

5. 划片机、切片机等封装设备

封装设备技术和加工制造能力是封装行业发展的关键。

封装设备呈现寡头垄断格局，安盛太平洋、东和半导体等公司占据了绝大部分的封装设备市场，行业高度集中。目前全球的划片机市场日本公司垄断90%以上，其中，迪斯科约占据70%市场份额，东京精密次之。目前划片机国产化率不高，封测行业国产化率较高，但境内下游封测行业龙头长电科技所使用的划片机均为迪斯科与东精精密提供。

五、晶圆

半导体材料虽然在晶圆厂成本中占比较小，但对生产的工艺及良率均起到重要影响，为晶圆制造工艺中不可或缺的原材料。境内半导体由于起步较晚，高端半导体材料供应链集中于美、日等国家，随着中美贸易摩擦加剧，供应链安全成为本土晶圆厂首要考量因素，伴随稼动率修复，先进封装等发展趋势，境内半导体材料有望迎来较大发展机遇。

目前境内整体半导体材料国产化率仍较低，2022年境内整体材料端企业收入合计约150亿元，而境内晶圆制造材料需求约500亿元至600亿元，整体国产化率约25%—30%，但其中以6寸、8寸半导体材料为主，12寸高端半导体材料国产化率仍处于较低水平。

六、制程

芯片制造工艺与芯片生产企业本身的技术相关。芯片制程直接影响芯片组的性能优劣、电源效率和体积，一般以28纳米为分水岭，区分先进制程和成熟制程，前者多用于对计算性能要求更高的领域，后者用于成本较高的场景（如表7-4）。

表7-4　2014—2022年全球芯片制造工艺迭代

	2014年	2015年	2016年	2017年	2018年	2019年	2020年	2021年	2022年
台积电	20纳米	16纳米		10纳米	7纳米	5纳米		3纳米	2纳米
英特尔	14纳米					10纳米			
三星	20纳米	14纳米		10纳米	7纳米		5纳米		
格罗方德	20纳米	14纳米		10纳米					
联电	28纳米			14纳米					
中芯国际		28纳米				14纳米			
华虹半导体						55纳米			

2022年以来，美方宣布了一系列限制措施，禁止对华出口14纳米及以下先进制程设备，其目的在于将中国大陆卡在28纳米制程水平，限制中国大陆云计算与数据中心、自动驾驶、5G、人工智能等应用领域的发展。中国大陆积极推进芯片产能扩张的经济体，投资数千亿支持境内的芯片设计和芯片制造产业的发展。

28纳米作为成熟的工艺节点，自台积电率先推出市场距今已有十余年，持续在市场发热。各大晶圆厂在28纳米工艺节点上做了很多的特色工艺开发，使得28纳米节点能满足更多产品需求，在全球市场呈现稳中有升的态势，2021年全球28纳米芯片市场为313亿美元，预计至2027年将增长至449亿美元。目前境内已经能够稳定生产，中芯国际是境内首个能够量产28纳米工艺的企业，短期内，28纳米制程将是国产芯片的主战场，实现这一制程的芯片自由也是当下要务之一。

14纳米制程对应智能手机、PC机、普通服务器、L2的新能源汽车等，最早由英特尔在2014年生产，到2017年，台积电和三星先后攻克了10纳米。

5纳米制程对应人工智能、超级计算机、L4高阶自动驾驶、智能手机等。目前主要厂商是台积电和三星。2022年第三季度，台积电7纳米以上先进工艺占比达到54%，5纳米首次超过7纳米，贡献了最大的收入（28%），其次是7纳米产线（26%）。

七、市场流通

市场的有效联通和高效运行能够打通从市场效率提升到劳动生产率提高、市场主体壮大、供给质量提升、需求优化升级的良性通道，有效形成供需互促、产销并进的良性互动。

当前，中国大陆集成电路芯片仍然严重依赖于进口。2022年，芯片是中国大陆第一大进口商品，进口额近2.7万亿元，超过了原油进口的2.4万亿元。但全年芯片产量3241.9亿块，比上年下降9.8%。从海关总署公布的进出口细分元器件看，处理器及控制器进口金额2051亿美元，占比49.2%，同比增长2.7%；存储器进口金额1013亿美元，占比24.3%，同比下降

7.1%。处理器及控制器贸易逆差1528亿美元，存储器贸易逆差310亿美元。

从2021年初开始，受疫情反复、经济形势不佳和需求低迷的影响，包括智能手机为代表的消费类产品及家电产业需求下滑趋势明显。短期内，下游市场中汽车、工控、新能源和消费电子（手机、PC及平板等）、家电需求分化，终端需求变化已经逐渐传导至上游芯片原厂、分销及制造环节。

八、人才

受益于集成电路行业的快速发展，集成电路企业在不断扩张，与此同时人才短缺问题也越发严重。从全球市场来看，欧、美、日、韩等国集成电路企业中，以阿斯麦为例的众多头部企业，员工需求每年增加10%或更多，来满足全球芯片工厂激增为其带来的发展需求；英特尔、中国台湾半导体制造、三星电子、AMD等众多知名企业扩张趋势也愈发明显。在此影响下，集成电路企业都无法避免地陷入“人才争夺战”中，为此许多企业都在想方设法缓解人才短缺问题。

中国大陆集成电路产业从业人员较多，增长快速。受政策和经济环境影响，从业人员增长率较快，2020年增长速率达到5.7%。预计到2023年前后，全行业人才需求78万人，其中设计业人员需求32万人左右。从集成电路产业现有人才岗位分布来看，设计业作为集成电路产业链的前端，技术研发类岗位的占比最高为62.35%，其中大部分为本科及以上学历从业人员。从年龄结构来看，从业人员大多数集中在26—35岁区间，25岁及以下从业人员数量比例增加，整体较为年轻，排名前五位的芯片设计岗位分别是模拟芯片设计、数字前端、数字验证、数字后端和模拟版图设计。

九、贸易政策

集成电路是引领新一轮科技革命和产业变革的关键力量，近年来，全球各国政府出台财税、投融资、研究开发、进出口、人才、知识产权、市场应用、国际合作等政策措施以提升产业创新能力和发展质量（如表7-5）。

表 7-5　2020—2022 年集成电路产业国家重点政策布局

时间	发布单位	政策名称	重点内容
2022.06	工信部	《工业能效提升行动计划》	支持制造企业加强绿色设计，提高网络设备等信息处理设备能效；推动低功耗芯片等产品和技术在移动通信网络中的应用，推动电源、空调等配套设施绿色化改造
2022.03	财政部、商务部等	《关于做好 2022 年享受税收优惠政策的集成电路企业或项目，软件企业清单制定工作有关要求的通知》	重点集成电路设计领域：高性能处理器和 FPGA 芯片；存储芯片；智能传感器；工业、通信、汽车和安全芯片；EDA、IP 和设计服务。选择领域的销售（营业）收入占本企业集成电路设计销售（营业）收入的比例不低于 50%
2021.12	工信部	《“十四五”数字经济发展规划》	在“数字技术创新突破工程”方面，提出要抢先布局前沿技术融合创新，推进前沿学科和交叉研究平台建设，重点布局下一代移动通信技术、量子信息、第三代半导体等新兴技术。推动信息、生物、材料、能源等领域技术融合和群体性突破
2021.12	工信部	《“十四五”数字经济发展规划》	完成信息领域核心技术突破也要加快集成电路关键技术攻关；加强人工智能、量子信息、集成电路、空天信息、类脑计算、神经芯片、DNA 存储、脑机接口、数字孪生、新型非易失性存储、硅基光电子、非硅基半导体等关键前沿领域的战略研究布局和技术融通创新
2021.03	工信部	《关于支持集成电路产业和软件产业发展进口税收政策的通知》	通知明确了免征进关税的几种情况，其中涉及半导体的主要有：集成电路线宽小于 65 纳米的逻辑电路、线宽小于 0.25 微米的特色工艺集成电路生产企业，进口国内不能生产或性能不能满足需求的自用生产性集成电路生产设备零配件；集成电路线宽小于 0.5 微米的化合物集成电路生产企业和先进封装测试企业，进口国内不能生产或性能不能满足需求的自用生产性原材料、消耗品
2020.12	财税部	《关于促进集成电路产业和软件产业高质量发展企业所得税政策的公告》	对集成电路能制造 28 纳米、65 纳米、130 纳米技术的企业，以及集成电路优质企业进行了不同程度的减税、免税处理。国家鼓励的集成电路设计、装备、材料、封装、测试企业和软件企业，自获利年度起，第一年至第二年免征企业所得税，第三年至第五年按照 25%的法定税率减半征收企业所得税

续表

时间	发布单位	政策名称	重点内容
2020.08	国务院	《国务院关于印发新时期促进集成电路产业和软件产业高质量发展若干政策的通知》	从财税、投融资、研究开发、进出口、人才、知识产权、市场应用、国际合作等方面切入，促进集成电路和软件产业发展。提出要聚焦高端芯片、集成电路装备和工艺技术、集成电路关键材料等关键核心技术研发
2020.07	国务院	《新时期促进集成电路产业和软件产业高质量发展的若干政策》	分别从财税、投融资、研究开发、进出口、人才、知识产权、市场应用、国际合作等多个方面推动集成电路发展，优化集成电路产业和软件产业发展环境，深化产业国际合作

为了扶持国内集成电路产业，我国出台近三年来各类相关文件，对半导体产业（包括设计、制造、设备、零部件、材料等环节）提供政策、资金补助、土地优惠、项目奖励和人才激励等支持条件，强化在地化半导体产业集群的竞争力。

十、投资

集成电路行业为保持技术领先需要投入大量研发费用。新产品从研发、试制、小批量生产、量产到批量销售的周期较长，足够的资金实力将会极大促进行业技术研发水平的提升。中国半导体产业政策的核心就是国家集成电路产业投资基金，用其推动中国集成电路企业扩张规模、提高技术水平。

2022 年中国集成电路行业内投资资金主要流向芯片设计，设备投资相对较少。未来半导体投资要关注三个热点：一是汽车芯片，一方面，智能汽车出货量增长带来新增汽车芯片需求，另一方面，中国汽车供应链需要国产芯片，带来了国产芯片需求增长。二是芯粒技术，它是摩尔定律放缓带来的产业革命和技术革命。三是半导体设备和材料，其国产化率还非常低，有很大的国产高端产品替代的机会。

第三节　总结与启示

集成电路产业是国民经济和社会发展的战略性、基础性和先导性产业，是培育发展战略性新兴产业、推动信息化和工业化深度融合的核心与基础，战略地位日益凸显。在一系列政策措施大力扶持下，我国半导体与集成电路产业保持快速发展的势头，技术水平显著提升，产业规模持续扩大。与此同时，近年来半导体与集成电路产业发展受到逆全球化和美国打击的不利影响，产业发展跌宕起伏。依照集成电路产业链供应链韧性评估框架对我国主要地区的集成电路行业进行评估实践，并借鉴国内外集成电路产业链供应链韧性提升政策措施分析其经验启示。

一、 集成电路产业链供应链韧性评估案例实践

近年来，我国集成电路产业规模不断壮大。2021 年市场规模首次突破万亿元，2018—2021 年复合增长率为 17%，是同期全球增速的 3 倍以上。2022 年，市场规模超 12000 亿元。同时，我国集成电路产业结构持续优化，设计、制造、封装测试市场规模已由初期的 3∶2∶5 演进为 4∶3∶3，初步形成了较为合理的结构。

整体来看，我国集成电路产业链供应链韧性有待加强。

（一）上游核心设备和材料依赖进口，需加强韧性

国内芯片设计整体国产化率在 10%左右，其中 EDA 工具的国产化率约为 5%，受美国制裁影响，国内企业、研究所和高校被列入实体清单被禁止进口非美国公司包含美国技术的产品，国内芯片设计发展遭遇桎梏（如表 7-6）。

表 7-6　2021 年半导体材料全球市场规模（亿美元）及国产化率

材料		全球市场规模	在对应的工艺中市占率	国产化率
晶圆制造材料	硅片	139.9	35%	5%—10%
	电子特气	62.5	15%	30%
	掩膜版	46.5	12%	<1%
	光刻胶	19.9	5%	<5%
	光刻胶配套材料	32.3	8%	<25%
	湿电子化学品	25.9	6%	23%
	CMP 抛光材料	34.8	9%	<15%
	靶材	10.5	3%	<10%
	其他	31.7	8%	—
	小计	404	100%	<15%

续表

材料		全球市场规模	在对应的工艺中市占率	国产化率
封装材料	封装基板	142	59%	5%
	引线框架	28	12%	40%
	键合丝	28	12%	—
	陶瓷基板	11.2	5%	—
	芯片粘结材料	5.6	2%	—
	包封材料	18.7	8%	—
	其他	5.6	2%	—
	小计	239	100%	<30%
总计		**643**	**100%**	**10%—15%**

国内半导体厂商使用国产化设备的比例约为25%。晶圆制造各关键设备国产化水平差异明显，总体国产化率依旧有较大提升空间。2022年中国大陆晶圆设备国产化率约为35%。

整体而言，国内集成电路上游因核心设备、材料的进口依赖导致产业链供应链韧性防御能力较弱。

（二）中游技术迭代遭受科技封锁，韧性中等

晶圆制造技术方面，成熟制程领域产能稳定，先进制程落后明显。受EUV光刻机等为代表的半导体设备以及光刻胶等为代表的半导体材料的双重制约，我国在芯片制造环节尤其是高端芯片制造领域的工艺水平落后欧美三五代的技术，短期内芯片产业链难以形成有效的技术替代方案。

封测技术方面，国内封测厂商技术水平基本与海外同步，未来先进封装占比预计将持续稳步提升。

人才投资方面，主要表现为高端人才稀缺导致的结构性瓶颈，以及专业人才培养和供给规模持续性不足导致的规模性瓶颈。2022年集成电路专业人才缺口将超过25万人，与此同时，美国限制从事高端芯片制造业的美国人对华提供技术交流，这对于从事相关先进进程研发的我国公司所雇用的美国研发、采购人员和我国公司在美国开设的研发中心都带来一定的冲击。

整体而言，国内集成电路企业在政策大力扶持下，行业关键技术不断突破，国产替代加速进行，尽管芯片产业链上下游两头受限，依然能够保持缓

慢适应的节奏面对冲击，产业链供应链韧性中等。

（三）下游产品进出口贸易受限，韧性仍需提升

2022年中国大陆的芯片自给率仅25.61%，尤其车规级芯片在汽车计算、控制类芯片的自主率不到1%，传感器为4%，功率半导体为8%，存储器为8%，车规级MCU国产化率约为5%。

集成电路是我国最大的单一进口项目，进出口逆差不断扩大。海关总署的统计数据显示，2022年，我国进口集成电路5384亿件，同比下降15.3%（2019—2021年集成电路进口分别增长6.6%、22%、17%），进口量近20年来首次下降，但仍然远超同期原油进口金额3655亿美元，持续成为我国第一大进口商品。按价值计算，我国集成电路进口额为4156亿美元，与2021年相比下降3.9%，表明正在为进口支付更高的单价，美国加强对向我国出口先进芯片的影响显现，进口量大幅下滑。进一步来看，美国近年来除了自身不断加大对我国的产业打击力度，还在不断拉拢鼓动日本、韩国等一起联合施压。

整体而言，国内集成电路产业下游进出口贸易受限，产业链供应链韧性仍需提升。

二、集成电路产业链供应链韧性提升的国际经验与启示

集成电路逆全球化成为趋势，全球主要国家/地区密集出台新规支持本土半导体产业发展。2022年，美国、欧盟、日本、韩国等国家/地区先后出台产业政策，向本地企业提供研发创新、设备投资、税收优惠、人才培养等方面的资金支持（如表7-7）。

表7-7　国际集成电路产业链韧性提升重点举措（2021—2023年）

链条	环节	政策/举措	说　明
上游	原材料	发表韩美伙伴关系联合声明	韩美将促进对半导体（包括先进芯片和汽车级芯片）等互补投资，并承诺在材料、零件和设备的整个供应链上进行互补投资，以扩大这些关键产品的生产能力
		韩国《半导体超级强国战略》	围绕四大行动方向发展本国半导体产业，包括：大力支持企业投资；官民合作培养半导体人才；确保系统半导体技术居世界领先地位；构建稳定的材料、零部件和设备生态系统

续表

链条	环节	政策/举措	说明
上游	基础设施	/	/
	知识产权	/	/
中游	设备	美国《促进美国制造半导体法案》	提议给予芯片制造商25%的制造设备和设施投资税收抵免，旨在为建设、扩建和升级美国和众议院的半导体制造设施和设备提供支持
		美国《芯片和科学法案》	计划在5年内投资2800亿美元，使美国在全球技术优势竞争中领先于中国，向半导体行业提供了25%的投资税负抵免优惠，覆盖半导体生产以及相关设备的资本开支
	中间制成品	/	/
	生产	日本《半导体·数字产业战略》	把半导体制造流程的“后工序”作为重点，以“后工序”技术突破带动“前工序”技术提高，重建生产体制，增强供应链韧性
		成立美国—欧盟贸易和技术委员会（TTC）	达成了一项加强半导体供应链的联合声明，最初重点是缓解短期半导体供应瓶颈，随后解决较长期的供应链脆弱问题，并采取更统一的方式来监管大型全球科技公司
	技术	美国《国防授权法案（NDAA）》	授权一系列计划以促进美国境内半导体的研究、开发和制造，旨在促进美国芯片产业发展
		美国《2021年美国创新与竞争法案》	提供520亿美元用于国内半导体研究、设计、生产，其中390亿美元为半导体生产计划开发提供支持，112亿美元为半导体行业的研发活动提供支持
		韩国《K-Chips法案》	大企业和中小企业有望分别享受最多25%和35%的抵税优惠；到2026年拟投资4220亿美元用于从芯片到电动汽车的关键技术
		美国和日本宣布将于5年内在日本建立新一代半导体生产基地，并将共同研究2纳米芯片等先进工艺和技术	为了确保供应链的稳定性和国家安全，自主生产用于量子计算机、数据中心、导弹、战斗机、创新智能手机等领域的核心芯片
	人才	韩国《半导体超级强国战略》	围绕四大行动方向发展本国半导体产业，包括：官民合作培养半导体人才

续表

链条	环节	政策/举措	说　明
中游	投资	美国无尽前沿（Endless Frontier）法案	授权在未来5年内拨款1100多亿美元用于基础和先进技术的研究。其中，1000亿美元将投资于关键技术领域，包括人工智能、半导体、量子计算、先进通信。100亿美元用以设立至少十个区域技术中心，并创建供应链危机应对计划，以解决影响汽车制造芯片短缺等问题
		法国为半导体新厂提供29亿欧元资助	法国政府向意法半导体和格芯在法国东南部克罗勒新建的基于FD-SOI工艺技术的半导体工厂项目提供29亿欧元（约合31亿美元）公共支持。该项目投资总额近75亿欧元，属于“法国2030”投资计划，也是欧盟《芯片法案》的一部分，目标是到2028年将法国的芯片产能提高到62万片/年，使所有技术节点的欧洲产能在现有基础上增加近6%、蚀刻细度20纳米至65纳米的欧洲产能增加41%
		日本《半导体援助法》	对符合条件的企业，将予以最高50%的设备投资金额补助。新法案将筹措总额约6000亿日元（52亿美元）的基金用于支持芯片制造商
下游	政策	/	/
	市场	/	/
	需求	/	/
综合	产业链	美国《芯片与科学法案》有关国家的芯片支出“护栏”规则	对中国等国家在芯片、半导体设备领域技术实施限制
	供应链	欧盟《欧洲芯片法案》	加强半导体生态系统、提高供应链弹性和安全、减少外部依赖
		荷兰加码限制现金处理器芯片的制造设备出口	中国光刻机进口受限
		日本宣布取消对韩半导体技术出口限制	解除日本对韩国的半导体原材料等3项物资的出口限制
		日本限制23项中半导体设备出口	中国芯片制造设备进口受限
		美日澳印四方首脑会议，启动联合计划	确保四方合作伙伴支持一个多样化和竞争性的市场，为全球数字经济提供必要的安全关键技术

近两年国际集成电路产业链韧性提升重点举措主要集中于针对中游芯片研发技术能力的提升以及对供应链的国际合作，对强化我国集成电路产业链供应链韧性启示如下。

（一）建立国际供应链合作联盟填补供应链断点

美国重视芯片供应链安全，积极推动加强半导体供应链等领域合作，增强半导体和芯片领域供应链安全。

我国可吸引有基础、有意愿与中国深化合作的国际企业，快速填补中国供应链的断点。一是对含部分内资的海外企业，综合就业贡献、市场规模、技术专利在地化等因素，设置灵活的认定规则，吸引企业在科创板上市；增设国际科技板，选特定方向，对于产业地位极为关键，优秀、具有成长潜力的纯外资企业，设定灵活、科学的认定规则，在达到一定标准之后，吸引其在国际版上市；二是加强知识产权保护，完善立法，从严执法。提高知识产权审查质量效率，开辟海外企业知识产权纠纷处理的绿色通道，针对违反知识产权的团队和个人，建立黑名单制度。树立执法典型，广为宣传。中央相关部门定期与外企进行知识产权的专题沟通，听取外企建议。

（二）针对性、集中性支持芯片龙头企业

为了增强国家在芯片技术和产业的优势，各国通过立法、加大投资、税收优惠等一系列政策举措促进芯片产业发展，激励国内芯片制造，增强芯片国际竞争力。

我国可借鉴美国《芯片法案》，做大做强主抓制造龙头的做法，做大做强大型公司、平台公司、制造龙头公司，以制造企业为引领主体带动整个集成电路产业链的自立自强。可由国家统筹，设备企业、代工企业拆解和归纳需求，通过国家兜底采购的模式，高价、超额地覆盖攻坚企业的研发和生产成本，保证企业的利润，向全国制造业，甚至全球采购，以此撬动所有有能力的企业参与设备配套的产业竞赛。

（三）完善顶层设计突破技术封锁

中美以信息通信技术为焦点的高科技摩擦碰撞由来已久，目前以 5G、人工智能为代表，全球各国对“未来技术”主导权、“未来产业”主导权的争夺战愈演愈烈，美国的一系列打击举措将中国企业全面封锁在美国技术之外，并制造了孤立中国企业科技发展的“国际联盟”。

面对当前的技术封锁，一是建议国家设立专门的常态化的集成电路统筹协调小组，从全局谋划集成电路产业的生存与发展问题；二是建议成立以国际龙头企业尤其是对华友好的国际企业家为主的产业顾问委员会协调全球供应链，保障国内供应链安全；三是坚持建设国内产线不动摇。在建设国产化的过程中，采用大手拉小手、成熟带新进、国际配国内的方式，分产线、分层次、分阶段地推进。

第八章

生物医药产业链供应链韧性评估①

国际贸易摩擦加剧及大流行病的暴发，对生物医药产业供应链有着深远影响，加强供应链韧性、确保供应链安全被提到了前所未有的高度。自从新冠疫情暴发以来，各国政府开始将更多重心放在药品的国内生产和供应，积极采取措施以确保国内基本药物和用品的供应，以尽量减少供应链中断的影响。当生物医药产业的安全性、可持续性和敏捷性均显现在风险雷达中，生物医药企业开始着手调整全球业务及供应链，扩大采购基础，减少物流成本和不确定性，以确保关键投入和产品的可靠供应。

开展对于生物医药产业链供应链韧性评估，识别主要的风险环节和风险点，有利于增强我国医药产业链供应链韧性和安全水平。为提高人民健康水平提供物质保障，为确保 2035 年如期建成“健康中国”提供产业支撑。

第一节　生物药产业链供应链的内涵

生物医药产业链的上游为医药产品的研发和临床试验，涉及医药知识产权的供给、关键研发设备的供应等。中游为医药产品的生产制造，涉及生物反应器、分离纯化设备等制药设备的供应，原料药等中间产品的供应和创新药、仿制药、抗体药、疫苗、血液制品、中药饮片、中成药等医药产品的生产制造。下游主要是医药产品的销售和消费（如图 8-1）。

① 本节涉及的生物医药产业链主要分析化学品、生物制品和中药三大领域。

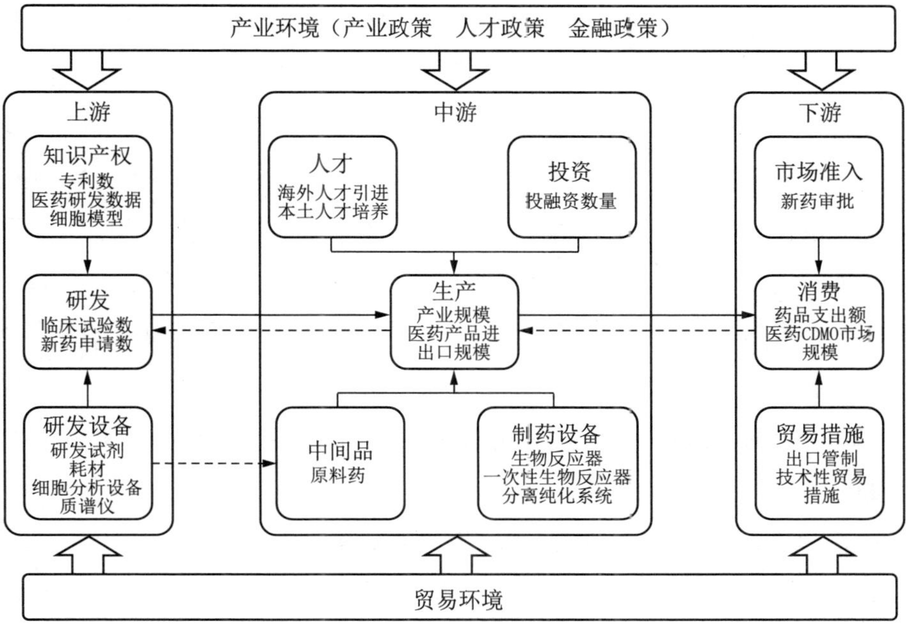

图 8-1　生物医药产业链供应链图谱

一、在竞争格局上，全球生物医药产业分为三个梯队，我国处于第二梯队

全球生物医药产业规模持续高速增长，但国家之间发展非常不均衡。根据技术创新水平及综合实力，大体上可以将全球生物医药产业分为三个梯队。第一梯队由欧美日等发达国家和地区主导，技术优势突出、产业基础雄厚，是全球生物医药产业技术创新的领导者，生物医药头部企业多分布于此，且拥有丰富的研发资源和先进的技术，第一梯队的实力远超其他两个梯队；第二梯队由包括我国在内的亚洲国家和地区组成，这些国家具有很强的集成创新能力，在个别细分领域有原创能力但我国的市场规模正在不断扩大，且吸引了许多国际大型生物医药公司的关注。第三梯队由非洲、南美洲和部分亚洲国家组成，这些地区的市场尚处于发展初期，相对落后，几乎完全依赖技术与产品进口。

二、在产业链布局上，全球研制能力强的区域主要集中在以美国为首的第一梯队

随着科技的不断进步，生物医药产业在全球范围内迅速发展。在这个行

业中，以美国为首的第一梯队在研制能力方面处于领先地位，对全球的生物医药产业链布局产生了深远的影响。作为全球生物医药产业的重要引领者，美国在政策、人才、资金和技术等方面拥有显著的优势。政府的长期支持和投入，以及丰富的人才资源为美国的生物医药产业提供了强大的动力。生物医药产业链最能创造价值的上游研发能力、终端的创新产品及产能，以及下游的品牌、渠道与销售能力均高度集中在第一梯队国家，其中，美国拥有全球近六成专利、七成以上的新产品、七成以上的销售额。从全球范围看，美国是生物医药第一强国，是生物医药技术创新与产业变革的策源地，是生物医药消费大国，也是研发大国、强国，还是全球医药产业监管的风向标，产业链从基础研究、产品创新、销售到准入都具有绝对优势。

三、在发展差距上，我国生物医药产业链有一定的发展基础，但技术相对落后

我国医药产业总体情况呈现出供需不均衡的现象。一方面，我国有4000余家制药企业，但其中具有全球竞争力的大企业和核心竞争力的科技型中小企业却屈指可数。另一方面，我国医药市场规模仅次于美国，居世界第二，但与海外龙头企业相比，国内制药企业在技术创新和产品质量等方面仍存在明显差距。例如，海外巨头阿斯利康、罗氏等仍有部分独家品种，这些药品基本依靠进口。

第二节　生物医药产业链供应链韧性评估框架

生物医药产业链韧性评估是一项综合性任务，通过对生物医药产业链上中下游关键环节现状进行分析，从而评估区域生物医药的产业链韧性。生物医药产业链上游重点评估医药研发态势、研发设备、知识产权等指标；中游重点评估医药人才、投资、医药生产态势、医药中间品生产、制药设备等指标；下游重点评估市场准入、医药消费、贸易政策等指标。此外，围绕全产业链评估产业发展的产业环境和国际贸易环境等指标。详细评估指标体系见表8-1。

表 8-1　生物医药产业链供应链韧性评估指标体系

链条	环节	评估维度	评估指标
上游	研发	临床试验	评估区域在评估期限内生物药Ⅰ、Ⅱ、Ⅲ期临床试验申请数量
		新药申请	评估区域在评估期限内生物药上市数量
	研发设备	研发试剂	我国测试试剂、基础生化试剂、血清、培养基的国产化水平或供应商的稳定性
		研发耗材	我国中空纤维柱、色谱栏、细胞分选用磁珠、细胞激活用磁珠的国产化水平或供应商的稳定性
		研发分析仪器	我国细胞分析设备、质谱仪等精密仪器的国产化水平或供应商的稳定性
	知识产权	专利	评估区域在评估期限内生物药相关专利申请数量
		医用研发数据	我国医用研发数据的国产化水平或供应商的稳定性
		细胞模型	我国发酵和细胞培养的原代细胞的国产化水平或供应商的稳定性
中游	人才	海外人才引进	海外人才引进难度
		本土人才培养	本土人才培养难度
	投资	投融资	评估区域在评估期限内投融资数量
	生产	产业规模	评估区域在评估期限内生物医药产业产值及增长率
		医药产品出口规模	评估区域在评估期限内生物医药产业出口额及增长率
	中间品	原料药	我国原料药进出口情况，原料药的国产化水平
	制药设备	制药机械设备	我国生物反应器、一次性生物反应器、分离纯化系统的国产化水平或供应商的稳定性
下游	贸易措施	出口管制	评估区域内被纳入实体清单的生物医药企业数量
		技术性贸易措施	评估区域在评估期限内技术性贸易措施通报案件数
	市场准入	新药审批	评估区域的药品监管制度优越性
	消费	医药合同研发生产服务（CDMO）	医药合同研发生产服务（CDMO）市场规模及增长率
		药品支出额	全球药品支出额及增长率
		合同研发生产（CXO）	我国合同研发生产（CXO）订单数

续表

链条	环节	评估维度	评估指标
全产业链	产业环境	产业政策	评估区域生物医药产业支持政策完善性
		金融政策	评估区域生物医药金融支持政策完善性
		人才政策	评估区域生物医药人才支持政策完善性
	贸易环境	突发因素	新冠疫情、俄乌冲突等国际突发事件的影响
		贸易政策	国外出台的系列贸易、投资政策等的影响

一、研发

近年来，我国新药研发处于“集中爆发”状态，在国际新药研发的“总盘子”中已占据一定的地位和份额。不但新药研发数量快速增长，而且新药研发科技水平也明显提升。我国研发的部分新药在美国等发达国家获批上市，被列入“快速审评”，获得了国际上的良好评价。因此，新药获批的数量在一定程度上也反映了我国生物医药的创新水平。

二、知识产权

医药企业是典型的高新技术企业，具有资金密集、技术密集、知识密集的显著特征。知识产权要素可以说是影响医药企业发展壮大的关键因素之一，甚至有许多医药企业几乎可以定义为“专利依赖型”企业。

生物技术研发的数据获取可能受限。这将影响医药研发机构与企业对全球行业信息和研发动态的采集。目前，我国生物医药领域的科技工作者高度依赖美国国家生物技术信息中心（NCBI）、荷兰的 Pubmed 和 Web of Science 等欧美科技文献资料数据库。如果美方将上述数据对我国研究机构施行选择性封锁，我国的生物医药科技创新活动将面临因数据要素缺失而无法顺利开展的情况，这对于生物医药科技创新影响巨大（如表 8-2）。

用于制药研究的细胞模型依赖欧美进口。细胞模型是生物医学基础研究和药物研发的核心要素与战略性源头资源，被称为生物医药产业的“芯片”，决定着生物医药产业的原始创新能力。我国细胞模型一直受制于人，成为制约我国生物医药产业发展的“卡脖子”环节。由于绝大多数细胞模型依赖从

表 8-2　我国生物医药领域广泛使用的国外科学数据库情况

数　据	国家	作　　用
美国国家生物技术信息中心 NCBI（National Center for Biotechnology Information）组学数据库	美国	美国国家生物技术信息中心（NCBI）旗下大概有 70 项数据库及工具（GenBank、Genome、RefSeq、GEO、SRA、Trace、dbSNP、dbGAP、ClinVar、PubChem、OMIM 等），免费的生物医学数据资源索引及各类数据，本领域科研人员最日常使用的数据库
癌症基因组图谱项目 TCGA（The Cancer Genome Atlas）	美国	美国国家癌症研究所（NCI）管理维护的数据库，限制性使用的肿瘤测序数据资源，常用于肿瘤数据分析的最重要的参考标准
联合基因组研究所 JGI（Genome Institute）基因数据库	美国	广泛使用的微生物数据库
欧洲生物信息研究所 EBI（European Bioinformations Institute）组学数据库	欧盟	欧洲生物信息研究所（EBI）旗下大概有 60 项数据库及工具（EGA、ENA、EVA、PDB、PFam、UniProtKB、EnsEmble、ChEMBL 等），免费的生物医学数据资源索引及各类数据，本领域科研人员日常使用的重要数据库之一。
国际肿瘤基因组协作组 ICGA（International Cancer Genome Consortium）数据库	加拿大	限制性使用的肿瘤测序数据资源，常用于肿瘤数据分析的参考标准之一

欧洲和美国进口，我国投入大量资源进行的生物医学基础研究和药物研究多针对西方人的疾病而非中国人的疾病。与此同时，我国生物医药产业原始创新能力薄弱，真正原始创新、具有国际影响力的药物屈指可数，不仅难以满足国民健康需求，并且在国际产业链中易处于被动局面。用于发酵和细胞培养的原代细胞，均来自美国最大细胞生产商 ATCC 公司，我国尚无一家公司可以替代 ATCC 的细胞产品，一旦对方断供，我国众多依赖细胞培养的生物医药公司将面临没有“种子”的危险境地。

三、研发与生产用设备

制药设备是实施 GMP 和保障生产过程中药品质量必不可少的硬件条件，越来越受到制药企业的重视和关注。在上游生物医药研发层面，人血清、细胞、酶等原材料、培养基等耗材和胎牛血清等高端制剂以及细胞分析设备等精密仪器对外依赖度高达 80%—90%，且短期内无法进行国产替代，对恒瑞医药、先声药业等创新型制药企业和药明生物等 CRO 企业影响较大。在下游生物医药制造层面，符合 GMP 标准的关键原材料、制造装备存在较强进口依赖，如大型生物反应器或一次性生物反应器、一次性反应袋等耗材、纯化和超滤设备及无血清培养基等，对跨国公司的依赖度总体达 80%以上，且国产替代较难，对已有产品上市的药械企业和医药原材料企业，凯莱英等 CMO、CDMO 企业影响较大。

四、人才

人才是行业发展的动力，药企的发展离不开人才的支撑，无论是研发还是销售，都需要人员的参与。生物医药产业具备高技术壁垒的特性，创新研发的关键之一便是技术人才的聚集，然而中国的生物医药技术高端人才数量尚未能满足快速增长的需求，包括人才成本在内的研发成本也越来越高。

美国等发达国家对生物医药领域人才吸引力提升，海外高端人才引进难度加大。近年来，中美关系错综复杂，一方面《生物经济行政令》等一系列加速中美技术“脱钩”的政策陆续出台，企业发展外部环境的不确定性和风险日益加剧；另一方面，受医药资本市场降温导致高管工资下调等原因，致使海外人才回国及外籍人才引进难度加大。

五、投资

生物医药产业具有高投入、长周期、高风险、高附加值等特征，导致生物医药产业对核心技术研发、高层次人才、创新研发投入等依赖性较强。因此，大量资本的进入无疑是助推生物医药产业高质量创新发展的加速器。

近年来，生物医药产业投融资活跃度持续升温，创新企业、先进技术产品不断涌现。从 2023 年生物医药市场的投融资情况来看，资本较 2022 年同期更加趋于冷静，市场整体热度有所下降，国内市场活跃度大幅度降低，生物医药企业面临“融资难”的挑战。2023 年第一季度全球共发生 259 起融资事件，平均每天近 3 起，较去年同期减少 17 起，基本持平；国内方面，2023 年第一季度共发生融资事件 92 起，平均每天 1 起，较同期减少 47 起，减少三成，收缩趋势明显。从融资额来看，全球融资总额达 541.68 亿元，较去年同期减少近 300 亿元，同比下降约 34%，国内融资总额达 160.37 亿元，同比下降约 57%，形势依然比全球严峻。

六、生产

医药产品的生产规模是区域生物医药产业竞争力的重要体现。国内 CXO 公司凭借工程师红利、人力成本优势和基础化工优势，在承接国际医药外包订单的过程中，逐步积累了先进技术能力与项目经验。与欧美、日韩、印度等地区相比，中国的竞争力愈发凸显，国际订单进一步向国内转移，生物医药产品生产规模逐年增长。

中国已成为全球药品市场增长的重要贡献者。中国对全球医药研发管线产品数量的贡献从 2015 年的 4%跃升至 2022 年的 20%。中国药品市场占全球药品市场的 20.3%，2022 年药品制造业营业收入达到 4.2 万亿元。

七、中间品

中间品的稳定供应是医药供应链稳定的基础。然而，当前全球经贸摩擦形势严峻，大国博弈不断加剧，由此带来的产品“断供”和科技“脱钩”使得我国生物医药产业的核心环节和核心技术受制于人的“卡脖子”风险大幅度上升。因此衡量生物医药领域的关键中间品是否可以稳定供应，是评估生物医药产业链供应链韧性的关键因素。

原料药是生物医药产业链供应链中重要的中间品，也是药品供应保障的基础。原料药是我国在全球医药产业链中的优势环节。我国是全球主要的原料药生产国与出口国之一，原料药产能全球占比最高；国内一半以上的原料药用于出口。目前国内原料药共出口到 189 个国家和地区。主要出口集中于亚洲、欧洲、北美洲三大市场，合计占据我国原料药出口总额的 89%。其中印度作为我国第一大原料药出口市场，其 70%的原料药来自中国，中间体比例更高；日本一直位居我国原料药出口市场榜单前三的位置，对日本主要出口品种既包括传统原料药，又包括沙坦类、普利类等特色原料药；东盟 90%以上的原料药依靠进口，也是我国原料药在亚洲的主要出口市场。产品类型主要以大宗原料药为主，在维生素 C、青霉素钾盐、扑热息痛、阿司匹林等

60多个产品方面具有较强的竞争力。但我国的原料药创新体系还不完善，产品多以技术含量较低的大宗产品为主，高附加值原料药的生产能力不强，部分高端原料药甚至依赖进口。

八、贸易措施

随着中国生物医药产业的快速发展，美国愈发重视限制中国生物制药的发展。近年来不断有中国的高科技企业被美国纳入管制与制裁清单，这给国内企业带来了关键零部件采购受限、海外业务拓展困难、合规成本上升等负面影响。评估区域内生物医药企业出口管制的情况也一定程度上反映了产业链是否畅通，供应链是否稳定。

技术性贸易措施是企业产品进入一国市场的必须遵循，是“前提条件”。只有当产品经检验、检测、检疫、注册、监管，符合该国的安全、卫生、环保、质量等技术要求，取得相关认证证书，才能进入该国市场销售。医药领域的技术性贸易措施主要包括：**（1）注册壁垒。**药品注册，是指各国食品药品监督管理部门根据药品注册申请人的申请，依照法定程序对拟上市销售的药品的安全性、有效性、质量可控性等进行的系统评价，并决定是否同意其申请的审批过程。药品注册是药品进入发达国家市场必须面临的第一道关口。所有进入到美国市场的药品都需要接受美国FDA的管制。只有获得了FDA的注册批准，而且所有有关药物的生产、包装均符合FDA要求，药品才准进入美国市场。欧盟对药品的准入门槛也非常高，原料药品合法进入欧盟国家必须通过EDMF（European Drug Master File）或COS（Certificate of Suitability）的注册认证。**（2）绿色壁垒。**绿色壁垒是指在国际贸易领域，一些发达国家凭借其科技优势，以保护环境和人类健康为目的，通过立法，制定繁杂的环保公约、法律、法规和标准、标志等形式对国外商品进行的准入限制。我国中药在西方国家面临着很严格的监管制度，特别是在绿色壁垒的影响下，西方国家对我国封锁了一半以上的中药进口。因此，在我国中药企业必不可少的应加大推广HSE（健康、安全与环境）管理体系和ISO14000认证的使用力度。**（3）认证壁垒。**医药产品出口欧美国家，必须符合欧美国家监管部门在医药产品的生产和管理过程中设定的技术规范。欧美国家医药产品的认证主要有 GMP（药品生产质量管理规范）认证、GCP（药物临床试验管理规范）认证、GSP（药品经营质量管理规范）认证、GAP（药材生产管理质量规范）认证、GLP（非临床研究质量管理规范）认证等。**（4）包装标签壁垒。**目前，包装、标签相关的技术性贸易措施已成为各国常见的限制手段。欧盟、美国、日本等发达国家的立法日趋完善，在要求药品包装、标签不能对人体和环境造成伤害的基础上，突出环境保护的重视程度，所以立法内容往往还包括包装的循环利用，重复使用，可再生利用等包装标签的规定。技术贸易措施通报的数量在一定程度上反映贸易纠纷和贸易保护的程度。

九、市场准入

我国新药上市批准流程日臻完善。为了加快新药上市，政府采取了一系列措施，放宽了临床试验的权限，简化了审批程序，加强知识产权保护，加速注册路径，一致性评价，并出台了相应的奖励政策，吸引更多的企业参与临床试验。药品监管制度为保障药品安全有效提供有力支撑。2020 年，国家药品监督管理局药品审评检查长三角分中心和大湾区分中心正式成立，标志着我国药品审评审批制度改革创新迈出新的一步。分中心的成立，有利于对审批产品进行分流，在保证监管质量的同时，增加审查频率，以便对药品开展全生命周期的管理。

十、消费

下游需求量的波动对产业链上游、中游都会带来不小的影响。全球生物医药市场需求呈现快速增长趋势，不断完善的国民医疗保障体系成为生物医药产业创新发展的基础，为生物医药创新提供强大支撑。随着世界经济发展、人口总量增长、老龄化程度提高、民众健康意识增强、消费升级以及新兴国家城市化建设的推进，全球医疗支出不断增长。在 2020—2022 年的疫情影响之后，全球药品市场总体增长趋势预计将放缓。到 2027 年，全球药品支出预计以每年 3%—6%的速度增长，将达到 1.9 万亿美元。伴随部分重要生物创新药专利保护期结束以及普遍存在的创新药高价压力，全球生物类制药市场需求将持续快速增长。

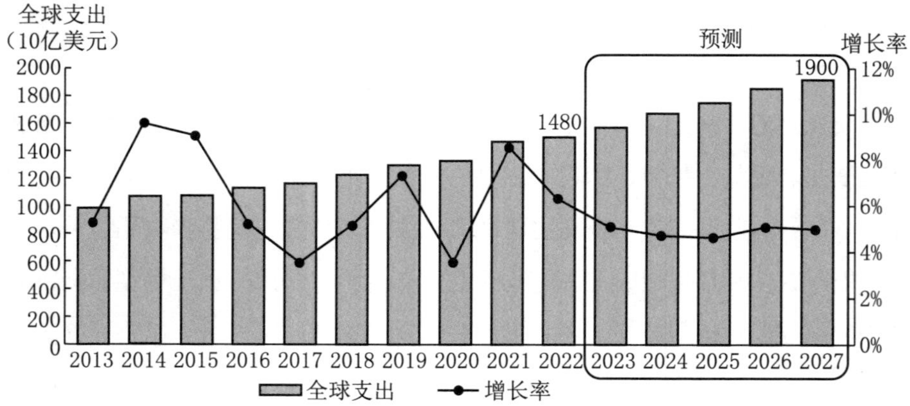

图 8-2　2013—2027 年全球医药产品支出额及预测①

全球医药 CDMO 市场在 2022 年至 2025 年间将保持快速增长的势头，市场规模在 2025 年将达到 1246 亿美元；而全球化学药 CDMO 市场规模将在 2025 年达到 784 亿美元。此外，我国 CDMO 行业将呈现出高于全球水平的快速增长，占全球 CDMO 市场的份额不断提升，2017 年中国 CDMO 市场仅占全球 CDMO 市场总规模的 5.0%，到 2021 年已扩大至 13.2%，预计于 2025 年将占据全球市场的 19.6%。

十一、 产业环境

产业环境是一个系统性的环境，是指伴随市场主体开展经济、社会活动整个过程的各种周围境况和条件的总称，通常包括政务环境、市场环境、国际化环境、法治环境、企业发展环境和社会环境等。可以说，除了基础设施的可得性外，产业环境更强调市场化、法治化、便利化、国际化的“软环境”。在构建以国内大循环为主体、国内国际双循环相互促进的新发展格局背景下，更加突出产业环境在促进区域间各环节畅通、国内外经济联通中的重要作用。

为进一步促进我国生物医药产业的发展，除了在国家层面持续发布针对生物医药产业发展的政策之外，我国各地区也不断制定地区性的针对生物医药产业的激励政策，这些激励政策广泛涵盖了医药产业的研发、生产及商业化的各个阶段（如表 8-3）。

---

① 数据来源：IQVIA Market Prognosis，2022 年 9 月；IQVIA Institute，2022 年 11 月。

表 8-3　我国部分地区生物医药创新发展支持政策①

地区	政策名称	主要内容
上海市	《上海市人民政府办公厅关于促进本市生物医药产业高质量发展的若干意见》	支持创新药研发：对已在国内开展Ⅰ期、Ⅱ期、Ⅲ期临床试验，由本市注册申请人获得许可并在本市生产的1类化学药、1类生物制品和1类中药，按照不同临床试验阶段，择优给予不超过研发投入40%，最高分别为500万元、1000万元、3000万元资金支持；每个单位每年累计支持额度不超过1亿元； 支持改良型新药研发。对具有较高技术含量、安全性有效性具有明显优势，在国内完成Ⅱ期、Ⅲ期临床试验，由本市注册申请人获得许可并在本市生产的改良型新药，择优给予不超过研发投入20%，最高分别为500万、1000万元资金支持；每个单位每年累计支持额度不超过2000万元
	《关于推进上海市生物医药研发与制造协同发展的若干举措》	采取无偿资助、奖励、贷款贴息、资本金注入等方式，在制造项目开办建设、固定资产投资、技术改造等方面择优予以支持
	《上海市加快打造全球生物医药研发经济和产业化高地的若干政策措施》	到2025年，上海全球生物医药研发经济和产业化高地发展格局初步形成，研发经济总体规模达到1000亿元以上，培育或引进100个以上创新药和医疗器械重磅产品，培育50家以上具备生物医药研发、销售、结算等复合功能的创新型总部，培育20家以上高水平生物医药孵化器和加速器，为100项以上高校和科研院所早期优质成果提供工程化验证及转化等创新服务
	《上海市生物医药产业发展“十四五”规划》	“十四五”期间上海将重点发力高端生物制品、创新化学药及制剂、现代中药、高端医疗器械、技术服务、医药流通等六大产业；上海还要打造成为细胞治疗产业核心地，阿尔茨海默病、糖尿病等代谢障碍症全球创新药物主要发源地，以及下一代高端医疗器械创新产品首发地等；从空间上看，上海将深化“1+5+X”生物医药产业园区布局
江苏省	《江苏省“十四五”医药产业发展规划》	以“五个坚持”为基本原则，提出四个重点领域发展方向，分别为生物药领域、医疗器械领域、化学药领域、中药领域。另外，还有七大重点工程，分别为优势构建产业链培育工程、企业竞争力增强工程、产业数字化转型工程、产业绿色低碳发展工程、产业服务化升级工程、产业开放合作推进工程；到2025年，江苏医药产业实现产业质效、创新能力、开放协同国际一流，企业实力、产业生态国内领先，产业高质量发展水平处于全国前列，发展成为具有全球影响力的先进制造业集群和世界知名的创新药高地

① 数据来源：上海市政府官网，浙江省政府官网，江苏省政府官网，安徽省政府官网。

续表

地区	政策名称	主要内容
江苏省	《有关部门协力支持中国（江苏）自由贸易试验区生物医药产业开放创新发展政策措施》	共涉及22条政策，涵盖“研发创新、产业链供应链、药械采购使用政策、创新要素市场化配置机制”四大方面内容；支持自贸试验区符合条件的药品和医疗器械骨干企业牵头组建制造业创新中心、对关键技术发明专利优先审查、对专利快速预审确权和维权保护、加快新上市药品和医疗器械市场化应用等，为成为国内一流、国际公认的生物医药创新示范区的发展目标做准备
	《江苏省政府印发关于促进全省生物医药产业高质量发展若干政策措施的通知》	从产业发展目标、产品开发、审评审批、生产制造、应用推广、引才育才、产业生态等7个方面提出30条政策措施，形成了覆盖产业全链条的“政策包”；立足南京科教资源优势和产业发展基础，聚焦基因与细胞治疗、生物药、体外诊断等重点领域，加快推动产业集聚
浙江省	《促进生物医药产业高质量发展行动方案（2022—2024年）》	提出加快打造生命健康科创高地，推进生物医药产业高质量发展；方案特别提出要依托中国（浙江）自由贸易试验区，探索开展免疫细胞、干细胞和基因治疗等生物医药前沿领域临床研究；明确了生物药、高端医疗器械、化学药、现代中药、新业态新模式5个重点领域及发展方向。提出了“五大工程”
	《浙江省医药产业发展“十四五”规划》	明确了“十四五”期间浙江省医药产业发展总体思路、主要目标重点领域、主要任务和保障措施是指导今后五年浙江省医药产业发展的重要依据；提出形成产业链、创新服务链和供应链“三链融合”的发展领域体系，同时构建“一核两带两圈”的产业发展空间格局
	《关于推动浙江省医药产业高质量发展的若干意见》	明确了推动医药产业高质量发展的主要目标及重点领域，并在推动医药产业集群发展、提升医药产业技术创新能力、加强基础研发配套设施和平台建设、推动仿制药质量和疗效一致性评价、推动医药企业做大做强、完善应急医疗物资保障体系、营造医药产业良好发展环境等7个方面提出了要求；在生物制品领域，明确支持免疫治疗、基因治疗、干细胞治疗等新兴领域的技术创新和产业发展，重点推动基于抗体类的生物治疗药物，临床急需紧缺的重组蛋白质药物、重大疾病防治疫苗、核酸药物、基因治疗药物和细胞治疗药物等产品研发和成果产业化

续表

地区	政策名称	主要内容
安徽省	《安徽省“十四五”医药工业发展规划》	“十四五”期间，安徽将瞄准全球医药发展新趋势，依托合肥综合性国家科学中心建设，加快科技创新攻坚力量和成果转化运用体系建设，把更多科技成果就地转化为现实生产力；同时，加强跨学科、跨领域、跨行业合作，推动生命科技源头创新和精准医疗全链创新
	《安徽省现代医疗和医药产业发展规划（2018—2025年）》	提出“四个基本原则”、五个重点领域、通过“创、建、融、优”的发展路径，推动产业高质量发展。构建“双核引领、三圈辐射、五点突破”的产业布局，形成具有竞争力的现代医疗和医药产业集群；2025年，实现现代医疗和医药产业总产值5000亿元，年均增长16%左右，发展成为我省战略性支柱产业
	《安徽省人民政府关于印发支持现代医疗和医药产业发展若干政策的通知》	坚持问题导向，注重系统把握，突出机制创新，推出鼓励创新药械产品研发、支持产业创新发展基础能力建设、支持创新药械产品推广应用、支持中药材规范化种植和原料药保障能力建设、改善临床试验条件、支持开放发展、支持医疗技术创新与转化应用、支持发展新型医疗服务模式、加快人才队伍建设、支持企业做大做强

十二、 贸易环境

世界经济普遍下滑，保护主义、单边主义加剧，这些都将对我国产业发展大环境产生重要影响。在生物医药产业中，俄乌冲突、拜登政府签署的《关于推进生物技术和生物制造创新以建立可持续、安全和有保障的美国生物经济的行政命令》等均对我国生物医药产业链供应链的安全稳定产生影响。

在俄乌冲突的影响下，乌克兰势必无法进行临床试验。此外，乌克兰作为东欧举足轻重的国家，在制药供应链中扮演者重要的角色。位于乌克兰首都基辅的Enamine公司作为筛选化合物，砌块化合物和片段化合物的全球供应商，为全球众多科研机构提供着产品服务。在俄乌冲突的硝烟弥漫到基辅之后，Enamine公司2月24日已宣布暂时关闭总部，直至28日再开始运营，不过美国分公司仍继续运行中。目前Enamine公司已计划在美国工厂增加产量，以及在远离俄罗斯边境的乌克兰西部城市利沃夫工厂建立物流基础设施，以减少冲突带来的影响。

2022年9月12日，美国总统拜登签署了《关于推进生物技术和生物制造创新以建立可持续、安全和有保障的美国生物经济的行政命令》（以下简称《行政令》），启动20亿美元的“国家生物经济与生物制造计划”，通过加强美国生物技术和生物制造关键研发领域投资等举措，以保持美国的技术领先地位和经济竞争力。《行政令》将从供应链、人才、投融资、海外市场、全球竞争等方面对我国生物医药科技创新和产业发展产生影响。研究机构和企业严重依赖国外生物医药相关数据库，研发科学数据支撑方面存在明显受制环节。

第三节　总结与启示

生物医药产业作为中国战略性新兴产业的典型代表，近年来受到国家高度重视。然而，2022年拜登政府签署《美国生物经济行政令》之后，中国国内生物医药研发与生产用核心资源的外部供应受制，海外生物医药高端人才引进难度加大，本土生物医药企业的海外市场受到影响，本土企业投融资难度进一步加大。因此，在亟需畅通国内大循环、国内国际双循环的大背景下，对我国重点地区的生物医药产业链供应链韧性进行评估，并参照产业链供应链韧性提升的国际经验具有重要意义。

一、生物医药产业链供应链韧性评估案例实践

我国医药产业链供应链韧性水平为中等。总体上我国医药产品的进出口市场是多元的，但是我国生物医药产业的国际竞争力偏弱，归根结底还是国际价值链掌控能力和产品盈利能力较差，造成这种状况，很大程度上与我国医药产业的创新能力比较弱有关，增强创新能力将是我国医药产业提升产业链供应链韧性的重要方向。

（一）上游仪器设备进口依赖、自主知识产权的创新能力不足，韧性仍需提升

在我国生物医药产业链的核心环节中，生物医药研究和制药的关键仪器

设备和耗材依赖进口。全球仪器制造商中，欧美日企业占据主导。从单项仪器来看，以质谱仪为例，由于发达国家投入较早，全球质谱仪市场主要被国际行业巨头占据，目前全球质谱仪主要被欧美日本等发达国家所占据，主要生产厂商为实验分析仪器的国际巨头赛默飞、丹纳赫、岛津、安捷伦、布鲁克等。从全球市场来看，目前质谱仪的销售主要集中于欧美地区，其中北美地区占据了全球质谱仪市场的主导地位，美国是全球最大的质谱仪销售市场，英国、法国、德国占据了欧洲地区质谱仪市场的主要份额。目前国内质谱仪市场对外依赖度高，主要进口国家为美国、德国、日本等。

（二）中游制造企业与国外仍存差距，韧性中等

在生物医药制造企业中，欧美企业占据绝大部分市场份额。目前美国是生物医药产业的龙头，其开发的产品和市场销售额均占全球70%以上。2022年全球生物医药公司按销售收入排名中，排名前12位中有6家美国公司，排名前5的辉瑞、强生、罗氏、默沙东和艾伯维均为美国公司。在PharmExec（美国制药经理人杂志）公布的2023年全球制药企业TOP50榜单中，中国企业占4席，我国生物医药企业国际竞争力还有待提高。

（三）下游服务市场对医药产品需求旺盛，链韧性强

当前全球健康产业进入高度的发展期，创新广度加大，深度加深，速度加快。“健康中国”的概念被提升至优先发展的战略地位，《“健康中国2030”规划纲要》明确提出健康服务业总规模于2020年、2030年超过8万亿元和16万亿元，“健康中国”战略必将成为我国医疗健康产业发展的重要引擎。我国是全球第一大原料药出口国、第二大药品消费市场和重要的药品研发服务贸易出口国，同时随着我国人口老龄化带来的健康服务需求增长，生物医药产品将面临广阔的市场前景。

二、生物医药产业链供应链韧性提升的国际经验与启示

生物医药行业是战略性安全行业，新冠疫情流行造成的医疗物资和药品短缺，引发了一定程度的紧张和担忧情绪，也再次引起了各国对于建立独立自主和完善的医药供应体系的重视。美国、日本、欧盟、印度等生物医药制造大国均出台了系列政策提升本国生物医药产业链供应链韧性。总的来看，

各国主要通过提升创新能力掌握关键核心技术，提高生物制造水平两方面来增强本国生物医药产业链供应链韧性（如表 8-4）。

表 8-4　国外提升生物医药产业链供应链韧性出台的政策及举措

链条	环节	国家/地区	政策名称	行动计划
上游	研发	印度	“加强制药业”(SPI) 计划	提供了 500 亿卢比（6450 万美元）的总财政支出支持制药业基础设施建设
	原材料	美国	《百日供应链审查报告》	应急能力建设：探索创建和扩大活性药物成分 (API)、其他关键材料和成品剂量的虚拟战略储备
				促进国际合作，与盟友建立伙伴关系，通过现有国际监管协作和协调组织，及其他双边和多边论坛，加强药物和原料药供应链合作
			《全球药物供应链地图》	为药品短缺提供早期预警。地图使用来自公共和私人来源的 40 多个数据集和 2.5 亿个数据点的信息来识别全球生产场地，量化上游医药供应链的风险和弹性；然后对这些数据补充以风险驱动因素信息，例如，价格、生产地点、化学信息、剂型和质量，以预测药品短缺风险
		日本	《经济安全保障促进法案》	从 2023 年起，日本将在国内建设民众生存必需的抗生素类原料药的制造和储备设施，构建满足医疗机构不间断稳定供应的体制
			《2025 药品监管网络战略》	提高上市状态的透明度将使监管机构能够更好地监控供应链，并预测关键产品供应的潜在问题
		印度	生产关联奖励 (PLI) 计划	（1）出资设立 3 个原料药园区，为本国原料药生产商提供运营便利，提高收益； （2）提高原料药的自我供给水平，扶持 53 种原料药及关键中间体的生产，减少对中国的依赖，扩大对其他国家市场的出口
	知识产权	美国	《2021 美国创新与竞争法案》	要求美国国防部指导和支持工程生物学和相关数据和信息科学的研究和发展，评估与工程生物学相关的潜在国家安全和经济安全威胁风险
			《推动生物技术和生物制造创新以实现可持续、安全和可靠的美国生物经济》	推动生物经济的测量技术和标准开发； 通过支持生物安全创新降低风险； 促进数据共享以推动生物经济

续表

链条	环节	国家/地区	政策名称	行动计划
中游	人才	日本	《外汇法》	加强政府部门间的合作，对通过人才流失等形式造成的技术外流的风险进行意识启蒙、建立信息共享机制
	生产	美国	《百日供应链审查报告》	（1）确定财政激励或投资，以推动私营部门发展本土生产能力； （2）建立新的平台生产技术和透明的质量管理； （3）解决新技术带来的监管问题，建立联盟以协调所有政府投入资源； （4）授权美国食品药品监督管理局（FDA）收集关键新数据，透明化供应链，以识别和降低风险
			《“生物技术和制造目标”时间表》	确保在美国制造美国发明的所有东西，通过生物技术和生物制造来促进经济安全的替代供应链路径，通过生物制造创新来提高供应链的适应性
			《推动生物技术和生物制造创新以实现可持续、安全和可靠的美国生物经济》	提高国内生物制造能力
		日本	《海外供应链多元化支援》	在生产高度集中在一个国家或地区的产品和对国民健康生活极端重要的产品方面，支持企业对供应链进行多元化和分散化改革，将生产从集中度高的国家或地区迁往东南亚等地，增加供应来源，降低供应中断风险。根据该政策，企业在此过程中所支出的费用，可以得到国家补贴
			《作为供应链对策的促进国内投资事业费补贴》	（1）对于生产集中度高的产品及零件，如果企业将其生产线迁回日本国内，或在日本国内建设新工厂，大企业可获得相当于支出经费1/2的补贴，中小企业可获得2/3的补贴，补贴金额上限为150亿日元； （2）以缓解暂时性供应紧张为目的的投资，企业在日本国内建设新工厂、增加生产线等，都可以申请国家补贴；对大企业的补贴金额占其支出经费的2/3，中小企业的补贴比例为3/4，补贴金额上限为150亿日元 （3）两个以上中小企业联合扩大生产规模以降低供应中断风险、提高整体效益的投资；比如，两个以上中小企业通过合作扩大生产规模、提高了设备开工率，降低了交易成本，或者通过技术互补使供应来源增加、销售渠道扩展、生产灵活性提高等，就可以申请这类补贴；补贴占支出经费的3/4，金额上限是150亿日元

续表

链条	环节	国家/地区	政策名称	行动计划
中游	技术	美国	《2021年美国创新与竞争法案》	确立“生物技术、医疗技术、基因组学和合成生物学”为十大关键技术重点领域之一，并提出重点保护生物医学研究领域，特别是人类基因信息
			《推动生物技术和生物制造创新以实现可持续、安全和可靠的美国生物经济》	利用生物技术增强供应链韧性； 推动全美各区域创新； 培训下一代生物技术专家
		欧盟	《欧洲药物战略》	提供良好创新环境； 鼓励实现创新和数字化转型
		日本	《外汇法》	（1）对核心技术进行全面管理，采取“知”“育”“守”“用”措施，即掌握核心技术分布，集中资源培育核心技术，防止核心技术流出，推进核心技术商业应用 （2）日本加强政府部门间的合作，对通过人才流失等形式造成的技术外流的风险进行意识启蒙、建立信息共享机制
下游	市场准入	美国	《推动生物技术和生物制造创新以实现可持续、安全和可靠的美国生物经济》	推动监管创新，以提高生物技术产品可及性
		欧盟	《欧洲药物战略》	提升监管体系的灵活性和健全性，提出双轨模式，精简药品监管程序，启动监管框架评估，研究监管框架对科技发展的适应性、探讨国家药品机构负责人运作结构在监管体系中的作用； 建立健全危机防范和应对机制，联合相关机构制定了欧洲卫生联盟一揽子计划，帮助提高欧盟对跨境健康威胁的应变能力
			《2025药品监管网络战略》	需要在检查、微观供应链和分布式制造、GDP指南的协调、变更、供应链适应力和多样化等领域制定监管框架
	消费	欧盟	《欧洲药物战略》	建立健全防止药品短缺机制，通过改善供应链透明度、提前发布药品短缺和退市通知、加强欧盟成员国合作等方式加强供应链监测、管理，避免药品短缺； 促进EMA与各国监管机构的双边合作，实现监管趋同，确保从全球范围内获得安全、有效、优质和可负担的医药产品

（一）掌握关键核心技术

美国方面，2021年6月，美国参议院通过了**《2021年美国创新与竞争法案》**，该法案将“生物技术、医疗技术、基因组学和合成生物学”被列为十大关键技术重点领域之一，并提出重点保护生物医学研究领域，特别是人类基因信息。该方案拟投入2000亿美元，以应对中国等国的战略竞争。

日本方面，日本政府将生物技术作为重点领域，根据不同时期的发展需求制定相应的战略政策，同时辅以专项计划来实现对生物技术产业的持续稳定投入。自1971年以来，日本政府在制定科技政策与规划时均生物技术将作为重点推进领域。一系列政策与规划的实施，促进了日本生物技术产业的创新发展。2001年，日本经济产业省启动产业集群计划，促进了一系列生物技术产业园区的快速发展。2002年，日本出台生物技术产业立国的国家战略，力争将生物技术产业培养成国家支柱产业。日本《第二期科学技术基本计划（2001—2005）》将生命科学确定为研发的重点领域之一。日本《第三期科学技术基本计划（2006—2010）》提出了“世界顶级研究基地形成促进计划”。2007年，日本发布《创新25战略》，实施并将建成多个生物技术世界顶级国际研究基地。日本《第四期科学技术基本计划（2011—2015）》重点突出将包含转基因生物技术等在内的技术领域确定为研发方向。日本《第五期科学技术基本计划（2016—2020）》围绕生物技术等能够创造新价值的核心优势技术，设定了富有挑战性的中长期发展目标并投入了巨额的资金，有效促进了生物技术基础研究的发展。防止核心技术流失，日本修改了**《外汇法》**，对核心技术进行全面管理，采取“知”“育”“守”“用”措施，即掌握核心技术分布，集中资源培育核心技术，防止核心技术流出，推进核心技术商业应用。加强政府部门间的合作，对通过人才流失等形式造成的技术外流的风险进行意识启蒙、建立信息共享机制。

（二）提高生物制造水平

美国方面，2022年9月，美国总统拜登签署了**《推动生物技术和生物制造创新以实现可持续、安全和可靠的美国生物经济》**的行政令，宣布启动国家生物技术和生物制造计划，旨在保持其在未来全球生物经济竞争中的领先地位。利用生物技术增强供应链韧性。卫生与公众服务部（HHS）将投资4000万美元，提高活性药物成分、抗生素以及基本药物和应对流行病药物生产所需的关键原材料等方面的生物制造能力。提高国内生物制造能力。国防部（DOD）将在5年内投资10亿美元建设国家生物工业制造基础设施，以激励公私部门合作提高关键化学品等重要产品的制造能力。国防部还将额外投资2亿美元，以加强该设施的生物安全和网络安全体系建设。2023年3月，美国发布**《"生物技术和制造目标"时间表》**，确保在美国制造美国发明的所有东西，通过生物技术和生物制造来促进经济安全的替代供应链路径，通过生物制造创新来提高供应链的适应性。

欧盟方面，2020年11月，欧盟发布**《欧洲医药发展战略》**旨在全面增强欧洲医药产业竞争力、生产力、环保性和可持续发展，不仅涉及药品生产环节，还涵盖了包括研发、上市、生产、仿制药在内的全生命周期。该战略认为，欧盟的优先目标之一是解决由于生产商过少、供应链脆弱、财政激励措施不足等原因造成的药品短缺问题。

日本方面，发布**《作为供应链对策的促进国内投资补贴》**对生产高度集中在特定国家的产品和对国民健康生活极为重要的产品，支持企业扩大国内生产能量，以减少对进口的依赖，缓解供应紧张局面，降低供应中断风险。该政策称，企业投资厂房、设备、系统和生产线，可以申请国家补贴。2020年5月发布**《海外供应链多元化支援》**政策，对生产高度集中在特定国家的产品和对国民健康生活极为重要的产品，支持企业对供应链进行多元化和分散化，将生产从特定国家迁往以东南亚为中心的国家，以增加供应来源，降低供应中断风险。

第九章

新能源汽车产业链供应链韧性评估

新能源汽车产业作为关乎我国国计民生的重要支柱产业，其产业链供应链韧性尤为受到关注。后疫情时代，新能源汽车产业链安全的考量逐步增加，愈发强调关键核心技术的自主可控。全球新能源汽车产业链将向着短链化、本土化和区域化方向加速演进，价值分布也加速向价值链两端转移。推动新能源汽车产业链升级，需要推动我国新能源汽车产业融入全球产业链，加快我国新能源汽车产业从低附加值向高附加值攀升，实现价值链升级。同时，聚焦于新能源汽车产业链，未来我国还需通过补链、强链推动关键核心技术的攻关克难，以有效增强我国新能源汽车产业链的韧性。

2022年，面对需求收缩、供给冲击、预期转弱三重压力，汽车行业克服了诸多不利因素冲击，走出年中波动震荡，持续保持了恢复增长态势，全年汽车产销稳中有增，主要经济指标持续向好，展现强大的发展韧性，为稳定工业经济增长起到重要作用。2022年汽车产销分别完成2702.1万辆和2686.4万辆，同比增长3.4%和2.1%，延续了2021年的增长态势。其中新能源汽车持续爆发式增长，全年销量超680万辆，市场占有率提升至25.6%，逐步进入全面市场化拓展期，迎来新的发展和增长阶段，其出口保持较高水平，屡创月度历史新高，自2022年8月以来月均出口量超过30万辆，全年出口突破300万辆有效拉动行业整体增长；中国品牌表现亮眼，紧抓新能源、智能网联转型机遇全面向上，产品竞争力不断提升，其中乘用车市场份额接近50%，为近五年新高。

从新能源汽车产业供应链的核心阶段来看，整车及相关的零部件制造业的发展尤为重要，它集聚了众多主机厂和配套零部件厂商。自第七届中国汽车蓝皮书论坛上汽车“新四化”概念被首次提出以来，“新四化”已成为行业共识，在重塑新能源汽车产业链的同时，也进一步推动企业间的合作。

第一节　新能源汽车产业链供应链的内涵

从新能源汽车产业供应链的上游来看，主要为新能源电池原料与新能源汽车材料，原新能源电池原料主要可分为正极材料、负极材料、电解液、电池隔膜。中游主要为新能源汽车及其零部件生产，包括常规零部件、芯片、电机、电控、锂电池及其制造用设备、电子电器等部件的生产以及新能源汽车制造和新能源客车制造。下游主要可分为购车销售环节和新能源汽车消费环节（如图 9-1）。

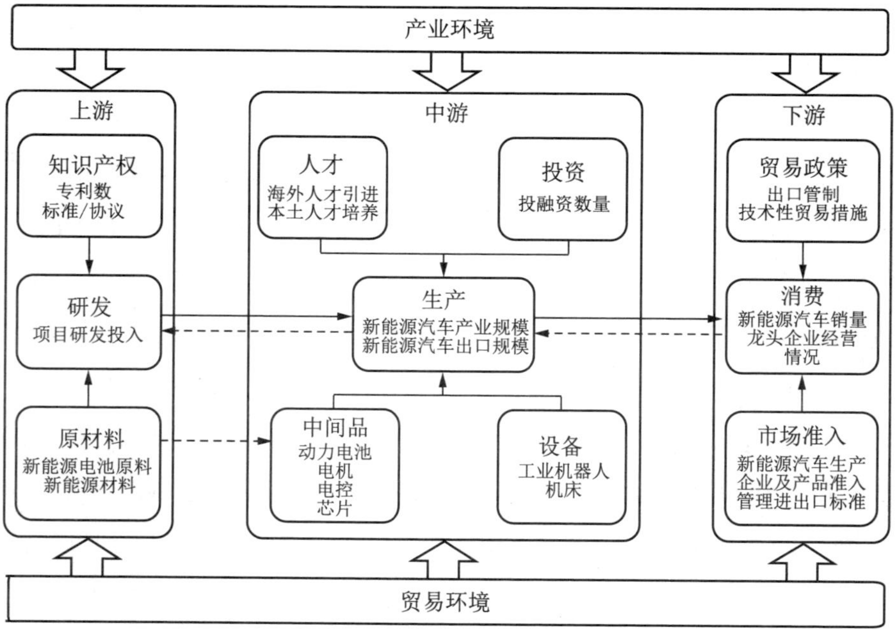

图 9-1　新能源汽车产业供应链图谱

新能源汽车制造和生产从原材料的采购、零部件生产与整车制造，到后市场服务环节的整个过程中，营商环境贯穿着整个新能源汽车产业的产业链，同时也离不开新能源汽车基础设施的作用。

从新能源汽车产业供应链代表性企业来看，目前，我国在新能源汽车上游原材料领域，新能源电池原材料代表性企业有宁德时代、天齐锂业、赣锋锂业、杉杉股份等；芯片用原材料主要包括圣邦股份、思瑞浦、艾为电子、卓胜微、韦尔股份等。

在中游新能源汽车零部件生产环节，新能源汽车零部件涉及的行业类别较多，包括常规零部件以及新能源汽车动力零部件，其中几个发展较好的代表性企业为福耀玻璃、江苏旷达、米其林、岱美股份等；新能源汽车电子的代表性企业有均胜电子、立讯精密、银轮股份等。在整车制造环节，涉及新能源汽车类别的代表企业为比亚迪、上汽集团、小鹏汽车、蔚来汽车、理想汽车；目前，小鹏、蔚来和理想仅涉及乘用车领域。而涉及新能源客车领域的代表企业为宇通客车、厦门金旅、苏州金龙等。

在下游购车销售和消费环节来看，除了整车制造企业本身涉及新能源汽车售前服务以外，还有一些新能源汽车经销商，其代表性企业为广汇汽车、中升集团、利星行等。

一、新能源汽车已成为行业发展共识

汽车动力总成是整车中的关键部分，也是整车技术发展的难点和重点。汽车汽油机技术取得了长远发展，汽油机的动力性、经济性以及排放控制都获得了很大的提升。而随着新能源汽车市场的不断扩张，内燃机在汽车动力中的地位也发生了很大的变化，汽车动力市场从内燃机单独驱动演变为内燃机与电动机共同驱动。尽管汽车动力电动化在政策上受到大力支持，电池能量密度低、电动车购置成本和使用成本高以及充电设施缺乏等问题在短期内无法得到根本解决。而汽车内燃机技术尚有进一步挖掘的潜力，因而汽车动力多元化将成为今后一段时期的常态，主机厂在大力发展新能源汽车的同时，也会保持对传统动力车型的投入。

二、新能源汽车轻量化成为重要发展方向

在保证新能源汽车强度和安全性能的前提下，降低新能源汽车重量便成为重点考虑的手段。在整车上，可以通过选择轻量化材料、开发轻量化工艺、采用轻量化设计等途径来实现整车轻量化。具体来看，新能源汽车轻量化主要集中在底盘、车身、动力系统以及内外饰件方面。

三、新能源乘用车逐步朝智能化方向发展

在人工智能、5G 通信等新兴技术飞速发展的背景下，新能源汽车逐步向智能化方向发展。新能源汽车“智能化”既带动了行业技术升级，也吸引了众多行业外厂商的加入。以特斯拉、蔚来等为代表的造车新势力异军突起，在新能源汽车市场迅速抢占市场。与此同时，华为、百度等高科技公司快速响应乘用车行业在智能驾驶等方面的需求，纷纷参与到乘用车产业链中。目前，搭载 L2 级自动驾驶工功能的乘用车已实现量产，L3 级自动驾驶功能也正在布局和推进中。

生产是新能源汽车制造的基本要素，在工业 4.0 的驱动下，智能工厂接连在主机厂落地，与之相关的智能生产、智能物流、智能维修以及智能质量等也将促进产业效率提升。

第二节　新能源汽车产业链供应链韧性的评估框架

新能源汽车产业链韧性评估是一项综合性任务，通过对新能源汽车产业链上中下游关键环节现状进行分析，从而评估区域新能源汽车的产业链韧性。新能源汽车产业链上游重点评估新能源汽车相关专利的累计申请数量、新能源项目研发投入、原材料进口依赖程度等指标；中游重点评估新能源汽车技术人才、投资、新能源汽车生产态势、中间品生产、制造设备等指标；下游重点评估市场准入、新能源汽车市场消费、贸易措施等指标。此外，围绕全产业链评估产业发展的产业环境和国际贸易环境等指标。详细评估指标体系见表 9-1。

表 9-1　新能源汽车产业链供应链评估指标体系

链条	环节	评估维度	评估指标
上游	知识产权	专利	新能源汽车相关专利的累计申请数量 纯电动汽车（EV）充电和电池更换专利申请数量
		标准	新能源汽车以及基础设施行业标准体系建设情况
	研发	项目研发投入	新能源项目投资金额占比 车企研发投入费用增长情况
	原材料	原料	矿石原材料进口依赖程度以及国产化开采能力
		材料	新能源材料进口依赖程度以及自主保障能力
中游	人才	人才数量	人才缺口数量
	投资	投融资数量	新能源汽车整车领域融资事件数量与融资金额
	生产	产业规模	新能源汽车产量及其增速情况、新能源汽车自主制造能力
		出口规模	新能源汽车出口金额与增速情况
	中间品	芯片	芯片自给率
		新能源电池	新能源电池国产化制造能力、新能源电池装车量
		电机	高端电机产品依赖进口程度
		电控	电控产品依赖进口程度
	设备	工业机器人	工业机器人市场规模、依赖进口程度
		机床	数控机床关键零部件依赖进口程度 数控机床设计、制造、基础科研的竞争力情况
下游	贸易措施	出口管制	核心零部件受海外出口管制情况
		技术性贸易措施	海外针对核心零部件实施技术性贸易措施情况
	消费	新能源汽车销量	新能源汽车销量情况与同比增速 市场环境支撑能力
		龙头企业经营情况	龙头企业主营业务收入、利润情况
	市场准入	产企业及产品准入管理	新能源汽车生产企业及产品准入宽紧程度
		进出口标准	进出口市场环境支撑能力
全产业链	产业环境		产业环境完善程度
	贸易环境		贸易环境完善程度

一、研发布局

持续的技术研发投入可以帮助改善新能源汽车的性能、可靠性和纯电动续航能力等方面。研发人员可以针对电动机、电池、控制系统、充电技术等方面进行深入研究，以提高汽车的性能和使用寿命。因此对新能源项目投资以及车企研发投入情况在一定程度上也反映了我国新能源汽车产业的创新水平。

表 9-2 整车上市公司 2022 年财报相关数据

品牌	研发投入费用（亿元）	营业收入（亿元）	归母净利润（亿元）	毛利率
上汽集团	208.66	7440.63	161.18	9.61%
比亚迪	202.23	4240.61	166.2	20.39%
长城汽车	121.81	1373.4	82.66	19.31%
吉利汽车	84	1480	52.6	14.10%
广汽集团	65.26	1100	80.68	6.99%
长安汽车	56.78	1213	77.98	20.49%
蔚来	108.4	492.7	−145.6	10.44%
小鹏汽车	68	268.6	−91.39	11.50%
理想汽车	52	452.9	−20.12	19.41%
零跑汽车	14	123.8	−51.1	−15.40%
宇通客车	16.94	218	7.59	22.83%
一汽解放	28.96	383.3	3.67	8.03%
东风汽车	4.12	121.9	2.85	8.73%

2022 年，仅国内 5 家头部上市车企研发投入就高达 680 亿元，且增长迅猛。其中，上汽集团研发投入最高，2022 年累计研发投入 208.66 亿元，占营业收入的 2.8%，毛利率为 9.61%。比亚迪次之，研发投入 202.23 亿元，同比增长 90.31%，占营业收入的 4.77%。此外，长城汽车研发投入为 121.81 亿元，占营业总收入的比例达 8.87%；吉利汽车研发总投入 84 亿元，较上年同期增长了 51.2%；广汽集团研发投入达到 65.26 亿元，截至目前累计自主研发投入超 350 亿元（如表 9-2）。

抢占技术制高点，成为各大汽车上市公司重点布局的主要目的。综合各家年报，众车企研发费用大部分用于布局或持续加码新能源汽车赛道。比如，长城汽车所投入的121.81亿元研发经费，主要用于纯电、混动、氢能三方面的布局，吉利汽车的研发总投入也主要用于智能电动化方面。

二、知识产权

在新能源汽车的研发和制造过程中，专利具有不可替代的地位。专利技术的应用和发展将会起到至关重要的作用，因此新能源汽车专利的申请和获取变得越来越重要。

从《2022年新一代汽车专利发展报告》专利数量来看，我国是全球新一代汽车专利布局数量最多的国家，正在成为全球新一代汽车的中心。从专利申请人/专利权人看，全球新一代汽车有效专利排名前25名的重点企业集中在日本、德国、美国、韩国与我国部分企业。从申请的重点企业看，新一代汽车有效专利排名前20的专利申请人/专利权人有70%为我国企业，有30%为外国企业。具体而言，国外主要利申请人/专利权人为日本的丰田和本田，美国的福特和通用，德国的博世以及韩国的现代。我国的比亚迪、华为、东风汽车、北汽、上汽、一汽、国家电网、吉利、格力、潍柴动力、长城汽车、百度、奇瑞、腾讯等在我国新一代汽车有效专利权利人排名中名列前茅，这表明我国新一代汽车厂商在本土市场布局了较多专利，无论是传统整车厂商还是电动化、智能网联企业均积累了大量专利技术。整体来看，我国在车用半导体器件和混合动力方面布局较弱，东风汽车和吉利汽车在混合动力技术领域有一定量的专利布局，混合动力技术路线还可以通过其他技术路线来补足，但我国新一代汽车的发展或将受到车用半导体器件的影响。

三、原材料

我国总体上已成为新能源材料大国。国外跨国企业在新能源材料领域不断拓展，尤其在高附加值的关键战略材料产品中占据主导地位。

据海关数据显示，2022年1—12月，我国进口锂精矿约284万吨，主要来源于澳大利亚、巴西、津巴布韦、加拿大等国，同比增长约42%。2022年全年碳酸锂进口量达13.6万吨，同比增长68%，增速比2021年增加6.3

个百分点，2022年全年碳酸锂出口量为1.04万吨，净进口碳酸锂12.57万吨，同比增长约72%。2022年我国碳酸锂表观消费量达47.43万吨，碳酸锂进口依赖度为26.2%。其中，来自智利的碳酸锂为12.17吨，占进口总量的89.5%；来自阿根廷的碳酸锂为1.28万吨，占进口总量的9.4%。两个国家加总的碳酸锂进口量占据全部进口总量的98.9%。

此外，复合材料技术的进步是动力电池水平提升的基础，以三元电池为例，目前正处于低镍向高镍的转化期。美国少数企业垄断了高容量富锂和低钴/无钴正极材料的技术专利，德国、日本和韩国的少数企业在高镍低钴三元电池材料中占据优势地位，日本信越化学工业株式会社、美国3M公司等拥有硅基负极材料的关键专利技术。

四、人才

新能源汽车广阔市场的背后，带来了大量人才需求。无论是零部件企业、整车企业，还是服务企业，面临的核心要素都是人才。

新能源汽车领域拥有5年以上研发经验的本土技术人才近八成都在从事管理工作，这使得BMS（电池管理系统）和Pack（电池包的加工组长和包装）相关领域几乎难以找到优秀专业技术人才。企业在花费高昂的薪水和猎头费用聘得优秀人才后，还要面临其他本土企业的疯狂挖掘，频繁的人才流失也使得研发的延续性和整体进程都受到影响。国内许多较有实力的新能源车企不得不将目光放至海外市场，从海外寻找华裔人才和国外资深技术专家，汽车领域的国际人才交流频率逐渐增加。我国目前海外人才的输入速度与日益增长的人才需求仍然存在反差。

五、投资

汽车是一个技术、人才、资金密集的长周期行业，作为引领汽车产业变革的新能源汽车，更是在政策资金扶持、市场资本推动下发展迅猛。最早的一批新能源造车新企业，有的资金链断裂，最终走向衰落，有的拿到战略融资，继续巩固新能源造车“新势力”地位，例如2021年，蔚来汽车融资总额超127亿元，小鹏汽车融资总额超123亿元，除此之外，比亚迪、哪吒汽车、宝能汽车、宾理智能、恒大汽车等在2021年均融资超百亿元，仅仅新能源汽车整车领域融资总额超千亿元。2022年，新能源汽车整车领域已有超40起融资事件，涉及40多个新能源汽车品牌，融资金额超800亿元。

2023年4月新能源汽车赛道融资企业大多集中在北京和上海，其中江苏、浙江、上海地区占比达57.14%，超过了50%（如表9-3）。

表9-3　2023年4月部分地区新能源区域融资事件

地区	投融资事件	投融资金额
上海	9起	新能源汽车赛道：2起Pre-A轮融资；2起A轮融资；1起B轮融资；1起B2轮融资；1起战略融资3起超亿元融资事件； 已知融资金额共计9.73亿元 储能赛道：1起Pre-A轮融资；1起A轮融资； 2起超亿元融资； 已知融资金额共计5亿元 新能源赛道共发生5起超亿元融资，已知融资金额共计14.73亿元
江苏	5起	新能源汽车赛道：1起A轮融资；1起C轮融资； 1起超亿元融资事件； 已知融资金额共计4.1亿元 储能赛道：2起天使轮融资；1起天使+轮 已知融资金额共计0.6亿元 新能源赛道共发生1起超亿元融资，已知融资金额共计4.7亿元
浙江	3起	储能赛道：1起种子轮融资；1起A轮融资；1起C轮融资 已知融资金额共计1.4亿元

六、生产

我国已成为全球最大的新能源汽车市场，新能源汽车产销规模大幅增长，成为汽车产业高质量发展的新亮点。

根据中国汽车工业协会统计，2022年新能源汽车产销分别完成705.8万辆和688.7万辆，同比分别增长96.9%和93.4%。其中新能源乘用车产销分别完成671.6万辆和654.9万辆，同比分别增长97.77%和94.26%；新能源商用车产销分别完成34.2万辆和33.8万辆，同比分别增长81.84%和78.89%。

出口方面，2022年，我国汽车出口突破300万辆，达到311.1万辆，同比增长54.4%，有效拉动行业整体增长。其中，新能源汽车出口67.9万辆，同比增长1.2倍。我国汽车出口量价齐升，均价达到1.89万美元，其中纯电动车均价2.58万美元。从出口地区看，以比利时、英国、墨西哥为代表的欧美地区，正成为我国汽车出口的主要增量市场。从出口方式看，除了传统的出口批发、零售模式之外，越来越多的企业开始采取“订阅”模式以及进行海外建厂。

七、中间品

中间品的稳定供应是新能源汽车供应链稳定的基础。作为新能源汽车的重要环节零部件，芯片、电池、电机、电控保持着迅速发展，国产企业发展机遇扩大。

芯片方面，百年汽车行业正在经历大变革时代，汽车向电动化、智能化转化是大势所趋，车联网、新能源、智能化、自动驾驶四个领域趋势带来了新的芯片需求，也为国内新进芯片企业进入汽车领域带来全新的产业机遇。

新能源电池方面，在新能源汽车等产业快速发展的利好带动下，锂离子电池产业主要指标发生增长。2022 年，我国锂离子电池产业总体保持快速增长态势，全国锂离子电池产量达 750 吉瓦时（GWh），同比增长超过 130%。产业规模进一步扩大，行业总产值突破 1.2 万亿元。同时，全国新能源汽车动力电池装车量约 295 吉瓦时（GWh），储能锂电累计装机增速超过 130%。

电机方面，我国用于新能源汽车的电机产品总体上处于满足基本需求的程度。我国目前的高速轴承尚不满足行业发展要求，2022 年我国新能源汽车驱动电机需求量为 376.5 万台，装机量为 342 万台。汽车驱动电机行业数据统计指出，永磁同步电机是我国新能源车最主要的电机类型，具有功率密度高、力能指标好、高效节能、结构简单、可靠性高等优势。其中，12000 转以上的电机轴承主要依赖于海外的三大轴承企业斯凯孚（SKF）、舍弗勒、日本精工（NSK）。同时，轴承钢、轴承油脂（尤其是宽温变的油脂）仍需从日本、欧洲进口，能够满足工作温度零下 40 摄氏度到 150 摄氏度的宽温变油脂主要依赖进口。此外，1 万转以上尤其 2 万转以上的电机测试装备，几乎全部依靠进口。电机制造用的扁线下线、圆线下线设备主要进口自日本、美国、德国、意大利。转矩测量仪、振动和噪声测试仪、高端功率分析仪、恒温箱等精密装备，进口依赖也较大。

八、设备

新能源汽车制造业的发展离不开关键设备的支撑，新能源汽车一直是工业机器人最主要的应用市场，也是最早应用自动化和部署机器人的行业。关键设备的迭代升级也成为新能源汽车制造业的重要发展因素之一。

随着新能源汽车销量的快速增长以及汽车产业数字化和智能化的转型升级，新能源汽车制造以及零部件生产正在加速机器代人趋势。工业机器人领域，在国内密集出台的政策和不断成熟的市场等多重因素驱动下，工业机器人增长迅猛。2022 年 1—12 月全国规模以上工业企业的工业机器人累计完成产量 44.3 万套。我国连续九年成为全球最大工业机器人消费国，稳居全球第一大工业机器人市场。我国却不是工业机器人产量最大的国家，也缺乏行业巨头。据悉，世界工业机器人有发那科、库卡、ABB 公司、安川电机为代表的四大家族。统计显示，2022 年 1—11 月我国多功能工业机器人进口数量为 9.6 万台，进口金额为 12.1 亿美元。

九、 贸易措施

在新能源汽车领域，我国不仅连续八年成为全球最大的生产国和消费国，而且近年来还成为全球最大的出口国。新能源汽车加速“出海”，正成为“中国制造”的新名片。评估区域内新能源汽车制造企业出口管制的情况也一定程度上反映了产业链，供应链的稳定性。

2022 年 8 月以来，美国接连出台 3 项新规。8 月 9 日，美国总统拜登签署《芯片和科学法案》，通过补贴吸引半导体企业在美国设厂的同时，增设针对中国的条款，以限制这些企业在中国大陆扩产。8 月 12 日，美国商务部发布公告，将第四代半导体材料氧化镓、金刚石、专门用于 3 纳米及以下芯片设计的 ECAD 软件等 4 项技术纳入新的出口管制范围。8 月 16 日，美国总统拜登签署《通胀削减法案》，规定享受美国政府补贴的汽车电池必须在北美制造，2023 年后，电池 40％的原材料要来自北美，2027 年达到 80％；享受补贴的电动汽车，必须在美国或与美国有自由贸易协定的国家组装。

十、 市场准入

新能源汽车生产准入门槛的设置在当时有其必要性，通过严格把关生产条件，确保新能源汽车企业运营管理能力、产品质量，推动我国新能源汽车产业发展。

工信部发布的《关于开展新能源汽车委托生产试点工作的通知》规定：

对进入《车辆生产企业及产品公告》的新能源汽车产品开展委托生产试点工作，委托企业的条件是通过新能源汽车生产企业准入，受托企业的条件是通过新能源汽车生产企业准入，且具备与委托生产产品同类生产资质。即代工厂和品牌方两者均需要具备生产资质，才能实现量产新能源汽车。

工信部2020年修订的《新能源汽车生产企业及产品准入管理规定》，大幅降低了行业准入门槛，有助于规范和释放新能源市场活力。长期看，将推动新能源汽车销量进入快速增长的新阶段。降低门槛，减少了对新进入企业的束缚，但并不意味着新能源汽车行业技术门槛的降低，而是表明企业准入审查的重点监管方向由研发能力转向了生产能力、质量及一致性控制能力、售后及安全保障能力。

十一、消费

新能源汽车消费是扩内需、促消费的重要举措。近年来，在各项政策措施支持下，我国新能源汽车产业发展迅速，成为绿色消费的一大亮点。

2022年我国汽车总销量为2686.4万辆，实现了2.1%的同比增长；其中，新能源汽车总销量为680万辆，其市场占有率提升至25.6%。新能源汽车在2022年持续爆发式增长，逐步进入全面市场化拓展期，迎来新的发展和增长阶段。数据显示，在售出的新能源汽车中，纯电动汽车销量为536.5万辆，同比增长81.6%，插电式混动汽车销量为151.8万辆，同比增长1.5倍。从进口方面来看，2022年我国新能源汽车进口总量达到121万辆，出口总量达到1037万辆。其中，品牌竞争力大幅提升。2022年，自主品牌新能源乘用车国内市场销售占比达到79.9%，同比提升5.4个百分点；新能源汽车出口67.9万辆，同比增长1.2倍。全球新能源汽车销量排名前十的企业集团中我国占据三席，动力电池装机量前十企业中我国占据六席。

十二、产业环境

良好的产业环境是新能源汽车发展的重要保障。政府可以通过相关税收减免补贴和奖励等方式，推动新能源汽车技术的研发和市场普及。随着近年来我国新能源汽车产业的蓬勃发展，新能源汽车也逐步实现国产化，这完全离不开良好的产业环境。

愈来愈多的产业政策倾向于规划类和支持类，新能源汽车产业的主要政策内容为：对新能源汽车消费的促进、对新能源汽车产业发展规划、加强区域间（境内/境外）在新能源汽车产业方面的合作、新能源汽车产业低碳化要求、对新能源汽车产业企业的补贴等方面。

表 9-4　我国部分地区新能源汽车产业政策汇总

地区	政策名称	主要内容
上海	《上海市战略性新兴产业和先导产业发展"十四五"规划》	纯电动汽车和燃料电池汽车比重进一步提升，推动重点汽车制造企业加速向战略性新兴产业企业转型，培育一批销售规模百亿级汽车零部件中小企业
	《上海市先进制造业发展"十四五"规划》	围绕基础零部件/元器件、基础工业软件等产业基础领域，集中力量攻克关系国计民生、产业安全的基础短板，引领提升产品质量和技术水平，形成国际先进、安全可控的产业基础体系
江苏	《江苏省"十四五"新能源汽车产业发展规划》	新能源客车、中重型货车等品牌影响力和竞争优势进一步增强，新能源乘用车产、研、销协司水平全面跃升，企业根植性显著提高，重点在智能网联汽车、动力电池、氯燃料电池汽车、充换电智慧能源网领域培育形成一批具备较强竞争力的汽车零部件企业和生态主导型企业
	《江苏省"十四五"制造业高质量发展规划》	到 2025 年，制造业在全省经济中的支柱地位和全国的领先地位巩固提升，实现创新高水平、制造高效率，供给高品质、结构更优化、区域更协调、环境更友好的高质量发展，掌握关键核心技术的国际一流自主品牌领军企业不断涌现，产业基础高级化和产业链现代化水平持续提高
安徽	《安徽省"十四五"汽车产业高质量发展规划》	全面提升汽车零部件及相关软件配套能力，推动汽车与能源、交通、信息通信、人工智能等产业协同融合发展
	《安徽省"十四五"制造业高质量发展（制造强省建设）规划》	力争到 2025 年，新一代信息技术实现营业收入 1 万亿元，汽车及零部件、装备制造、新材料等 3 个产业实现大幅跨越，为万亿级产业目标奠定坚实基础，形成 10 个左右千亿级以上产业，若干个百亿级接续产业
浙江	《高端装备制造业"十四五"发展规划》	开发柴油高压共轨、汽车安全、低成本超高强钢/铝合金/碳纤维汽车零部件、新能源汽车机电耦合系统等产业化急需的高效加工与成形装备等
	《浙江省新能源汽车产业发展"十四五"规划》	动力电池与管理、驱动电机与电力电子等关键性部件实现突破，热管理系统、车身轻量化材料等优势零部件领域持续做强，形成关键零部件自主配套能力

第三节　总结与启示

新能源汽车产业作为我国七大新兴产业之一，其产业发展受到国家的高度重视，是国家坚决支持的战略性新兴产业，中长期增长趋势确定性明显。政府对新能源汽车的政策支持与庞大的应用市场，为我国新能源汽车产业发展提供了广阔的市场空间和培育空间。在欧洲市场，受通货膨胀、能源危机、供应链不畅等不利因素影响下，我国新能源汽车产业砥砺前行。依照新能源汽车产业链供应链韧性评估框架对我国新能源汽车产业进行评估实践，并借鉴国内外新能源汽车产业链供应链韧性提升政策措施分析其经验启示。

一、新能源汽车产业链供应链韧性评估案例实践

依据产业链供应链评估指标体系来评估我国新能源汽车产业韧性情况，该产业链供应链上游企业研发布局较多、中游产品升级能力较强、下游市场发展持续稳固，新能源汽车整体产业链完备。然而供应链形势紧张、核心产品保障能力脆弱等影响因素仍然存在，需要进一步提升在关键环节和领域的自主可控程度。总体来看，我国新能源汽车产业链供应链整体韧性较强。

（一）上游研发布局提升，部分复合材料关键专利技术依赖海外，韧性中等

评估新能源汽车产业链供应链上游，新能源汽车在知识产权领域有所布局，全球新一代汽车布局数量我国最多，有效专利排名前 25 名的重点企业集中在日本、德国、美国、韩国与我国部分企业。尽管全球汽车工业的重心虽然开始转移到我国，但是我国新一代汽车企业仍然需要面对海外国家整车、动力电池、智能网联跨界企业的挑战。当前，头部上市车企研发投入增长迅猛，而部分复合材料关键专利技术依赖海外。由此，新能源汽车产业链供应链上游韧性中等。

（二）中游产品量价齐升，高端设备依赖进口，韧性中等

评估新能源汽车产业链供应链中游，产量继续保持高速增长势头，出口显著增长。2022 年新能源汽车产销分别完成 705.8 万辆和 688.7 万辆，同比分别增长 96.9%和 93.4%。新能源汽车出口 67.9 万辆，同比增长 1.2 倍。然而新能源汽车广阔市场的背后，带来了大量人才需求，特别是技术、研发类人才需求的缺口。同时，近几年中美贸易摩擦加剧，全球价值链体系中的利益分配格局必然会在中美战略竞争冲击下，逐步发生重大调整和重构，进而对全球企业供应链布局产生影响。由此，新能源汽车产业链供应链中游韧性中等，产量可继续保持高速增长势头。

（三）下游市场规模大幅增长，受疫情冲击后恢复快，韧性强

评估新能源汽车产业链供应链下游，在持续的技术研发投入、政府优惠政策的扶持、市场需求的增长等因素的共同作用下，新能源汽车产业已成为全球最大的市场，新能源汽车产销规模大幅增长，成为汽车产业高质量发展的新亮点。2022 年我国汽车总销量为 2686.4 万辆，实现了 2.1%的同比增长；其中，新能源汽车总销量为 680 万辆，其市场占有率提升至 25.6%，自主品牌新能源乘用车国内市场销售占比达到 79.9%。此外，新能源汽车行业的恢复能力也非常出色。在历经新冠疫情冲击后，我国新能源汽车产业迅速反应，恢复能力强。但仍有海外国家实施保护主义色彩的政策措施，需警惕贸易摩擦。由此，新能源汽车产业链供应链下游韧性强。

综合来看，基于我国新能源汽车上中下游产业链供应链韧性的评估结果，我国新能源汽车产业链供应链整体韧性较强。

二、新能源汽车产业链供应链韧性提升的国际经验与启示

当前，全球汽车供应链体系正在经历深刻变革。汽车产业原有全球化分工的均衡被打破，供应链体系屡受冲击。传统的金字塔式多级供应链体系正在向扁平化的多主体协同模式转变。以往的国际化分工体系和产业链布局，出现了区域化、多元化的新趋势。面临重构，国内外为巩固新能源汽车产业供应链韧性发展进行相应的布局（如图 9-2）。欧盟、美国、日本等均出台了系列政策提升其新能源汽车产业链供应链韧性（如表 9-5）。

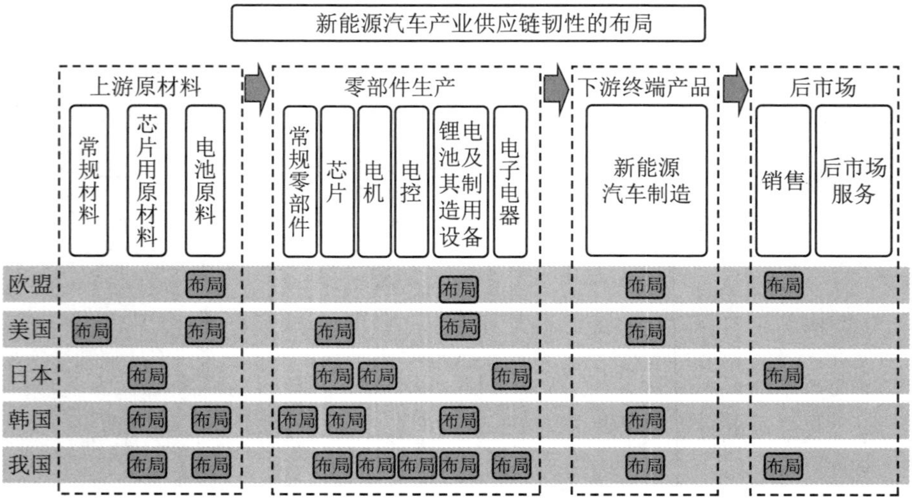

图 9-2　新能源汽车产业供应链韧性布局

表 9-5　国外提升新能源汽车产业链供应链韧性出台的政策及举措

链条	环节	国家/地区	政策名称	行动计划
上游	知识产权	欧盟	《欧盟电池与废电池法规》	阻断非欧标电池产品进入欧盟市场。将欧盟高环保标准应用于电池产业的整个供应链，实现从根本上阻断非欧标产品进入欧盟市场
	研发	美国	国家级储能研发中心	2021 年 3 月，美国能源部投入 7500 万美元，依托西北太平洋国家实验室（PNNL）成立国家级储能技术研发中心（GLS），推进低成本长时储能技术研发，通过整合学术界和产业界的研究力量，加快推进先进的电网级别的低成本长时储能技术研发和部署，以并网消纳更多的可再生能源、推进美国电网现代化和有效应对日益增长的电动汽车电力需求
	原材料	欧盟	《欧盟电池与废电池法规》	据设计和用途重新对电池进行分类，将电池分为设备电池、启动电池、动力电池和工业电池四大类
				强制动力电池和工业电池提供碳足迹标签
				对新电池强制要求再生铅、钴、锂和镍的最低使用量；2027 年 1 月起，强制披露电池再生材料的使用比例情况；2030 年 1 月 1 日起，强制要求再生材料的使用比例，2030 年钴 12%、锂 4%、镍 4%、铅 85%；2035 年钴 20%、锂 10%、镍 12%、铅 85%
				电池管理系统和电池护照；电子信息交换系统是全球电池联盟提出的用于交换工业电池和动力电池信息的电子系统，旨在提高电池供应链和价值链的透明度

续表

链条	环节	国家/地区	政策名称	行动计划
上游	原材料	美国	《拟议规则制定通知》	给出了目前与美国有自由贸易协议的国家或地区名单，包括澳大利亚、加拿大、日本、韩国、墨西哥等21个国家或地区；目前已通过各种方式在美国建造电池及原材料工厂的主要国家日本和韩国都在该名单中，但中国、欧盟与英国均不在其中
			《美国—墨西哥—加拿大协定》(2020)	要求汽车制造商至少70%钢铁和铝原料来自美国、墨西哥、加拿大
中游	人才	日本	《汽车产业战略2014》	提出全球化、研发和人才、系统、产品四大战略
	投资	美国	《基础设施计划》	拜登政府提议投资1740亿美元支持美国电动汽车市场发展，内容涉及完善国内产业链、销售折扣与税收优惠、到2030年建50万个充电桩、校车公交及联邦车队电动化
		瑞典	可持续电池价值链战略	通过绿色融资和风险投资，为大型公司提供多种融资方式，吸引电池生产制造投资；加大投资研发、创新和教育，建立电池产业培训集群
		韩国	文在寅访美	为加强美韩供应链合作奠定基础，直接促成韩国企业宣布将在美国增加超过300亿美元的半导体和电动汽车投资
	生产	美国	《美国—墨西哥—加拿大协定》(2020年)	汽车零部件的75%必须在美国、墨西哥、加拿大三国生产，才能享受零关税，高于此前62.5%的标准；到2023年，零关税汽车40%—45%的零部件必须由时薪最低16美元的工人所生产；同时，墨西哥和加拿大获得美国对两国汽车关税豁免的“单边保证”
	中间品	日本	《经济安全保障推进法案》	将寻求授权对半导体、蓄电池、稀土元素和其他重要产品的供应链进行全面审查，以缓解对外国的依赖，同时也写明了国家对民间技术开发的支持
		日本	《电池产业战略》	提出到2030年建立150吉瓦时/年的国内制造基地，全球生产能力达600吉瓦时/年，以提高日本电池产业竞争力；日本将通过加快技术开发，率先实现全固态电池等下一代电池技术的商业应用，稳步占领下一代电池市场
		瑞典	可持续电池价值链战略	支持电池产业技术创新、业务创新和新法规试验；通过合作与对话的方式解决关键技术和原材料的可获得性

续表

链条	环节	国家/地区	政策名称	行动计划
中游	设备	日本	《通商白皮书》	政府支持重要行业如汽车、电气和电子设备、高性能材料等建立多元化的供应链体系，同时要加大对包含敏感技术、新兴技术在内的供应链项目的安全审查力度，与盟国合作构筑国内经济的安全体系
下游	贸易措施	美国	《拟议规则制定通知》	从2023年4月18日起，想要享受7500美元（以3月31日汇率计算约合5.15万元人民币）购车税收抵免的新能源汽车消费者就必须购买动力电池符合多项要求的新车，且这些要求将逐年变化
		日本	《经济安全保障推进法案》	规定了企业泄露重要信息时的罚则；由于政府对企业活动的干预力度会加大，经济界也有担忧之声；政府还一度讨论了对不配合供应链调查的企业的罚则，但因经济界的反对而撤回
		挪威	2025年实现零排放	纯电动车免征购置税、进口关税、增值税，2025年燃油车禁售
	消费	美国	《通货膨胀削减法案》	消费者购买电动汽车的补贴，将使得消费者在一辆新的新能源汽车上节省7500美元
			《美国清洁能源法案》（2021）	加大投资和消费刺激，加快构建新能源汽车产业链。提案计划提供316亿美元电动车消费税收抵免，对满足条件的车辆将税收抵免上限提升至1.25万美元/车；同时，放宽汽车厂商享税收减免的20万辆限额，并将提供1000亿美元购置补贴；在渗透率达到50%后，税收抵免在三年内退坡
		法国	2050年净零温室气体排放	总补贴预算在2020—2022年提升至3.4亿—4亿欧元，即电动车及排量少于20克/公里的油电混动车可获得6300欧元的优惠
		韩国	新能源汽车补贴	5700万韩元的新能源汽车可以享受100%补贴；提供上限为500万韩元的燃油效率补贴和行驶里程补贴
	市场准入	美国	DOT安全认证	DOT认证为自我认证，制造商采用任何适当的方式进行认证，保存自我认证过程中的所有试验记录，在车辆的指定位置粘贴一永久标识，声明“此车辆在出厂时符合所有适用的FMVSS法规”，完成以上步骤即表明通过DOT认证，NHTSA不会对车辆或设备发放任何认证标签，标贴或证书
		欧盟	E-mark认证	E-mark认证是欧洲经济委员会（ECE）与欧盟（EU）针对车辆及主要零部件产品实施的一种强制性认证制度，通常也写为emark认证或e-mark认证。根据欧洲经济委员会的法规标准ECE Regulation与欧盟指令EC Direction规定，凡是需要进入其成员国市场的车辆及主要零部件产品，必须通过E-mark认证及生产一致性检查，并在产品上印刻相应的认证标志，否则会被海关扣押以及被进口国市场监督管理机构处罚，同时整车不得挂牌上路

（一）新能源电池成为布局重点

欧盟电池产业链供应链自主性低，其电池生产能力只能满足需求的3%。锂电池是新能源汽车产业清洁低碳转型的关键。随着新能源汽车和储能需求增加，高性能锂电池发展空间巨大，欧盟将发展电池产业作为其战略性产业的重要组成部分。因此，欧洲建立了保障欧盟电池产业链供应链韧性的标准与法律《欧盟电池与废电池法规》（又称为欧盟《新电池法》）。

表 9-6　欧盟电池法规强制要求

政策要点	最后生效期限	设备电池	工业/动力电池	启动电池
新定义	立即生效	√	√	
碳足迹说明	2024 年 7 月 1 日		√	
CO_2 强度标记	2026 年 1 月 1 日		√	
最大碳足迹	2027 年 7 月 1 日		√	
最低耐用性/性能要求	2026 年 1 月 1 日		√	
	2027 年 1 月 1 日	√		
最低回收量	2030 年 1 月 1 日 2035 年 1 月 1 日		√	√
再生材料含量标示	2027 年 1 月 1 日		√	√
废旧电池回收率	2025 年 12 月 31 日 2030 年 12 月 31 日	√		
可拆卸性/互换性	立即生效	√		
电池管理系统	立即生效		√	
电池护照	2026 年 1 月 1 日		√	

1. 用标准重塑全球电池产业链供应链

制定有利于增强欧盟电池产业链供应链韧性的欧盟标准，阻断非欧标电池产品进入欧盟市场。将欧盟高环保标准应用于电池产业的整个供应链，实现从根本上阻断非欧标产品进入欧盟市场。

2. 用可持续性义务重塑全球电池产业链供应链

2022 年 3 月《欧盟电池与废电池法规》修正草案公布，对电池生命周期可持续性义务进行立法，拟将电池管控方式由指令上升到法规高度。其主要内容包括：第一，根据设计和用途重新对电池进行分类，将电池分为设备电池、启动电池、动力电池和工业电池四大类。第二，强制动力电池和工业电池提供碳足迹标签。自2024年7月起，欧盟市场上的工业电池和动力电池将被强制披露碳足迹；自2026年1月1日起，电池必须贴有二氧化碳排放的标签；自2027年7月1日起，将实施严格的电池碳足迹要求，即电池碳足迹必须在其整个生命周期内低于其规定的最大值要求，才能获准进入欧盟市场。第三，对新电池强制要求再生铅、钴、锂和镍的最低使用量。2027年1月起，强制披露电池再生材料的使用比例情况；2030年1月1日起，强制要求再生材料的使用比例，2030年钴12%、锂4%、镍4%、铅85%；2035年钴20%、锂10%、镍12%、铅85%。第四，电池管理系统和电池护照。电子信息交换系统是全球电池联盟提出的用于交换工业电池和动力电池信息的电子系统，旨在提高电池供应链和价值链的透明度。2026年1月1日之前引入电池护照，作为欧洲首个数字产品通行证。电池护照是工业电池和动力电池的电子档案。

3. 电池产业链供应链韧性的主要政策

欧盟致力于建立电池产业的一体化产业链供应链，包括原材料、核心材料、电芯（模组）封装制造、新能源汽车（储能装置）、电池回收利用等。从原材料采购、投资支持、研发、人力培训到环保监管、贸易监管等领域，制定了关键计划和实施步骤。欧盟制定电池战略行动计划旨在将欧盟电池标准确立为全球电池行业的国际标准，并为欧盟电池企业创造有利的政策环境。电池战略行动计划是在欧盟委员与欧盟成员国以及相关行业等利益相关者充分讨论、协商后制定的，旨在使欧洲可持续的电池产业在循环经济背景下成为全球领导者。具体包括：关键原材料研发与创新、融资与投资、标准化与监管、贸易和技能发展等方面的措施。

第一，电池产业是欧盟低碳转型的关键产业，也是保持欧盟新能源汽车产业竞争优势的关键产业。欧盟市场对锂电池需求大，如重型装备制造业、储能、新能源汽车等行业对电池有着巨大的需求空间。第二，欧盟积极建立本地电池产业链供应链，支持欧洲大规模电池制造。积极培育和吸引电池全产业链的优秀企业，包括与活性材料的制造与回收、完整电池和电池组件生产制造、用于新能源汽车产业和电力系统应用科技等相关的企业。第三，加强欧盟对先进（包括锂离子）电池技术和颠覆性电池技术研究和创新的支持；发展和加强高技能的欧洲电池行业劳动力；支持欧洲电池制造业的可持续发展，以确保其对环境的影响尽可能小。

4. 欧盟电池产业链供应链政策目标

德国、法国、瑞典等都将电池产业作为发展的重点，如瑞典通过政府主导的政策提案组织 Fossil Free Sweden 宣布“可持续电池价值链战略”，将电池作为国家战略产业。该战略于 2020 年 2 月提交给白副总理兼环境与气候部长伊莎贝拉·洛文（Isabella Lövin）和商业、工业和创新部长易卜拉欣·拜兰（Ibrahim Baylan）代表的政府。

可持续电池价值链战略目标如下：第一，优化电池产业政策，为欧盟电池产业链供应链发展创造条件。为企业提供绿色融资和风险投资等多种融资方式，吸引电池生产制造企业落户欧盟；支持技术创新、业务创新和新法规试验。第二，建立电池材料循环利用体系。循环利用是锂离子电池产业可持续发展、减少原材料需求、减少温室气体排放的关键。促进从废旧电池中提取和回收关键原材料，不断增加循环材料使用量；制定电池可持续、可追溯标准。第三，加大人力资源开发力度。在材料科学、冶炼技术、电气系统、电池包结构与设计、电池安全与数字化等领域每年培养研究和生产人才，积极吸引海内外人才和专家。第四，促进合作与对话，解决关键技术和原材料的可获得性。电池关键技术和原材料仍然是欧盟电池产业链供应链的主要瓶颈，将电池作为欧盟可持续产业进行宣传，有利于吸引更多投资和电池供应链稳定。

（二）本土投资扶持力度加大

在半导体、新能源和新能源汽车、数字经济等高新技术产业领域，美国不断加大本土投资扶持力度，提升本国产业链自主水平和供应链保障能力。2023 年 3 月，美国财政部和美国国税局发布了《通胀削减法案》关于新能源汽车条款的拟议指导意见《拟议规则制定通知》（以下简称《通知》），《通知》提出从 2023 年 4 月 18 日起，想要享受 7500 美元（以 3 月 31 日汇率计算约合 5.15 万元人民币）购车税收抵免的新能源汽车消费者就必须购买动力电池符合多项要求的新车，且这些要求将逐年变化。这将促使在美国销售新能源汽车的车企考虑尽量满足政策要求，以在销售新车时让消费者能够享受上述税收抵免，这一影响最终将传导到新能源汽车产业上游的动力电池以及原材料领域，从而促进美国本土企业的快速发展。

为了有资格获得 7500 美元的税收抵免，新能源汽车必须满足汽车中关键矿物和电池组件的采购要求。符合这两项要求之一的车辆有资格获得 3750 美元的税收抵免。为了满足关键矿物要求并有资格获得 3750 美元的税收抵免，电池中所含一定价值比例的关键矿物必须在美国或与美国有自由贸易协议的国家进行提取或加工，或根据《通胀削减法》的规定在北美进行回收。2023 年，适用的百分比为 40%，以后逐年递增 10%，直至 2027 年的 80%。

《美国清洁能源法案》(2021）提出加大投资和消费刺激，加快构建新能源汽车产业链。提案计划提供 316 亿美元电动车消费税收抵免，对满足条件的车辆将税收抵免上限提升至 1.25 万美元/车；同时，放宽新能源汽车厂商享税收减免的 20 万辆限额，并将提供 1000 亿美元购置补贴；在渗透率达到 50%后，税收抵免在三年内退坡。

（三）供应链安全审查力度提升

2022 年 11 月，日本参议院当天通过《经济安全保障推进法案》，将寻求授权对半导体、蓄电池、稀土元素和其他重要产品的供应链进行全面审查，以缓解对外国的依赖。日本政府力争在本届国会尽早通过法案。法案写明了国家对民间技术开发的支持，同时也规定了企业泄露重要信息时的罚则。

在强化供应链方面，该法案把因新冠疫情暴露出物流网脆弱性的半导体、医药品、稀有矿物等指定为“特定重要物资”，将对企业的采购计划进行认定，为确保稳定供应而提供资金支持。信息通信和铁路等 14 个行业的重要基础设施企业的设备将由国家进行事前审查，以防止网络攻击导致系统瘫痪和信息外泄。

日本政府极为重视数字技术、绿色环保和新一代通信技术等相关产业的供应链安全。2020 年 7 月经济产业省发布的《通商白皮书》也提到，政府支持重要行业如汽车、电气和电子设备、高性能材料等建立多元化的供应链体系，同时要加大对包含敏感技术、新兴技术在内的供应链项目的安全审查力度，与盟国合作构筑国内经济的安全体系。同时，日本在碳中和技术及部分数字产业等领域都有存量优势和技术积淀，以绿色技术相关专利为例，2015—2017年的三年间，日本关于减排技术的专利和知识产权居世界首位，电动汽车及电池相关产业的技术专利优势尤为突出。由此也不难理解东芝、富士电机等企业计划立足日本国内，建立新能源汽车产业相关供应链体系，以及加大对面向未来数字技术、与新能源汽车息息相关的半导体领域的相关投资，以确保供应链安全。

（四）推进制造业复兴

韩国推进制造业复兴计划的四大战略：产业结构高级化、培育新主导产业、重构产业生态和建设创新创业型政府。制造业复兴计划具体的产业政策，主要集中在大容量电池产业、半导体产业、汽车产业及汽车零部件产业等领域，主要包括《2030年充电电池产业发展战略》（2021年）、《汽车零部件企业未来汽车改装支持计划》（2021年）、《K-Semiconductor战略实现综合半导体强国》（2021年）、《环保汽车第四个基本计划》（2021年）等政策。另外，2019年6月，韩国总统文在寅在访问位于韩国京畿道安山的“智能制造创新中心”时宣布将2019年定为“韩国制造业复兴”元年，并将推出制造业复兴愿景计划，帮助韩国政府及产业界积极应对外部变化，力争使韩国跻身全球制造业四大强国之一。韩国还将进一步向“环保型国家”靠拢，政府计划从2020年到2025年投入3850亿韩元的研发资金用于制造业的革新。韩国政府计划到2030年销售85万辆氢汽车。

2021年5月，时任韩国总统文在寅在访美期间与拜登谈及半导体供应链等相关话题，为加强美韩供应链合作奠定基础，直接促成韩国企业宣布将在美国增加超过300亿美元的半导体和电动汽车投资。

▶▶▶ 第四部分　思考与建议

第十章

大变局下的产业链供应链韧性及其战略应对

当前，从全球产业链重构趋势及背后的深层动因来看，影响产业链供应链稳定的关键因素及其作用机制不尽相同，既有长期性、内生性、难以逆转的方向，也有阶段性、外生性、不确定性的冲击。从全球主要国家产业链供应链认知演变及其最新战略动向看，多国在有关产业链供应链韧性的考量中开始将其视作关乎国家安全与经济利益的重要议题，产业链供应链韧性与安全已上升至国家战略的高度。目前，欧美提出的产业链供应链韧性战略，与传统意义中的供应链管理已呈现出本质不同，其风险管理的主体由企业转为国家，传统的“效率成本最优”标准被打破，转而以政治风险作为其战略考量的核心要素，并开始动用各类贸易投资工具进行干预，以改变或重构全球供应链，因而对全球产业的影响也是全方位的。

从我国重点产业链供应链韧性评估实践看，当前中国产业链供应链的外部环境已经发生变化，欧美供应链韧性战略下运用的多元手段部分对中国参与的供应链造成了扰乱，这些经贸政策的复合特点将使得对中国企业的影响越来越难以全面估计。在这样的背景下，过去单纯限于贸易领域的“关税摩擦”、“阻断与反制裁”等手段已不足以解决供应链调整所面临的中长期压力，我国的风险应对策略也要做出相应调整，“多主体”、“多层级”、“多维度”的协调应对机制亟待建立。另外，从当前全球产业链供应链基本格局来看，重构是一个长期的过程，美国等在推动“供应链重构”过程中也不得不顾及与盟友和与企业的利益分歧。正如欧美等供应链审查报告所反映的现状来看，中国在全球供应链中的地位目前是突出和显著的，也并不限于供应链中低端，短期内中国在全球产业链供应链中的地位难以改变。

综合来看，世界百年未有之大变局加剧了世界经济“去全球化”的风险，放大了产业链上“卡脖子”的短板，也为发挥产业体系优势，整合区域价值链、打造现代化产业链、实现中国经济高质量可持续发展提供了新的机遇。在国际生产和贸易体系深度调整和全球产业链供应链加快重构的大趋势下，中国作出构建新发展格局的战略决策具有重大的理论意义和现实紧迫性。中国需要未雨绸缪，高度重视全球“供应链韧性”战略所带来的新挑战，并努力通过相应的政策工具抵御其消极影响，赢得新一轮竞争的主动权。

基于前述分析，建议从以下方面入手，形成针对产业链供应链具体环节和整体管理的工具体系，并根据特定阶段、特定行业和特定区域的特点合理选用工具。

第一节　针对原材料供应保障的政策工具

一、建立关键战略资源和核心材料清单

针对我国先导产业、重点产业等关键领域，梳理出关键战略资源和核心材料清单，多方共同分析其所对应的主要进口来源地现状，探讨未来一段时期内各方可能形成供应链稳定保障所需的原材料储备、海外合作伙伴构建等配套措施。

二、引导企业围绕典型产业链供应链“走出去”

针对汽车、新能源等典型产业链，鼓励各类企业加快“走出去”，在非洲（刚果）、东盟（印尼）、澳大利亚、南美（阿根廷、智利）等区域建立关键矿产长期投资和贸易合作，增加海外权益资源的供给；鼓励签订具有价格浮动机制的长期合同，推动国际市场定价机制优化。对海外直接投资或间接投资项目，加强管理，重视产业链的社会责任要求。对金属冶炼环节，防范上下游挤压带来的低端化风险，着力提高产品质量。在重大装备制造方面，立足本土，加强与东南亚等地区合作，形成以我国为核心的汽车、新能源等产业链供应链区域布局，防范潜在的国际贸易壁垒。

三、提升关键材料二次供给能力

重视特定产业链所需的关键矿产储备，将金属或其他材料循环利用作为社会储备体系的重要组成部分，强化电池等材料全生命周期监测和管理，提高废旧器件回收再利用率，促进稀有材料的循环使用、退役电池等电池回收利用，完善技术和管理体系，增强供应链韧性的波动对冲能力。

第二节　针对产业链供应链基础设施的政策工具

一、降低产业链供应链碳足迹

高度重视欧盟碳边境调节机制、全球低碳企业联盟以及产品碳排放标准等新形势新要求，加快能源结构低碳化转型，着力降低重点产品的碳足迹，打造绿色供应链。在关键矿产开采冶炼、风机制造、硅片制造等过程中，鼓励企业增加绿电应用，建设零碳工厂，降低全生命周期的碳排放。为企业通过市场化方式实现碳减排提供规范化的渠道。畅通可再生电力交易机制，深入实施绿电交易试点，扩大跨省绿电交易规模；进一步推动碳市场扩大覆盖行业范围，完善核证减排量（CCER）交易机制。

二、联合开展芯片等关键零部件产地的基础条件监测

针对恶劣天气可能影响芯片供应、基础设施不足导致供应链不畅等方面，引导行业、商会等联合开展重点区域的基础设施监测，推动建立常态化的关键供应链监测保障机制。

三、建设产业链供应链发展的“软性基础设施”

针对柔性产业链供应链发展所需的产品和服务质量认证体系、统一编码和基于编码的数据交换、业态分类编码、成熟的培训体系等“软性基础设施”，在提升韧性上发挥好“串点成线”“连线成面”的作用。

第三节　针对知识产权的政策工具

一、制定“产业链供应链商业秘密和知识产权管理指南”

针对重点产业链，制定“产业链供应链商业秘密和知识产权管理指南”，

引导企业协同开展知识产权组织管理。

二、 加强“专利标准化、标准国际化”的进程引导

在RCEP、CPTPP等框架下，在与周边国家投资或贸易协定的谈判中，引导企业开展“专利标准化、标准国际化”等活动，推动其在医药、汽车部分（电池等）区域内形成有影响力的标准体系。

三、 针对关键产业链供应链开展知识产权导航

由商务部与知识产权部门协同，针对关键产业链供应链，协同开展知识产权导航工程，引导更好地做好国际供应链的知识产权管理与运营。

第四节 针对设备供应的政策工具

一、 建立关键产品和物资供应链清单

以法律法规的形式加强对涉及国家安全、民生安全等重要领域关键产品和物资供应链的管理。

二、 分类做好应对不同情况的供应链应对方案

针对唯一供应商（只有一个供应商能够提供所需的能力）、单源供应商（只有一个供应商有资格提供所需的能力）、脆弱供应商（特定的正遭受经济困境的供应商）、脆弱市场（不稳定的经济形式或可能导致国内供应商消亡）、产能受限于市场供应（由于市场需求的竞争，所需量无法在一定时间内被提供）、对外国的依赖（国内工业不能生产此产品或无法生产足够数量的此产品）、缺少生产资料或原材料短缺（由于相关供应商减少导致产品或材料短缺）等情况，分类做好应对策略。

三、 推动设备供应从产业链布局从遵守适应国际规则向协商制定规则转变

依据差异化特征，进行对美贸易反制政策储备，必要时实施与美国对等的贸易反制措施，同时与国际组织共同探索、协商建立有利于多边科技合作的国际规则，拓展国际科技合作的领域与范围。

第五节　针对技术供给的政策工具

一、建立“十行百品”关键零部件供应链目录，引导联合攻关

建议发起和实施“十行百品”计划，针对十个细分行业、百种产品率先采取协同攻关的机制突破，围绕关键零部件和核心技术组织产学研用联合攻关，打通产业链供应链的堵点、连接断点，推动关键材料、关键环节、重要工艺等自立自强，产业链供应链的自主可控。

二、在目标产业链中形成跨国供应链合作协议

建议国家层面在对外协作中，通过与意大利、瑞典、荷兰等关键技术国家签订政府间协议，推动技术和产业交流合作；与之相同步，建立企业间的供应链的跨国合作协议。

三、建立应对出口管制制度与技术封锁的清单

针对美国的出口管制制度与技术封锁清单，分门别类地建立组合应对策略。

第六节　针对生产布局的政策工具

一、制定引导产业链供应链关键环节留在国内的引导措施

推动重点产业链梳理分析，明确产业链核心环节、重点企业、重要项目、主要布局，加大对核心环节的要素、市场保障力度，积极引导企业将产业链供应链关键环节留在国内。

二、建立供应链合规共同体

针对目标市场出口的需求，协助企业做好供应商（特别是高风险供应商）、投资方、政府、媒体等利益相关者建立供应链合规共同体，促成全链条、全网络、全流程的共同合规，让供应链更稳定运行。例如，在业务决策端、产品开发端、市场营销端、项目施工端、物流运输端等等都要具备环境的合规意识，增加风险的透明度，提高风险防范能力建设。当识别出供应链

风险后，必须采取适当的补救和预防措施，比如与直接供应商签订补充合同或协议，增加适当的人权和环境条款，以及合规培训措施。企业还可以制定新的采购政策和供应商标准，增加核实合作伙伴是否采取适当措施防范供应链风险。

当企业有实际迹象表明间接供应商可能违反环境相关义务时，则须要针对责任方制定适当的补救措施，比如实施风险隔离、预防和避免风险，必要时可以取消合同协议。尤其当违规行为迫在眉睫或已经发生时，必须停止业务关系或采取风险最小化的应急措施。

三、推动生产制造与研发设计服务的供应链协同

借鉴欧盟 5.0 的策略，在培育微小领域的“隐形冠军”过程中，注重协同促进制造业高端环节的本土化和生产制造与研发设计服务的融合。

第七节　针对订单引导的政策工具

一、构建产业链供应链订单数字化系统

建立产业链供应链信息合作平台，推动示范链条的企业试点发货单、船载货物证明等全程的数字化，以及基于区块链或隐私计算等技术基础上的合理信息共享，大大提高交易速度和监控力度，保障供应链的稳定安全。

二、牵头建立符合可持续发展要求的供应链标准体系

针对原材料采购、生产、运输、分销及回收等环节制定合理的环保要求，建立面向供应链全生命周期的绿色指标与污染监控体系，推进企业社会责任制度体系建设，鼓励平台型企业在企业社会责任建设中发挥核心表率与监督作用，以此促进供应链全链条的可持续发展和国际布局拓展。

三、建立应急供应链服务体系

从供给、需求、设施设备、信息、政策等方面建立应急供应链服务体系，利用大数据和可视化技术，加快建设集应急物资生产储备、捐赠分配、交通运输、邮政快递、分发配送、应急需求等各方面信息的应急物流与供应链协同调度平台，确保应急资源可找、可取、可用、可控。

第八节　针对投资布局的政策工具

一、引导两个以上中小企业联合增加生产规模以降低供应中断风险、提高整体效益的投资

针对两个以上中小企业通过合作增加生产规模、提高设备开工率，降低交易成本，或者通过技术互补使供应来源扩大、销售渠道扩展、生产灵活性提高等，对其投资加以合理补贴，缓解供应紧张局面，降低供应中断风险。

二、适时编制及更新《对外投资国别产业链供应链指引》

建议在国内已有的《对外投资国别产业指引》等方面报告基础上，从产业链供应链韧性提升的视角，调整、更新、编制《对外投资国别产业链供应链指引》，更为精细地指明投资方向及产业链供应链管理指南。

三、促进融资和贸易规则的衔接

在借鉴欧盟围绕绿色矿产供应链的全球竞争中推进自身利益的经验基础上，通过引导投融资机构参与或开展产业链供应链韧性评估等方式，引导贸易相关的融资支持与产业链供应链韧性提升的对接。

第九节　针对贸易政策引导的政策工具

一、出台引导供应链多元化的贸易引导政策

针对单一国家（地区）进口依赖程度过高的领域，出台引导供应链多元化的贸易引导政策，降低、替代对单一国家依存度高的零部件、材料的使用量，组建依靠数据联通的快速、柔软的供应链，研发强化供应链。

二、通过新领域合作做大跨国产业链增量

针对新能源汽车、新一代信息技术、网络通信技术、清洁能源、能源开发储备、污染防治、海洋经济等具有合作前景的领域，选择“一带一路”沿线国家或区域范围内具有合作前景的重点产业，推动组建跨国的产业联盟，打造面向全球的新产业链，共同满足新消费需求。

三、争取新兴领域的贸易规则竞争主动权

针对数字经济等新兴领域的货物或服务贸易，支持相关行业率先建立规则引导体系，积极争取新兴领域的贸易规则竞争主动权。

第十节 针对市场引导的政策工具

一、积极应对非市场经济导向、毒丸条款、长臂管辖等对手发起的规则战

对标国际高标准推进国内改革，在开放竞争中建立高标准高质量的规则、标准和体制，积极应对非市场经济导向、毒丸条款、长臂管辖等对手发起的规则战，在规则竞争管理中提高产业供应链基础能力和产业链供应链水平。

二、培育“链上”本土核心企业

引导企业培育引导国际公认的“爆款”产品的能力，以此引导加工与贸易、贸易与投资、国内贸易与国际贸易、货物贸易与服务贸易、国内环节与国际环节、实体流程与数字化流程的融合与联动，努力实现由链条“参与者”向链条“运营者”的转变。

三、共同推动产品准入程序的协作

以联合国等国际组织的建议（联合国在报告中指出，政府间的监管程序对跨界贸易构成了重大挑战，各国可在强化数据共享标准、推进国际贸易电子化等方面加强合作）为牵引，协同建立产品准入程序的产品申报等电子化程序，促进产品的更好准入。

第十一节 针对需求引导的政策工具

一、完善供应链的基础服务体系

努力完善试验验证、计量、标准、检验检测、认证、信息服务等基础服务体系，利用好区域范围内原产地规则、海关程序、检验检疫、技术标准等

统一规则带来的制度优势，提升贸易便利化水平，引导跨国消费的需求释放。

二、建立海外需求信息的整合机制

联合商会等方面的能力，建立产业链上下游企业的生产数据资料（包括国内国际市场上政治、经济、社会事件，也有来自国内国际市场关系网的信息）整合机制，形成目标市场的系统信息的整合、筛选、分析加工体系，转变为掌控市场、寻求商业机会的能力。

三、以标准对接促进统一大市场的建设

推动从原料选材、产品研发、生产加工、流通运输到售后售前等全流程全方位严加把控的标准融合，使得全过程中的信息无缝对接，以此促进全国统一大市场、国内国际双循环的统一体系建设。

第十二节　针对产业链供应链整体管理的政策工具

一、实施产业链供应链链长培育计划

实施产业链供应链链长培育计划，推动产业链上下游、大中小企业协调发展，实现产业链各个环节和领域的集中突破和迭代升级。

二、设立“海外供应链韧性提升计划”

实施“强化海外供应链韧性计划”，针对关键产业链相关的供应链，支持目标产业链供应链内的企业对特定区域投资，对企业购买设备、实施商业调查提供补贴；启动若干项人才计划，帮助海外基地培养人才，提高生产供应管理能力；着手构建应对供应链危机的合作机制，支持海外合作机构设立强化供应链韧性的持续性项目，开展调查研究，共同举办产学研论坛，对形成应对危机的合作机制。

三、打造专业领先、梯队有序、人员充足的产业链供应链管理人才队伍

推动贸易、法律、经济等方面的专业人才团队，与研发、制造、运营等方面的专业人才团队衔接，建立产业链供应链专业人才团队，促成针对各重点产业链供应链的深度分析与合作，为产业链供应链韧性提升保驾护航。

参考文献

［1］杨耀武、倪红福、王丽萍：《后疫情时期的全球产业链的演变逻辑、趋势和政策建议》，《财经智库》2020 年第 6 期。

［2］吴彦艳：《产业链的构建整合及升级研究》，天津大学博士学位论文 2009 年。

［3］张国防：《全球化与逆全球化博弈下中国制造业产业链优化研究》，中共中央党校博士学位论文 2020 年。

［4］刘志杰：《推进农业产业化　重在构建产业链》，《中国党政干部论坛》1998 年第 10 期。

［5］刘大可：《产业链中企业与其供应商的权力关系分析》，《江苏社会科学》2001 年第 3 期。

［6］任保平、洪银兴：《新型工业化中经济效益提高的途径：一种产业链视角的分析》，《西北大学学报》（哲学社会科学版）2005 年第 1 期。

［7］郁义鸿：《产业链类型与产业链效率基准》，《中国工业经济》2005 年第 11 期。

［8］刘贵富：《产业链基本理论研究》，吉林大学博士学位论文 2006 年。

［9］于立宏、郁义鸿：《基于产业链效率的煤电纵向规制模式研究》，《中国工业经济》2006 年第 6 期。

［10］张国防：《全球化与逆全球化博弈下中国制造业产业链优化研究》，中共中央党校博士学位论文 2020 年。

［11］曲卉：《装备制造业价值链、产业链与核心竞争力研究》，西北大学博士学位论文 2018 年。

［12］郑大庆、张赞、于俊府：《产业链整合理论探讨》，《科技进步与对策》2011 年第 2 期。

［13］吴金明、邵昶：《产业链形成机制研究——“4 + 4 + 4”模型》，《中国工业经济》2006 年第 4 期。

［14］杨锐：《产业链竞争力理论研究——基于产业链治理的视角》，复旦大学博士学位论文 2012 年。

［15］吴彦艳：《产业链的构建整合及升级研究》，天津大学博士学位论文 2009 年。

［16］周娜：《中国锂产业链安全态势与治理研究》，中国地质大学博士学位论文 2021 年。

［17］Govil M, Proth J. M.,“2-Definition of a Supply Chain,” in M. Govil, J. M. Proth., *Supply Chain Design and Management*, San Diego: Academic Press, 2002: 7—16.

[18] Forrester. J. W., *Industrial Dynamics*, MIT Press, Cambridge, MA, 1961.

[19] 陈国权:《供应链管理》,《中国软科学》1999 年第 10 期。

[20] Hau L. Lee and Corey Billington, "Managing Supply Chain Inventory: Pitfalls and Opportunities," *Management Review*, Vol.33, 1992, pp.65—73.

[21] 干勇、彭苏萍、毛景文等:《我国关键矿产及其材料产业供应链高质量发展战略研究》,《中国工程科学》2022 年第 3 期。

[22] Capello R., Caragliu A., Fratesi U., "Spatial heterogeneity in the costs of the economic crisis in Europe: are cities sources of regional resilience?" *Journal of Economic Geography*, 2015, Vol.15, No.5, pp.951—972.

[23] 陶锋、王欣然、徐扬等:《数字化转型、产业链供应链韧性与企业生产率》,《中国工业经济》2023 年第 5 期。

[24] 黄群慧:《以产业链供应链现代化水平提升推动经济体系优化升级》,《马克思主义与现实》2020 年第 6 期。

[25] 中国社会科学院工业经济研究所课题组、张其仔:《提升产业链供应链现代化水平路径研究》,《中国工业经济》2021 年第 2 期。

[26] 陶锋、王欣然、徐扬等:《数字化转型、产业链供应链韧性与企业生产率》,《中国工业经济》2023 年第 5 期。

[27] 黄群慧:《以产业链供应链现代化水平提升推动经济体系优化升级》,《马克思主义与现实》2020 年第 6 期。

[28] 肖兴志、李少林:《大变局下的产业链韧性:生成逻辑、实践关切与政策取向》,《改革》2022 年第 11 期。

[29] 杨丹辉:《全球产业链重构的趋势与关键影响因素》,《人民论坛·学术前沿》2022 年第 7 期。

[30] 李巍、王丽:《拜登政府"供应链韧性"战略探析》,《当代美国评论》2022 年第 2 期。

[31] *Creating Resilient Supply Chains: A Practical Guide*, Centre for Logistics and Supply Chain Management at the Cranfield School of Management.

[32] Ponomarov, S. Y. and Holcomb, M. C., "Understanding the concept of supply chain resilience," *The International Journal of Logistics Management*, Vol. 20, No. 1, 2009, pp.124—143.

[33] 曹德、贺正楚、张嘉欣等:《轨道交通产业全产业链的韧性—脆弱性研究》,《经济数学》2020 年第 3 期。

[34] 段浩:《新冠疫情对我国产业链韧性的压力测试及应对举措》,《中国工业和信息化》2020 年第 3 期。

[35] 陈晓东、刘洋、周柯:《数字经济提升我国产业链韧性的路径研究》,《经济体制改革》2022 年第 1 期。

[36] 高洪玮:《中国式现代化与产业链韧性:历史逻辑、理论基础与对策建议》,《当代经济管理》2023 年第 4 期。

[37] 陶锋、王欣然、徐扬等:《数字化转型、产业链供应链韧性与企业生产率》,《中国工业经济》2023 年第 5 期。

[38] 邓又一、孙慧:《工业产业集聚对经济韧性的影响及其作用机制》,《软科

学》2022 年第 3 期。

[39] 沈曦、郭海湘、成金华：《突发风险下关键矿产供应链网络节点韧性评估——以镍矿产品为例》，《资源科学》2022 年第 1 期。

[40] 张伟、李航宇、张婷：《中国制造业产业链韧性测度及其时空分异特征》，《经济地理》2023 年第 4 期。

[41] 王泽宇、唐云清、韩增林等：《中国沿海省份海洋船舶产业链韧性测度及其影响因素》，《经济地理》2022 年第 7 期。

[42] 余典范：《中国产业动态比较优势的实证研究——基于马尔科夫链的方法》，《经济管理》2013 年第 12 期。

[43] 吕越、邓利静：《着力提升产业链供应链韧性与安全水平——以中国汽车产业链为例的测度及分析》，《国际贸易问题》2023 年第 2 期。

[44] 白玫：《欧盟产业链供应链韧性政策研究》，《价格理论与实践》2022 年第 9 期。

[45] Szczepanski, Marcin., *Resilience of global supply chains: Challenges and solutions*, 2021.

[46] Pennisi di Floristella, A., Chen, X., "Building resilient supply chains in uncertain times: a comparative study of EU and ASEAN approaches to supply chain resilience," *Asia Europe Journal*, Vol.20, 2022, pp.457—475.

[47] European Commission, *Commission Communication: A New Industrial Strategy for Europe*, 11/25/2020.

[48] 徐坡岭：《俄乌冲突下全球经济秩序面临调整》，载经济日报 http://paper.ce.cn/pad/content/202302/17/content_268980.html, 2023-02-17.

[49] European Commission, *Trade for all: Towards a more responsible trade and investment policy*, 10/11/2015.

[50] Di Mauro F., Plamper H., Stehrer R., *Global value chains: a case for Europe to cheer up*, CompNet Policy Brief, 2013.

[51] 李明勳：《解析歐盟［開放性戰略自主］產業政策之內涵》(2021)，《經濟前瞻》(197), pp.21—26。

[52] Critical Raw Materials: ensuring secure and sustainable supply chains for EU's green and digital future, 3/16/2023.

[53] 晏溶：《欧盟净零工业法案 & 欧洲氢能银行要点梳理》，载东方财富网 https://pdf.dfcfw.com/pdf/H3_AP202303211584435824_1.pdf?1679407114000.pdf, 2023 年 3 月 21 日。

[54] European Commission, *Net-Zero Industry Act: Making the EU the home of clean technologies manufacturing and green jobs*, 3/16/2023.

[55] 于治国、张国勋：《欧盟〈芯片法案〉箭在弦上　改变全球供应链布局——半导体行业全球贸易合规系列》，载中伦网 https://www.lexology.com/library/detail.aspx?g=0fdeff8d-f7c2-4669-bcfe-f9f0a43046ea, 2023 年 5 月 23 日。

[56] European Commission, *Proposal for a Regulation of the European Parliament and of the Council establishing a framework of measures for strengthening Europe's semiconductor ecosystem (Chips Act)*, 08/02/2022.

[57]《欧洲布局下一个 10 年，工业 5.0 人类将回归？多产业迎来变革》，载搜狐网 https://www.sohu.com/a/568818080_489960，2022 年 7 月 18 日。
[58] 王建芳、黄健、张超星：《欧盟提出工业 5.0 发展方向及支持措施》，载中国科学院战略咨询院官网 http://www.casisd.cn/zkcg/ydkb/kjzcyzxkb/kjzczxkb2021/zczxkb202103/202105/t20210521_6036091.html，2021 年 5 月 21 日。
[59] European Commission, *An intellectual property action plan to support the EU's recovery and resilience*, 11/25/2020.
[60] European Commission, *Attracting skills and talent to the EU*, 4/27/2020.
[61] Declaration of Intent—Making Europe the Land of Tech Talent, 08/02/22.
[62] 欧盟委员会公布《知识产权行动计划》以促进经济复苏，载中国知识产权保护网 http://ipr.mofcom.gov.cn/article/sjzl/gj/tsbg/202011/1957499.html，2020 年 11 月 30 日。
[63] European Commission, *The European economic and financial system: fostering openness, strength and resilience*, 1/19/2021.
[64] "*Scale Up Europe*": *Making Europe attractive for talents*, Scale-Up Europe, 2/15/2022.
[65]《欧盟发布〈贸易政策审议——开放、可持续、坚定自信的贸易政策〉文件》，载上海对外经贸大学网 https://www.suibe.edu.cn/gjys/2021/0225/c12020a135019/page.htm，2021 年 2 月 25 日。
[66] *Questions and Answers: An open, sustainable and assertive trade policy*, European Commission, 2/18/2021.
[67] 周勇、王进：《欧盟补贴新规及其实施细则草案评析》，载君合法律评论网 http://www.junhe.com/legal-updates/2109，2023 年 4 月 2 日。
[68] 李露：《欧盟〈外国补贴条例〉正式通过：内容、影响及应对》，载武汉大学国际问题研究院网 http://www.iis.whu.edu.cn/index.php?id=2796，2022 年 12 月 11 日。
[69] 张国勋、于治国、陆天涵：《德国供应链尽职调查相关法律的合规要求》，载中伦网 https://www.zhonglun.com/Content/2023/02-23/1317480721.html，2023 年 2 月 23 日。
[70] 世界银行：《数据—日本》，载世界银行官网 https://data.worldbank.org.cn/country/%E6%97%A5%E6%9C%AC，2021 年。
[71] 世界银行：《调整后的储蓄：矿产资源损耗（占 GNI 的百分比）》，载世界银行官网 https://data.worldbank.org.cn/indicator/NY.ADJ.DMIN.GN.ZS，2021 年。
[72] 世界银行：《调整后的储蓄：能源损耗（占 GNI 的百分比）》，载世界银行官网 https://data.worldbank.org.cn/indicator/NY.ADJ.DNGY.GN.ZS，2021 年。
[73] 何盛明：《财经大辞典》，中国财政经济出版社 1990 年版。
[74] 外务省：《昭和 32 年版わが外交の近況》，载日本外务省官网 https://www.mofa.go.jp/mofaj/gaiko/bluebook/1957/s32-contents.htm，1957 年 9 月。
[75] 苏贵光、路迹：《日本产业政策的演变及对我国的启示》，《国际经济合作》2004 年第 7 期。
[76] 経済産業省：《2023 年版ものづくり白書（ものづくり基盤技術振興基本法第 8 条に基づく年次報告）》，载日本经济产业省官网 https://www.meti.go.jp/report/

whitepaper/mono/2023/index.html，2023 年 6 月 2 日。

[77] 日经中文网：《日本将为重要矿物开发冶炼最多提供 5 成补贴》，载日经中文网 https://mp.weixin.qq.com/s/baMvyK6F00JfHOWC00yUTQ，2023 年 4 月 23 日。

[78] 経済産業省：《サプライチェーン対策のための国内投資促進事業費補助金》，载日本经济产业省官网 https://www.meti.go.jp/covid-19/supplychain/index.html，2023 年 6 月 27 日。

[79] 経済産業省：《経済安全保障推進法》，载日本经济产业省官网 https://www.meti.go.jp/policy/economy/economic_security/index.html，2023 年 1 月 19 日。

[80] 李玲娟、许洪彬：《美、日、韩知识产权战略的调整与走向》，《湖南大学学报》（社会科学版）2020 年第 1 期。

[81] 世界银行：《数据—日本》，载世界银行官网 https://data.worldbank.org.cn/country/%E6%97%A5%E6%9C%AC，2021 年。

[82] 夏军雄：《日本明年将大幅提高芯片领域支出　增幅位居全球之首》，载财联社网 https://www.cls.cn/detail/1313606，2023 年 4 月 4 日。

[83] 内閣官房ホームページ：第 208 回通常国会経済施策を一体的に講ずることによる安全保障の確保の推進に関する法律案，载日本内阁官网 https://www.cas.go.jp/jp/houan/208.html，2022 年 5 月 12 日。

[84] 阿部裕樹：《中小企業と小規模事業者のBCP 導入マニュアル》，東京：中央経済社，2020。

[85] 日本东芝：リスクマネジメント・コンプライアンス，载日本东芝官网 https://www.global.toshiba/jp/sustainability/corporate/performance/governance/compliance.html#cat13，2022 年。

[86] 田正、刘云：《日本供应链安全政策动向及评估》，《现代国际关系》2022 年第 8 期。

[87] Ponomarov S. Y., Holcomb M. C., "Understanding the concept of supply chain resilience," *The international journal of logistics management*, Vol. 20, No. 1, 2009, pp.124—143.

[88] Gao Y., Feng Z., Zhang S. "Managing supply chain resilience in the era of VUCA," *Frontiers of Engineering Management*, Vol.8, No.3, 2021, p. 465.

[89] Chowdhury M. M. H., Quaddus M., "Supply chain resilience: Conceptualization and scale development using dynamic capability theory," *International Journal of Production Economics*, Vol.188, 2017: 185—204.

[90] Zouari D., Ruel S., Viale L. "Does digitalising the supply chain contribute to its resilience?" *International Journal of Physical Distribution & Logistics Management*, Vol.51, No.2, 2021, pp.149—180.

[91] Behzadi G., O'Sullivan M. J., Olsen T. L., "On metrics for supply chain resilience," *European Journal of Operational Research*, Vol.287, No.1, 2020, pp.145—158.

[92] Hohenstein N. O., Feisel E., Hartmann E., et al., "Research on the phenomenon of supply chain resilience: a systematic review and paths for further investigation," *International Journal of Physical Distribution & Logistics Management*, Vol. 45, No. 1/2, 2015, pp.90—117.

[93] Kim Y. H., Henderson D., "Financial benefits and risks of dependency in triadic supply chain relationships," *Journal of operations management*, Vol.36, 2015 pp.115—129.

[94]《半导体设备行业浅析（五）——薄膜沉积、离子注入、热处理》，载雪球网 https://xueqiu.com/3581337335/195732963，2021 年 8 月 27 日。

[95] 火石创造：《2023 半导体与集成电路产业发展专题报告》，https://www.fx-baogao.com/detail/3728579，2023 年 5 月 24 日。

[96] 罗迪、夏梁、付妤珂：《构建产业韧性评价指标体系研究》，《当代经济》2022 年第 10 期。

[97] 郭明慧：《我国集成电路产业链发展的制约因素及对策研究》，西安电子科技大学硕士学位论文 2022 年。

[98] 李婧：《中国电子信息产业在全球价值链中的地位及影响因素研究》，首都经济贸易大学硕士学位论文 2021 年。

[99] 谢志峰、陈大明：《芯事》，上海科学技术出版社 2018 年版。

[100]《新形势下我国生物医药供应链安全分析》，载中国医药创新促进会网 http://www.phirda.com/artilce_23239.html?cId=1，2020 年 12 月 18 日。

[101] Kevin Dunleavy, *The top 20 pharma companies by 2022 revenue*, https://www.fiercepharma.com/pharma/top-20-pharma-companies-2022-revenue，2023 年 7 月 6 日。

[102]《2023 全球药企排名 TOP50》，载生物谷网 https://news.bioon.com/article/4731e7667744.html，2023 年 7 月 6 日。

[103]《全球投资动态（第 35 期）——生物医药产业投资专刊》，载澎湃网 https://m.thepaper.cn/newsDetail_forward_20239905，2022 年 10 月 10 日。

[104] 董兰军：《日本生物技术产业创新发展分析》，《高科技与产业化》2021 年第 10 期。

[105] 刘湘丽：《增强供应链韧性：日本政策的出台与走向》，《现代日本经济》2021 年第 6 期。

[106]《美国生物制造业布局调整对我国创新生物医药产业的影响》，载中国智库网 https://www.chinathinktanks.org.cn/content/detail?id=q6j0zl55&v=zgzkoldversion-view，2023 年 1 月 28 日。

[107]《最新！美国发布"生物技术和制造目标"时间表，"重塑"全球生物创新规则?》，载雪球网 https://xueqiu.com/5897306467/245693583，2023 年 3 月 28 日。

[108]《欧盟委员会公布欧洲医药发展战略》，载中华人民共和国驻法兰西共和国大使馆网 http://fr.china-embassy.gov.cn/ljfg/202011/t20201127_2584961.htm，2020 年 11 月 27 日。

[109] 郭朝先、许婷婷：《我国医药产业链供应链韧性和安全水平研究》，《经济与管理》2023 年第 3 期。

[110] 白玫：《欧盟产业链供应链韧性政策研究》，《价格理论与实践》2022 年第 9 期。

[111] 陈友骏、赵磊：《疫情背景下日本供应链的重塑及前景分析》，《日本学刊》2021 年第 5 期。

[112] 白玫：《韩国产业链供应链政策变化及其影响研究》，《价格理论与实践》2022 年第 1 期。

致　谢

感谢上海市商务委员会对本中心的指导与支持，特别感谢上海市商务委员会申卫华副主任、公平贸易处曹茵处长、颜海燕副处长和丁秀峰同志给予的指导和支持。

感谢上海 WTO 事务咨询中心、上海市生物医药行业协会、上海市集成电路行业协会、上海汽车零部件行业协会、上海市通信制造行业协会、上海市化工行业协会、上海电机行业协会等各家机构给予的宝贵意见和建议。

感谢上海人民出版社在本书出版过程中所付出的辛勤劳动。在此，对所有参与和支持该书编写工作的同志们表示衷心的感谢！

上海产业安全监测与预警研究中心

2023 年 9 月

图书在版编目(CIP)数据

大变局下的产业链供应链韧性维护及提升/陈大明,
马征远,杨露主编.—上海:上海人民出版社,2023
ISBN 978-7-208-18631-6

Ⅰ.①大… Ⅱ.①陈… ②马… ③杨… Ⅲ.①产业链
-供应链管理-研究-世界 Ⅳ.①F259.1

中国国家版本馆 CIP 数据核字(2023)第 206365 号

责任编辑 王 吟
封面设计 谢定莹

大变局下的产业链供应链韧性维护及提升
陈大明 马征远 杨 露 主编

出 版 上海人民出版社
(201101 上海市闵行区号景路 159 弄 C 座)
发 行 上海人民出版社发行中心
印 刷 上海商务联西印刷有限公司
开 本 720×1000 1/16
印 张 15
插 页 4
字 数 212,000
版 次 2023 年 12 月第 1 版
印 次 2023 年 12 月第 1 次印刷
ISBN 978-7-208-18631-6/F·2853
定 价 68.00 元